A. F. C. von Sallet

Die Nachfolger Alexanders des Großen in Baktrien und Indien

A. F. C. von Sallet

Die Nachfolger Alexanders des Großen in Baktrien und Indien

ISBN/EAN: 9783743412392

Hergestellt in Europa, USA, Kanada, Australien, Japan

Cover: Foto ©ninafisch / pixelio.de

Manufactured and distributed by brebook publishing software (www.brebook.com)

A. F. C. von Sallet

Die Nachfolger Alexanders des Großen in Baktrien und Indien

DIE NACHFOLGER

ALEXANDERS DES GROSSEN

IN BAKTRIEN UND INDIEN

VON

ALFRED VON SALLET.

—

MIT VII TAFELN.

BERLIN
WEIDMANNSCHE BUCHHANDLUNG.
1879.

VORWORT.

Bei der Beschäftigung mit den baktrischen Münzen wurde mir der Mangel eines die neuen Resultate zusammenfassenden Werkes über jene Denkmäler fühlbar; nur für den, welcher in einer grossen Stadt mit reichen Büchersammlungen lebt, ist es möglich, die kostbare, zum Theil äusserst seltene Literatur dieses Gegenstandes zur Benutzung zu vereinigen, weiteren Kreisen ist dies unmöglich. Ich habe es unternommen, nicht nur das bisher Gewonnene zusammenzufassen und zu vermehren, sondern auch einige Schritte weiter zu gehen. Bei der grossen Menge von wichtigen Novitäten, welche ich bieten konnte und bei der von der bisherigen völlig verschiedenen Methode, welche ich bei dem Versuche, das Skelett einer Geschichte jener mächtigen Griechenreiche des Ostens zusammen zu setzen, angewendet habe, wird mein Buch eine nicht ganz unwillkommene Gabe sein. Grossen Dank schulde ich Hrn. Feuardent in Paris, welcher mir die ausserordentlich grosse, die interessantesten Dinge enthaltende in seinem Besitz befindliche Reihe baktischer Münzen zu genauer Untersuchung übersandte und mir dadurch eine wesentliche Beihülfe gewährte, ferner Hrn. Percy Gardner vom Britischen Museum, welcher mir aufs bereitwilligste Abdrücke und Notizen von grossem Werth zukommen liess.

Ganz besondern Dank muss ich der Kgl. Akademie der Wissenschaften aussprechen, welche der Verlagsbuchhandlung eine namhafte Beihülfe zu den Herstellungskosten gewährte.

Im Laufe der Arbeit habe ich eine kleine Anzahl Versehen bemerkt, deren Berichtigung ich nebst einigen Zusätzen hier folgen lasse.

p. 4 ff. Der Zeus des Diodot etc. ist redendes Wappen.
p. 25 2. Zeile von unten: einzelne Stücke bis 9,91.
p. 29 Sophytes: nach 306 v. C.
p. 39 Zeile 18 von oben ist das „vielleicht eine" zu streichen.
p. 44 zu Philoxenos: Statthalter von Susiana.
p. 47 Das über **PAIY** etc. Gesagte ist nach dem Münzverzeichniss zu ändern.
p. 47 ⎫
p. 49 ⎭ Die Anmerkung zu streichen.
p. 52 Ueber „Gundoferus" Erwähnung in der Legende des Apostel Thomas s. Münzverzeichniss.
p. 65 Nr. 4 und 5: Aspavarma und Aspapatis sind identisch; s. Münzverzeichniss.
p. 66 Der sog. „Sub-Abdagases" ist Yndopheres s. Münzverzeichniss.
p. 66 Nr. 10 Es steht . . . Kashanasa, nicht Kushatara.
p. 169 Zeile 1 statt „zuerst" lies: „Seite 168 oben".
Taf. II 6 ist Vorder- und Rückseite vertauscht.
Das Symbol des Yndopheres ¥ fand ich eingestempelt auf eine Drachme des Arsaciden Orodes I.

A. v. Sallet.

DIE NACHFOLGER

ALEXANDERS DES GROSSEN

IN BAKTRIEN UND INDIEN.

I.

HISTORISCHE ÜBERSICHT.

I.

Historische Uebersicht.

Während der Regierung Antiochus' II. von Syrien gaben die kriegerischen Verhältnisse im syrischen Reiche Veranlassung zur Empörung einiger im Innern Asiens gelegenen, dem Syrerkönige unterworfenen Länder. Um 256 v. Chr., wie überliefert ist unter dem Consulat des L. Manlius Vulso und des (consul suffectus) M. Attilius Regulus (Justin. 41, 4.), oder wie man gemeint hat im Jahre 250 unter dem Consulat des C. Attilius Regulus und L. Manlius Vulso, fanden diese Empörungen statt; es wurde die arsacidische Herrschaft gegründet und Diodotus, der Statthalter von Baktrien — der Herr von tausend Städten nach Justin, was aber nach ähnlichen auf den König Eukratides bezüglichen Notizen eine etwas stereotype Bezeichnung des mächtigen Baktrerreichs zu sein scheint — fiel ab und gab sich den königlichen Titel. Die seltenen, aber doch in gewisser Anzahl erhaltenen Münzen des Königs Diodotus sind aber nicht der Beginn der baktrischen oder baktrisch-indischen Prägung[1]. Abgesehen von dem aus Arrian, Strabo und Curtius bekannten indischen Fürsten

---

[1] Denkmäler der griechischen Cultur in jenen Ländern sind ausser den Münzen überhaupt fast gar nicht vorhanden, nur geringe geschnittene Steine, darunter von einigem Werth einen Kopf des Königs Eukratides, fand man. — Ueber die Indo-griechischen buddhistischen Sculpturen von Peschawer s. unten.

Sopeithes, Sophites — nach den Münzen Sophytes, welcher am Hydaspes, in der Gegend des heutigen Lahore, herrschte, sich Alexander dem Grossen unterwarf und zur Zeit Seleucus' I. von Syrien schöne griechische Münzen prägte (Taf. I.), und einer wegen ihrer viereckigen Form vielleicht baktrischen oder indischen Kupfermünze Alexanders des Grossen[1]: besitzen wir Tetradrachmen mit dem Namen eines Königs Antiochus, völlig abweichend von allen bekannten syrischen Münzen, dagegen im Styl und Gepräge ganz genau mit den Münzen des abtrünnigen Baktrerkönigs Diodotus übereinstimmend.

Kopf mit Diadem r.

Rf. ΒΑΣΙΛΕΩΣ ΑΝΤΙΟΧΟΥ Schreitender Zeus mit Blitz und Aegis l.; vor ihm Adler. L. Monogramm.

Æ. Tetradrachme. (Taf. I.)

Richtig hat Wilson in diesen Münzen den beginnenden Aufstand des Diodot erkannt. Die Münzkunde und die Geschichte lehrt uns, dass fast jeder Aufstand nicht mit völligem Bruch, sondern mit den Forderungen gewisser Sonderrechte unter ausdrücklicher Anerkennung der bestehenden Obergewalt beginnt; so erkennen zuerst die aufständischen Niederländer noch den König Philipp von Spanien an, die ungarischen Insurgenten von 1848 prägen zuerst noch mit dem Bildniss des österreichischen Kaisers, aber mit nationalen Typen. So prägt Diodot mit Bild und Schrift seines Oberkönigs, Antiochus II. von Syrien, aber bereits mit den von ihm persönlich gewählten Typen, dem blitzschleudernden Zeus. Dann erfolgt der offene Bruch[2]. Diodot

---

1) Belege zu dieser und allen folgenden numismatischen Einzelnheiten s. im folgenden Münzverzeichniss. — Dass die Münze Alexanders in Baktrien geprägt ist, ist eine äusserst ansprechende Vermuthung Dannenbergs. Vielleicht ist bestätigend eine die Typen Alexanders (Herakleskopf, *Rf.* Keule und Bogen) fast genau wiederholende Kupfermünze des baktrischen Königs Zoilus (Num. chron. N. S. X, Taf. XI).

2) Dass das ganze Ereigniss vielleicht nicht durchaus feindseliger Natur war, wird, wie unten gezeigt werden soll, mit einer gewissen Wahrscheinlichkeit aus andern numismatischen Denkmälern gefolgert.

prägt ganz ähnliche Münzen, nur ersetzt sein eigener Kopf den
(allerdings auch auf den erwähnten Münzen dem Syrerkönig
nicht sehr ähnlichen) des Antiochus II., und statt der Inschrift
ΒΑΣΙΛΕΩΣ ΑΝΤΙΟΧΟΥ erscheint nun Diodot's eigene: ΒΑΣΙ-
ΛΕΩΣ ΔΙΟΔΟΤΟΥ. Wir besitzen Goldstateren, Tetradrachmen und Drachmen dieses Gepräges. Des Königs Kopf erscheint
auf Gold- und Silbermünzen ziemlich jugendlich, nur einige —
neuerdings aber gerade in diesen Stempeln angezweifelte —
Goldstücke zeigen ein gefurchtes, ältliches Gesicht. — Die einzige Notiz von Diodot's Nachfolger Diodot II. (bei Justin.: »filio
ejus et ipso Diodoto«), der mit den Parthern Frieden schloss,
ist numismatisch absolut nicht zu erweisen, eine etwaige Trennung der Münzreihe unter zwei Könige völlig unmöglich; dass
die später zu besprechenden wichtigsten und die bisher übliche
Chronologie beseitigenden baktrischen Münzen mit dem Kopfe
des Diodotos Soter und dem Namen des $\beta\alpha\sigma\iota\lambda\epsilon\iota'o\nu\tau o\varsigma$ Agathokles
und des $\beta\alpha\sigma\iota\lambda\epsilon\iota'o\nu\tau o\varsigma$ Antimachos nur den ersten Diodot, den
Befreier, Retter, meinen können, ist fast allgemein anerkannt.
Ehe ich diese vorgeblichen Unterkönige des Diodot: Agathokles
und Antimachus, bespreche, muss ich in der Reihe der baktrischen Regenten fortfahren. Der Magnesier Euthydemus besass
das Reich, als Antiochus III. der Grosse regierte, führte mit
diesem Krieg (um 212—205 nach Droysen[1]) und schloss mit
diesem Frieden, zwar mit einigen zum Theil ungünstigen Bedingungen, aber unter ausdrücklicher Anerkennung seiner Königs-
würde. Dem Sohne des Euthydem, Demetrius, versprach Antiochus seine Tochter zur Frau. Euthydemus rühmte sich bei
den Unterhandlungen, er selbst sei kein $\dot{\alpha}\pi o\sigma\tau\dot{\alpha}\tau\eta\varsigma$, sondern
$\dot{\epsilon}\tau\dot{\epsilon}\rho\omega\nu\ \dot{\alpha}\pi o\sigma\tau\dot{\alpha}\nu\tau\omega\nu\ \dot{\epsilon}\pi\alpha\nu\epsilon\lambda\acute{o}\mu\epsilon\nu o\varsigma\ \tau o\grave{\iota}\varsigma\ \dot{\epsilon}\kappa\epsilon\acute{\iota}\nu\omega\nu\ \dot{\epsilon}\kappa\gamma\acute{o}\nu o\iota\varsigma,\ o\ddot{\iota}\tau\omega$
$\kappa\rho\alpha\tau\tilde{\eta}\sigma\alpha\iota\ \tau\tilde{\eta}\varsigma\ B\alpha\kappa\tau\rho\iota\alpha\nu\tilde{\omega}\nu\ \dot{\alpha}\rho\chi\tilde{\eta}\varsigma$ (Polyb. XI. 34. 2), was man
nur auf die Beseitigung der Dynastie des Diodot beziehen konnte.

---

1) Wenn nicht Anderes angegeben ist, beziehen sich diese Citate auf Droysens neueste (2.) Auflage der Geschichte des Hellenismus 1877.

Euthydemus' Namen trägt die Stadt Euthydemia am Hydaspes, Σάγαλα ἡ καὶ Εὐθυδήμεια des Ptolemaeus, wie wohl sicher statt des Εὐθυμέδεια oder Εὐθυμηδία zu lesen ist[1].

Euthydemus' Sohn Demetrius, König von Indien, bekriegt seinen Nachbar, den baktrischen König Eukratides. — Hier sind nun die Münzen schon so zahlreich, dass sie die spärlichen Nachrichten der Schriftsteller nicht nur unterstützen, sondern bereits zu ergänzen beginnen. Vom Magnesier Euthydemus, der die Enkel der Aufrührer beseitigte, so König der Baktrier wurde und mit Antiochus III. Frieden schloss, haben wir eine Fülle von Münzen, Beweise seiner grossen Macht: schöne Goldstateren mit seinem Kopf im kräftigsten Mannesalter, ΒΑΣΙΛΕΩΣ ΕΥΘΥΔΗΜΟΥ und dem auf dem Felsen sitzenden Herakles ,entnommen den ähnlichen Tetradrachmen Antiochus' II.?), Tetradrachmen desselben Gepräges, ebenso Drachmen. Ebenso schön als wichtig sind diejenigen Stücke, welche uns den König in hohem Alter, mit einem prächtig realistischen Greisenkopf zeigen. Viele bis zur wildesten Barbarei entstellte Nachahmungen nachbarlicher, unkultivirter Völker gehen sicher bis weit nach dem Tode des Königs herab, auch der lange nach Euthydem lebende Gründer von Characene, Hyspaosines, entlehnt den Herakles von Euthydemus.

Völlig abweichend von diesen, den Münzen des Diodot und den älteren syrischen in allen Merkmalen noch recht ähnlichen Stücken des Euthydemus ist eine andere Sorte von Tetradrachmen (und Drachmen) mit ΒΑΣΙΛΕΩΣ ΕΥΘΥΔΗΜΟΥ: Kinderkopf mit Diadem r., *Rf.* Stehender Herakles, bekränzt, einen zweiten Kranz haltend. Monogramm meist ℞; von vorzüglichem Styl, hohem Relief, breiter und dünner als die übrigen Silbermünzen des Königs. Diese Tetradrachmen unterscheiden sich wesentlich von allen anderen Silber- und Goldmünzen des Euthydemus, welche den König sämmtlich in höherem Lebensalter darstellen und ein

---
1) Wie das Reich des Sophytes in der Nähe von Lahore.

älteres, einfacheres Aussehen haben. Euthydemus kam nicht als Kind zur Regierung, er gewann sie mit dem Schwert in der Hand, wie uns überliefert ist, durch Beseitigung anderer Herrscher, nicht als Prinz oder Prätendent aus einer Herrscherfamilie Baktriens, er stammte aus Magnesia. — Wie soll man also diese Münzen mit dem Kinderkopfe erklären? Jedem, der gewohnt ist, die Münzen nach ihrem Styl zu betrachten, wird sofort die grosse Aehnlichkeit des Gepräges dieser Tetradrachmen mit denen von Euthydemus' Sohn und Nachfolger Demetrius in die Augen fallen: derselbe stehende Herakles mit demselben Kranz (Weinlaub?, ja sogar fast constant dasselbe Monogramm R, das allerdings auch schon auf den Münzen des Euthydem mit sitzendem Herakles erscheint. Es ist völlig unmöglich, dass zwischen diesen Münzen Euthydem's mit dem ganz jugendlichen Kopf und den ganz in ähnlichem Styl mit fast gleichen Typen und gleichem Monogramm geprägten Münzen des Demetrius die lange Reihe der weit älter aussehenden Münzen und das — wie die Münzen mit dem gealterten Kopfe beweisen — lange Leben des Euthydemus liegen sollte. Man muss Demetrius' Tetradrachmen und die des jugendlichen Euthydemus unbedingt für gleichzeitig halten, ja, wenn wir die Rückseite des Euthydemus-Knaben betrachten, scheint sich diese fast als eine weniger geschickte und nicht ganz geschmackvolle Wiederholung der Rückseite des Demetrius zu documentiren: der stehende Herakles auf Demetrius' Münze setzt sich in schöner geschmackvoller Bewegung den Kranz auf; auf den Münzen des Knaben Euthydemus hat er den einen Kranz auf, einen anderen gleichen trägt er in der Hand, — er will vielleicht dem schon von Alters her vorhandenen Kranz den zweiten hinzufügen, ähnlich wie die Victoria auf den römischen Denaren des Vinicius Coh. Taf. 42; — also mit einem Worte, ich glaube, die Stylgesetze, das Gepräge und Monogramm der Rückseite und der knabenhafte Kopf des Euthydemus nöthigen uns gebieterisch, diese Münzen nicht dem ersten Euthydemus aus Magnesia, sondern einem sonst unbekannten Sohne des Demetrius, der nach althergebrachter Sitte den Namen seines Grossvaters Euthydemus trägt, zuzuschreiben, ein ebenso unzweifelhaftes, münz-urkundlich beglaubigtes, wie beim Schweigen der Schriftsteller wichtiges Resultat. Die grosse Seltenheit dieser Münzen Euthydemus' II. mit dem Kinderkopf beweist, dass seine Existenz, ich glaube nicht als Nachfolger, sondern eher als Mitkönig seines Vaters, von kurzer Dauer war.

Ich kehre zu Demetrius zurück. Er war, wie überliefert ist, der Sohn und Nachfolger des Euthydemus aus Magnesia; ob er wirklich eine syrische Prinzessin zur Frau erhielt, wie ihm von Antiochus III. versprochen war, wissen wir nicht; über eine darauf hinzielende leise Andeutung der Münzen wird weiter unten gesprochen werden. Auf Demetrius bezieht man die Stadt Demetrias in Arachosien, welche Isidor erwähnt. Demetrius, welcher König der Inder genannt wird, belagert nach Justin den baktrischen König Eukratides, welcher ihn endlich besiegte und sich Indien unterwarf. Wir sehen hier das plötzliche Auftreten eines neuen, und wie die Münzen und die Nachrichten der Schriftsteller beweisen, des mächtigsten und reichsten baktrischen Königs, Eukratides des Grossen, wie er sich selbst und wie Justin ihn nennt. Man war bisher meist gewohnt, gemäss der Notiz Justins, der von ihm und Arsaces VI. Mithradates I. sagt: eodem ferme tempore ... magni uterque viri regnum ineunt, den Anfang der Regierung des seiner Herkunft nach völlig unbekannten Eukratides mit dem Regierungsbeginn Arsaces' VI. Mithradat I., also etwa um 170 anzusetzen[1]. Aber wiederum sprechen die Münzen ihr Veto: ich kann allein durch die Mün-

---

1) Einen in den neuesten Werken über Arsaciden nicht beachteten, aber gar keiner weiteren Discussion zu unterwerfenden Beweis, dass Arsaces' VI. Bruder und Vorgänger noch bis in Demetrius' I. von Syrien Zeit (also bis 162 v. Chr.) hinein gelebt haben muss, habe ich (Zeitschr. f. Numism. II, 308) gegeben. Arsaces VI. kann aber sehr wohl schon seit einiger Zeit Mitregent seines Bruders gewesen sein.

zen mit Sicherheit beweisen, dass diese Annahme irrig ist, dass wir in numismatischen Denkmälern urkundliche Beweise eines weit früheren Regierungsantrittes des Eukratides haben: es giebt gewisse, meist ziemlich grosse Kupfermünzen eines Arsaciden, mit der einfachen Aufschrift ΒΑΣΙΛΕΩΣ ΑΡΣΑΚΟΥ so scheint es eher als βασιλέως μεγάλου Ἀρσάκου, vgl. die Abb. Taf. III auf der Rückseite, neben den reitenden Dioskuren, welche in jeder Linie, in den Attributen, in jeder Bewegung der Reiter wie der Pferde völlig genau mit dem fast alleinigen Gepräge des Eukratides, vom goldenen Zwanzigstaterenstück bis zur elendesten Kupfermünze, übereinstimmen. Diese seltenen Münzen des »König Arsaces« giebt Gardner in der neuesten Arbeit über die Arsacidenmünzen the Parthian coinage London 1877) zwar Arsaces VI., dies ist aber, wie die autotype Abbildung und die mir vorliegenden Originale beweisen, irrig. Der Kopf aller dieser und anderer derselben Reihe angehörenden Kupfermünzen ist nicht der Arsaces' VI., sondern der eines früheren; es ist zweifellos derjenige König, welcher auf den ersten prägenden Arsaciden also wie man meint, auf Arsaces II. unmittelbar folgt, Arsaces III. Artabanus I., Prokesch glaubt sogar, dieser bärtige König sei Arsaces II., 247—214, was wohl etwas zu früh für diese Münzen scheint. Der Kopf der Kupfer- und Silbermünzen dieses Königs ist völlig identisch, und dass dieser Arsacide sicher der zweite prägende, also der dritte Arsaces ist, beweist, abgesehen von der dem ersten prägenden Arsaciden 'Arsaces II. Tiridat gleichen einfachen Umschrift: βασιλέως Ἀρσάκου und βασιλέως μεγάλου Ἀρσάκου, während die folgenden Könige fast auf allen Münzen immer mehr Titel zusetzen, auch der Styl, ja vielleicht sogar das Gepräge der Obolen, welche einen, dem Kopfe auf Tiridat's Münzen in der Tracht ähnlichen Kopf auf der Rückseite zeigen. Auch abgesehen von dem verschiedenen Kopf ist der Styl der Kupfermünzen von denen Arsaces' VI. verschieden, weit älter, und nie trägt eine

Münze Arsaces' VI. die alte. einfache Umschrift βασιλέως Ἀρσάκου. Die Kupfermünzen des Arsaces mit den Dioskuren gehören also nicht Arsaces VI., sondern einem der allerfrühesten Arsaciden, höchst wahrscheinlich Arsaces III. an. Die reitenden Dioskuren, ein bei den Arsaciden sonst nie vorkommender Typus, welche dieser frühe Arsaces auf seine Münzen setzt, stimmen genau in allen Details mit denen der unzählbaren Münzreihe des grossen Eukratides, nicht etwa ungefähr, sondern so überein, dass entweder der eine oder der andere König sklavisch copirt. Wer ist nun das Original, wer der Kopist? Es ist undenkbar, dass der mächtige Eukratides, dessen Reich von der Stadt Eukratideia nordwestlich von Baktra dem Oxus zu, bis nach Indien hinein reichte, welcher tausend Städte besass (Strabo XV. p. 686), welcher Gold und massenhaft Silber in schönstem Styl prägte, sich so weit erniedrigt haben sollte, seinen äusserst geringen, nur durch wenige Münzen uns erhaltenen Nachbar kleine Drachmen, Obolen und wenige Kupfermünzen, Arsaces III. Artaban I. zu copiren, und dass er noch dazu zu seinen, des Eukratides, kostbaren grossen Stücken aus edlem Metall: Zwanzigstaterenstück, Stater, Tetradrachmon u. s. w., die werthlose Kupfermünze Arsaces' III., der Grieche den Barbar, zum Muster genommen habe. Die Sache ist umgekehrt, Arsaces III. hat die in unzähligen Exemplaren in seinem Reiche umlaufenden Münzen des Eukratides mit den Dioskuren copirt, und zwar Linie für Linie, sklavisch. Hier ist also der sicherste Beweis, dass Eukratides bereits zur Zeit eines der ersten Arsaciden, höchst wahrscheinlich des dritten, geherrscht habe. Man nimmt den Tod Arsaces' III. um 195 v. Chr. an, also hat bereits damals, lange vor Arsaces VI., Eukratides in Baktrien geherrscht[1]. Damit stimmt denn auch völlig der zweite münzurkundliche Beweis für Eukratides' Herrschaft: das als Unicum

---

[1] General Cunningham nimmt 190 als Regierungsantritt des Eukratides an, aus anderen Gründen als die hier dargelegten.

in London befindliche Tetradrachmon des βασιλέως ἐπιφανοῦς Πλάτωνος, vom Jahr 165 v. Chr., **PMI** = 147 der seleucidischen Zeitrechnung, im Abschnitt der Rückseite. Das Auftreten dieser einen seleucidischen Jahreszahl auf einem baktrischen Tetradrachmon — während sonst die ganze Reihe der baktrischen Münzen mit einer einzigen äusserst unsicheren Ausnahme (s. unten bei Heliokles) ohne jede Jahresbezeichnung ist, könnte auffallen und an der Deutung der Buchstaben als Zahl Zweifel erregen: aber das Nachbarreich der Arsaciden bietet hierzu eine auffallende Analogie: die Arsacidische Reihe, zuerst nie eine Jahreszahl tragend, zeigt plötzlich unter Arsaces V. auf einer Drachme (einem Unicum in Berlin, aus Prokesch' Sammlung) an derselben Stelle wie Platon's Tetradrachmon die seleucidische Jahreszahl **EKP**, 125. Ebenso zeigt die ephemere Prägung des βασιλέως μεγάλου Ἀρσάκου νικηφόρου von Prokesch »Himerus« genannt; Prokesch, les monnaies des rois Parthes Taf. 2. 18 an derselben Stelle **OΠP**, 189 (Unicum in Berlin), und die gleichfalls sehr spärliche Prägung des βασιλέως μεγάλου Ἀρσάκου φιλέλληνος, von Prokesch dem Valarsaces, Bruder Arsaces' VI. zugeschrieben, **ΓOP** und **ΔOP**, 173 und 174 der Seleucidenaera. Dann verschwinden die Jahreszahlen auf den Arsacidenmünzen gänzlich und erscheinen erst bei Augustus' Zeitgenossen Phraates wieder. Also die Nachbarstaaten zeigen zu derselben Zeit ungefähr gleiche, bald wieder verschwindende Eigenthümlichkeiten: in Parthien und in Baktrien treten von 125—189 unten im Abschnitt der Münzen seleucische Jahre auf.

Der Kopf des Königs Plato ist eine Nachahmung des behelmten Kopfes des Eukratides, das heisst er trägt genau denselben Helm mit Stierohr und Horn, auch das Gewand wie Eukratides, aber der schlechte Copiestyl, die nicht schönen Buchstabenformen lassen ihn als Nachfolger oder als einen in der letzten Zeit des Eukratides regierenden König erscheinen; wir hätten also, da Plato's Münze im Jahre 165 v. Chr. geprägt ist, für Eukratides etwa die Jahre 200—150 v. Chr., nach beiden Seiten weit ausgedehnt.

In welches Jahr der Krieg des indischen Demetrius mit Eukratides und die Besiegung des letzteren fällt, ist nicht zu ermitteln. — Ich muss hier vorläufig von Eukratides absehend zurück zu Demetrius und seinem einzig und allein aus den Münzen sich ergebenden Sohn, Euthydemus II. Unter Demetrius, dem »König der Inder«, tritt zuerst die grosse nationale Concession der einheimischen Sprache auf der Rückseite der Münzen auf, welche bisher nur griechische Inschriften trugen. Mit Demetrius beginnt (wenn uns nicht neuere Entdeckungen mehr lehren) die Reihe der auf der Vorderseite griechisch, auf der Rückseite aber, fast stets die griechische Umschrift wörtlich übersetzend, indisch redenden Münzen. Das Alphabet dieser Münzen, welches man baktrisch, kabulisch, arianisch u. s. w. genannt hat und das mit der Zendschrift gemeinsamen Ursprung hat, ist seit den gleichzeitig fast zu denselben Resultaten gelangenden Untersuchungen Prinsep's in Calcutta und Grotefend's in Hannover, besonders durch Wilson's, Lassen's, Thomas' und Cunningham's Forschungen jetzt als entziffert zu betrachten: nur einzelne Kleinigkeiten bleiben noch streitig, die Grundlage ist völlig gesichert. Die Sprache dieser Aufschriften ist indisch[1], der Königstitel ist der noch heute überall in jenen Gegenden übliche: Maharadscha, im Genitiv Maharadschasa: 𐨪𐨗𐨯. Auch die vielleicht zuerst von Alexander dem Grossen für seine baktrisch-indischen Eroberungen angewendete viereckige Form der Münzen beginnt mit Demetrius; von den ihm wahrscheinlich gleichzeitigen, ähnliche Aenderungen vornehmenden Pantaleon und Agathokles soll sogleich die Rede sein. Es ist wohl nicht zu bezweifeln,

---

[1] S. Lassen, Indische Alterthumskunde II(²), 229. Die Sprache ist eine Tochtersprache des Sanskrit. — Die Schrift wird auch »Baktropâli«, nach Lassen's Ansicht nicht zutreffend, genannt. Die Vokalbezeichnung ist, nach Lassen, der indischen nachgebildet.

dass die Ausdehnung des Reiches des Demetrius und sein uns ausdrücklich überlieferter Titel »König der Inder« im Gegensatz zu den früheren, baktrischen Königen, mit dieser Einführung der einheimischen Schrift und Sprache zusammenhängt; dieselbe Erscheinung tritt auch auf den Münzen von Demetrius' Rival und Besieger in Indien, Eukratides, auf, gewiss aus demselben Grunde der geographischen Ausbreitung seiner Herrschaft.

Wir sahen oben, dass uns die Gesetze der Numismatik zwingen, einen historisch unbekannten Euthydemus II., Enkel Euthydem's I. und Sohn des Demetrius anzunehmen. Von diesem offenbar ephemeren jungen König besitzen wir keine zweisprachigen Münzen, vielleicht war er Mitregent des Vaters in dessen früherer Zeit, wofür der Styl spricht.

Euthydem's II. Münzen sind von grosser Wichtigkeit, denn wiederum sind es hier die nie trügenden Gesetze des Styls, welche uns zwei andere Könige jener Gegenden sicher chronologisch anordnen lassen. Jene schönen Tetradrachmen Euthydem's II. mit dem Kinderkopf zeigen in der Technik eine völlige Uebereinstimmung mit den prächtigen Tetradrachmen des Königs Agathokles Taf. II'. Nicht trügerisch-subjective Stylverwandtschaft oder etwa oberflächliche Aehnlichkeit der Buchstabenformen ist es, sondern die genaue technische Uebereinstimmung in der Behandlung charakteristischer Nebenwerke; man vergleiche die Art der Anordnung des Gewands, das etwas unnatürlich schmale Brustbild, die Zeichnung des Diadems, die Behandlung der Haare u. s. w.; für den Münzkenner kann nicht der geringste Zweifel obwalten, dass sie einander gleichzeitig sind. Agathokles prägt ausser seinen Silbermünzen die merkwürdigen, viereckigen (aus einem gegossenen Barren offenbar an zwei Seiten herausgehauenen) Kupfermünzen, welche in ähnlicher Form in dem erwähnten einen Exemplar einer Kupfermünze Alexanders d. Gr. vorkommen, mit tanzender Figur und der griechischen Aufschrift auf der einen, mit indischer Pali-Aufschrift seines Namens und Titels auf der anderen Seite. Genau dieselben, nur bei diesen beiden Königen vorkommenden Eigenthümlichkeiten hat ein König Pantaleon, dessen sehr kleine Münzreihe fast völlig der des Agathokles gleicht nur die einzige eckige Münze des Agathokles ohne alles Griechisch, nur mit Pali, welche Cunningham besprochen hat, steht vereinzelt. Auch die Tetradrachmen des Pantaleon sind denen des Agathokles und denen des Euthydem II. stylistisch gleich. Wir haben also die drei Zeitgenossen — oder einander doch unmittelbar folgenden Könige Euthydemus II. und Agathokles, Pantaleon — welcher von beiden der frühere ist, lässt sich nicht sicher entscheiden. Als Curiosum sei hier gleich bemerkt, dass nach Cunningham's u. a. Untersuchungen gewisse runde Kupfermünzen des Agathokles und Pantaleon als stark mit Nickel gemischt erkannt worden sind.

Mit der Nennung des Namens Agathokles bin ich genöthigt hier diejenige Reihe baktrischer Tetradrachmen zu betrachten, welche bisher wohl fast überall völlig irrig aufgefasst werden und deren eminente historische Bedeutung ich, von der einzig möglichen Erklärung ausgehend, darzulegen versuchen will.

Tetradrachmen (Taf. II).

1 ΔΙΟΔΟΤΟΥ ΣΩΤΗΡΟΣ Kopf mit Diadem r.[1]
Rf. ΒΑΣΙΛΕΥΟΝΤΟΣ ΑΓΑΘΟΚΛΕΟΥΣ ΔΙΚΑΙΟΥ
Der Zeus wie auf Diodot's Münzen, blitzschleudernd mit Aegis. Unten Adler. Im Felde Kranz und Monogramm.

2 ΕΥΘΥΔΗΜΟΥ ΘΕΟΥ Kopf mit Diadem r.
Rf. ΒΑΣΙΛΕΥΟΝΤΟΣ ΑΓΑΘΟΚΛΕΟΥΣ ΔΙΚΑΙΟΥ
Der sitzende Herakles, die Keule aufs Knie stützend, wie auf Euthydemus' Münzen. Monogramm.

---

[1] Es ist offenbar nur ein Irrthum, dass diese in mehreren Exemplaren (London, Berlin, Bartholomaei) bekannte Münze ΒΑΣΙΛΕΩΣ statt ΣΩΤΗΡΟΣ habe (Vaux, Num. Chron. N. S. XV, 7). Die Beamten des British Mus., ich selbst und alle Schriftsteller über diesen Gegenstand haben nie etwas von einer solchen Varietät gehört.

3) **ΑΝΤΙΟΧΟΥ ΝΙΚΑΤΟΡΟΣ** Kopf mit Diadem r.
Rf. **ΒΑΣΙΛΕΥΟΝΤΟΣ ΑΓΑΘΟΚΛΕΟΥΣ ΔΙΚΑΙΟΥ** Der blitzschleudernde Zeus wie auf Nr. 1, genau übereinstimmend, auch dasselbe Monogramm, Kranz u. Adler.
4) **ΔΙΟΔΟΤΟΥ ΣΩΤΗΡΟΣ** Kopf mit Diadem r.
Rf. **ΒΑΣΙΛΕΥΟΝΤΟΣ ΑΝΤΙΜΑΧΟΥ ΘΕΟΥ** Der blitzschleudernde Zeus, Kranz, Adler, genau wie Nr. 1 und 3. — Monogramm.

Die drei ersten Tetradrachmen dieser ausserordentlich seltenen Reihe sind also von Agathokles geprägt, und gewiss nur von dem bereits besprochenen Agathokles; seine andern Münzen wiederholen oft das Monogramm von Nr. 2. In Nr. 4 tritt ein neuer König jener Zeit auf, Antimachus Theos, von welchem wir auch andre schöne Gepräge, Tetradrachmen u. s. w. besitzen, und von dem man wohl mit Recht jetzt die später aussehenden, zweisprachigen kleinen nach reduzirtem Münzfuss ausgeprägten Münzen eines Antimachus nicephorus trennt.

Zuerst entdeckte man Nr. 1 der beschriebenen Reihe mit Diodot's Kopf und Umschrift und Agathokles' Umschrift. Der als tüchtiger Forscher bekannte spätere russische General Bartholomaei veröffentlichte das erste Exemplar (Koehues Zeitschrift III. 1843) und gab diese Erklärung: »la tetradrachme a été évidemment frappée après la mort de Diodote I.« u. s. w. Droysen widersprach dieser Auffassung, was 1846 eine heftige Entgegnung Bartholomaei's in derselben Zeitschrift) hervorrief. Seitdem nun noch die übrigen Münzen Nr. 2—4 entdeckt sind, scheint die Ansicht Droysens die fast allgemein geltende, im wesentlichen auch von Cunningham und andern englischen Gelehrten acceptirte geworden zu sein: dass wir es hier mit unterköniglichen, Satrapenprägungen zu thun haben, welche die βασιλεύοντες Agathokles und Antimachus unter ihren Oberkönigen Diodotus I.), Euthydemus und Antiochus (III.) von Syrien veranstaltet hätten.

Droysen sagt über diese Münzen Hellenismus (Epigonen I, p. 360 ff.]: »sehr bemerkenswerth nun ist, dass es von jenem Agathokles drei Typen von Tetradrachmen giebt, auf denen er sich in gleicher Weise nicht als König, sondern als »regierenden« bezeichnet . . . folgt die Beschreibung) . . . . jedenfalls darf man annehmen, dass die Tetradrachmen die dem Diodotos, dem Euthydemos, dem Antiochos die höhere Stelle geben, aus sehr verschiedenen Zeiten sind. Freilich heisst unter den Seleukiden keiner officiell Antiochos Nikator, doch fehlt es nicht an einer Spur, dass Antiochos III. so genannt worden ist. Wir werden später sehen wie die Diodotiden von Baktrien nach 235 von Euthydemos beseitigt worden sind, wie Antiochos III. 212—205 gegen Euthythemos kämpfte, ihm den Königstitel liess, dann weiter die östlichen Satrapien durchzog und seine Macht als Grosskönig . . . herstellte. Dass auch Agathokles unter denen war, die sich seiner Suzerainetät unterwarfen, bezeugen dessen Tetradrachmen. Wenn so in den östlichen Landen die Könige Diodotos, Euthydemos, Antimachos, Agathokles nebeneinander, bald diese drei letztgenannten unter der Suzerainetät des ersten erscheinen« . . .

Hier muss aber die Numismatik als entschiedene Gegnerin der rein historischen Forschung und Vermuthung entgegentreten. Wer die Münzkunde zu seinem speciellen Studium gemacht hat, wird beim Anblick der vier beschriebenen Stücke zunächst mit völliger Sicherheit zu dem Resultat kommen, dass wir es nicht mit Stücken aus »sehr verschiedener Zeit« zu thun haben, sondern dass diese vier einander fast zum verwechseln ähnlichen, in Styl, Grösse, Typus, ja sogar z. Th. in den Monogrammen völlig gleichen Stücke zu gleicher Zeit ausgeprägt sind, dass wir es mit einer Serie zu thun haben, oder wie sich die Sammler moderner Pfennige auszudrücken pflegen: mit einem »Satz«, d. h. einer zusammengehörigen Suite gleichzeitig ausgeprägter Stücke. Sehen wir uns nun Gepräge und Umschrift an: es erscheinen die Köpfe: Diodotus der Retter, Euthydemus der Gott, Antiochus der Sieger, und auf der Rückseite nennen sich der ›regierende Agathokles der Gerechte‹ und ›der regierende Antimachus der Gott‹. Dass das Particip keineswegs eine geringere Titulatur als das Substantiv βασιλεύς ist, beweisen nicht nur späte (also deshalb nicht für vollgültig anzusehende) Beispiele, wo sich die selbstständigen Herrscher jener indischen Reiche βασιλεύοντες nennen, wie Abdagases, Arsaces, oder König Hornos: τυραννοῦντος Σάκα κοιράνου, sondern auch Denkmäler aus guter Zeit, so heisst es z. B. von den vorchristlichen Königen des Bosporus: ἄρχοντος Παιρισάδεος Βοσπόρου καὶ Θευδοσίης καὶ βασιλεύοντος Σινδῶν u. s. w. Also im Wort βασιλεύων statt βασιλεύς liegt nichts unterkönigliches, satrapenhaftes [1].

Aber sehen wir uns unbefangen diese Münzen an: was bedeutet es, wenn der βασιλεύων Agathokles und der βασιλεύων Antimachos auf die Hauptseite ihrer Münzen die Köpfe des Diodot, Euthydem, Antiochus, welche keine Königstitel, sondern nur hohe Ehrentitel tragen, setzen: Diodot der Retter, Befreier, Euthydem der Gott, Antiochus der Sieger? Diodot ist der gefeierte Gründer der baktrischen Selbstständigkeit, Euthydem der Nachfolger der Diodotiden, der durch seinen Frieden mit Antiochus dem Grossen die baktrische Herrschaft dauernd sicherte. Ueber Antiochus Nikator weiter unten.

Wer sind also die verschiedenen gefeierten Personen auf diesen einander gleichzeitigen Münzen? Es ist unmöglich sie für lebende Oberkönige zu halten, die Münzen sind völlig verschieden von den einfachen, viel dickeren Münzen des Diodot und Euthydem, sie zeigen eine breitere, flache Form und späteren Styl: es sind, wie dies ausser dem Styl schon die heroenhaften Titulaturen, das Weglassen des Königstitels beweist und wie es Bar-

---

[1] Aehnliches sagt auch Vaux im Num. Chron. N. Ser. XV, 8.

tholomaei schon richtig zu vermuthen begann, Verstorbene, grosse Vorgänger des Agathokles und des Antimachus, kurz es ist die Ahnenreihe der baktrischen Könige, nicht im verwandtschaftlichen Sinn, sondern in Bezug auf die Herrschaft über dasselbe Reich. Und demgemäss ist auch die Inschrift klug und passend gewählt: $\Delta\iota o\delta\acute{o}\tau o\upsilon\ \Sigma\omega\tau\tilde{\eta}\varrho o\varsigma,\ \beta\alpha\sigma\iota\lambda\epsilon\acute{\upsilon}o\nu\tau o\varsigma\ \text{'}A\gamma\alpha\vartheta o\varkappa\lambda\acute{\epsilon}o\upsilon\varsigma\ \delta\iota\varkappa\alpha\acute{\iota}o\upsilon$ u. s. w. heisst: »das Andenken des (verstorbenen) Befreiers Diodot wird geehrt, während König ist (und lebt Agathokles der Gerechte« u. s. w.

Aus den Münzen lernen wir also als unzweifelhaft feststehend: Agathokles und Antimachus, zwei gleichzeitig lebende Herrscher jener Gegend, vereinigen sich zu einer Prägung von Erinnerungsmünzen an die grossen Vorfahren, die Begründer der baktrischen Herrschaft Diodot und Euthydemus. — Aber auch Antiochus »Nikator« erscheint in dieser Reihe. So plausibel die Annahme sein mochte, Antiochus III. sei jener Nikator, der lebende Oberkönig, Agathokles und Antimachus seine Unter-$\beta\alpha\sigma\iota\lambda\epsilon\acute{\upsilon}o\nu\tau\epsilon\varsigma$, — diese Ansicht fällt, wenn wir die ganze Reihe als Ahnenbilder betrachten, und wir sind zu dieser Ansicht gebieterisch durch den Character der ganzen Reihe genöthigt. Wer ist also der Antiochus Nikator? Es mag hier gestattet sein, den bisher völlig festen Boden der münz-urkundlichen Ueberlieferung ein wenig zu verlassen und eine leise Andeutung der Münzen zu einer Conjectur auszudehnen.

Die Rückseiten dieser Ahnenmünzen verdienen besondere Beachtung: wir sehen, dass die von Agathokles und die von Antimachus geprägten Tetradrachmen mit dem Kopf des Diodotus Soter, auf der Rückseite völlig genau das Gepräge, dessen sich Diodot bei seinen Lebzeiten auf allen seinen Münzen bedient, wiederholen, copiren: den blitzschleudernden Zeus mit Aegis und Adler. Ebenso copirt die Tetradrachme des Agathokles mit dem Bildniss des Euthydemus, auf der Rückseite genau den Typus, welchen Euthydem bei seinen Lebzeiten auf alle seine

Gold- und Silbermünzen setzte, den ruhenden Herakles. Nun die dritte »Ahnenmünze«, die Tetradrachme des Agathokles mit dem Kopfe des »Antiochus Nikator«: die Rückseite entspricht genau der des Diodot: der blitzschleudernde Zeus mit Aegis und Adler. Wir haben aber oben gesehen, dass die unzweifelhaft älteste baktrische Prägung nicht Diodot's Namen, sondern den eines Antiochus, aber genau den Typus des Diodot, den blitzenden Zeus mit Aegis und Adler trägt. Diese Münzen müssen, wie oben gesagt ist, Antiochus II. gehören und von Diodot beim Beginn der Trennung Baktriens vom Syrerreich geprägt sein, Antiochus II. ist also nach diesen Münzen gewissermassen als ältester König von Baktrien zu betrachten, das, wie jene Münzen beweisen, nicht als einfache Satrapie Syriens anzusehen war, sondern als ein sich selbstständig fühlendes Reich, das zwar den Syrerkönig als König anerkennt, aber mit nationalen Typen prägt, also sich ähnlich wie Ungarn zu Oesterreich verhält: es war eine Art Personalunion. Nun sehen wir das Andenken eines Antiochus Nikator in jener Ahnenreihe aufgefrischt, genau mit den Typen, welche Antiochus II. als König von Baktrien prägt. Liegt nun hier nicht die Vermuthung nahe, nicht der mit Enthydem Frieden schliessende Antiochus III. sei jener Nikator, sondern Antiochus II., der die Reihe der baktrischen Prägung eröffnet[1]?.

Diodots Aufstand erschiene dann freilich aus den Münzen nicht als Krieg gegen Syrien: dass die Unabhängigkeitserklärung wenigstens im Anfang noch äusserlich friedlich mit Syrien vor sich ging, beweisen die baktrischen Münzen Antiochus' II. ganz sicher; ebenso kann auch schwerlich Euthydemus der wirkliche Ausrotter der Diodotiden gewesen sein, wenn Agathokles und Antimachus die Ahnen- oder Vorgängerreihe:

---

1) Das Portrait selbst beweist nichts, es ist zu allgemein gehalten, auch sind Portraits auf syrischen Münzen selbst, in der Zeit Antiochus' II. und III. bekanntlich sehr schwankend und Folgerungen aus den Bildnissen allein sehr bedenklich.

  Antiochus II.
  Diodotus
  Euthydemus

feiern. — Diese letzteren Vermuthungen, welche die von den Schriftstellern als feindselige Ereignisse überlieferten Dinge als friedliche Uebereinkünfte erscheinen liessen¹, sollen nichts weiter sein als Conjecturen, sie machen keinen Anspruch auf Gewissheit. Aber müssige Conjecturen oder Träume sind es nicht, denn wo die Münzen so deutlich reden, sind wir nicht nur berechtigt sondern genöthigt ihren Worten zu lauschen, so plump auch die Versuche nachher ausfallen mögen, die kargen Worte der Denkmäler zum Satz zu ergänzen.

  Ueberblicken wir kurz das bisher gewonnene Resultat: abgesehen von Alexanders muthmasslicher Prägung in Indien oder Baktrien und von dem indischen Fürsten Sophytes, Alexanders Vasall und Seleucus' I. Zeitgenossen, haben wir folgende baktrische Könige:

  Antiochus II. von Syrien.
  Diodotus
  ein Diodot II. ist nicht nachzuweisen.
  Euthydemus I.
  Demetrius.
  Euthydemus II.,

mit diesem oder dem Demetrius gleichzeitig **Agathokles** und sein Vorgänger oder Nachfolger **Pantaleon** und, wahrscheinlich als Nachbarkönig, **Antimachus Deus**.

  Ich kehre zu Demetrius' Zeitgenossen und Feind, **Eukra**-

---

1) Wir werden später bei dem Kriege des Demetrius und Eukratides sehen, dass die Münzen leise auf eine ähnliche friedliche Beilegung deuten. Sollten die Griechen in jenen Gegenden überhaupt gern die Politik des friedlichen Ausgleichs befolgt haben, wie Antiochus III. und Euthydem? Klug wäre es mitten unter den doch gewiss missgünstigen Barbaren gewesen.

tides von Baktrien zurück. Auf den Münzen dieses Eukratides tritt wie bei seinem Zeitgenossen Demetrius ebenfalls die Neuerung ein, dass die indische Sprache auf der Rückseite erscheint, gewiss wie bei Demetrius mit der grossen Ausdehnung des Reiches zusammenhängend.

Was das Geschichtliche anlangt, so habe ich bereits oben als ungefähres Ende der Herrschaft des Eukratides das Jahr 150 v. Chr. angegeben; dies können wir, wie gesagt worden ist, aus der Tetradrachme eines historisch unbekannten baktrischen Königs, des Plato Epiphanes, ungefähr beweisen, dessen die Eukratides-Köpfe kopirende, spät aussehende Münze im Jahr 165 v. Chr. laut ihrer seleucidischen Jahreszahl, an deren Deutung und Lesung kein Zweifel möglich ist, geprägt wurde.

Ein Exemplar der merkwürdigen viereckigen Kupfermünze des Eukratides mit ganz abweichender Umschrift der Rückseite: statt des Königsnamens Name eines Gottes (und einer Stadt?) in arianischer Schrift ,s. Münzverzeichniss , welches auf eine Kupfermünze des baktrischen Königs Apollodotus geprägt ist, würde beweisen, dass Apollodot bereits regierte, ehe Eukratides gestorben war. — Apollodot's Münzen tragen im Allgemeinen ein späteres Aussehen als die des Eukratides; Apollodot prägte bereits nach dem, wie wir später sehen werden, in Eukratides' letzter Zeit beginnenden, in vollem Umfang wohl erst von Eukratides' Sohn und Nachfolger Heliokles eingeführten reducirten Münzfuss, zudem sind die genannten seltenen Stücke des Eukratides mit dem Namen eines Gottes (und einer Stadt?) auf der Rückseite von schlechter Arbeit und so sonderbar, dass man fast auf den Gedanken kommen könnte, es sei eine nach Eukratides' Tode geprägte, den König etwa als Ktistes oder dgl. feiernde Stadtmünze. Ist die Münze aber, was man ja zunächst nicht bezweifeln darf, wirklich von Eukratides selbst geprägt, so müssen des Apollodot Herrschaft, sowie manche seiner Münzen noch in die letzte Zeit des Eukratides fallen.

Ein früher zum Theil angenommener Eukratides II. ist ein völlig unhaltbares Phantom, weder durch Münzen, noch durch Schriftsteller annähernd zu beweisen.

Des Eukratides »socius regni«, Sohn und Nachfolger ist ohne allen Zweifel Heliokles, dessen Beiname δίκαιος freilich, wie fast stets solche Epitheta, schlecht zu dem von ihm überlieferten Vatermord passt. Der Beweis, dass Heliokles, dessen frühere, schöne Münzen sehr mit denen übereinstimmen, welche in des Eukratides frühere Regierungszeit zu gehören scheinen und die wohl diesen gleichzeitig sein mögen (»socius regni«), nicht etwa der Vater, wie man (z. Th. die englischen Gelehrten) wohl angegenommen hat, sondern der Sohn des Eukratides war, ist bis jetzt noch nicht genügend geliefert worden, man nahm es nur ohne absolut sichere Gründe gewöhnlich an (Wilson u. A.). Ich werde versuchen, aus den Münzen den wahrscheinlichen Beweis zu führen, dass Heliokles der Sohn, Mitregent und Nachfolger des Eukratides war.

Hier muss ich zunächst die angeblichen Daten der Münzen des Heliokles besprechen: Thomas machte i. J. 1876 (Journ. of the R. Asiatic soc. N. S. IX, p. 3 ff.) eine Drachme des Heliokles im British Museum, attischen Fusses mit rein griechischer Schrift, bekannt, welche das seleucidische Jahr ΡΠΓ trüge, also 183 = 128 v. Chr.; diese Münze, welche die aus anderen Denkmälern hergestellte Chronologie wesentlich modificiren würde, ist aber aus der Reihe der sicheren Monumente zu streichen. Wie mir Herr Gardner vom British Museum schreibt und wie der Abdruck lehrt, stand nur ΠΓ im Abschnitt dieser Münze. Neben dem Π ist ein Riss, der das vermeintliche Ρ mit verschuldet hat (Taf. III) [1]. Die Münze trägt also keine Seleucidenzahl, sondern, wie einige andere, rein griechische Drachmen und Tetradrachmen

---

[1] Und zwar steht das ΠΓ genau symmetrisch in der Mitte, schon deshalb kann nicht noch ein Ρ davor gestanden haben.

attischen Fusses des Heliokles, die Bezeichnung ΠΓ. Es ist völlig
undenkbar, dass auch dies eine Seleucidenzahl mit Weglassung
der Bezeichnung des Hunderter sei, wie Thomas meint, viel ansprechender ist Cunningham's Vermuthung (Num. Chron. N. S.
X, 226), es sei dies eine Jahreszahl der baktrischen Aera, 83,
die er mit 247 v. Chr. beginnen lässt. Das ΠΓ steht an der
Stelle, an welchen sonst auf Münzen Jahre stehen, und es würde
als Jahr einer um 250 beginnenden baktrischen Aera recht gut
mit der muthmasslichen Ausprägungszeit dieser Münzen des Heliokles stimmen (noch zu Eukratides' Lebzeiten, vor Reduction
des Münzfusses); da aber sonst gar keine Spur einer baktrischen
Aera erscheint, darf man nichts Bestimmtes behaupten, das ΠΓ
kann auch etwas anderes bedeuten. — Nicht zu billigen sind
Thomas' fernere Vorschläge, ein ΟΓ auf einem Obol des Eukratides als seleucidische Jahreszahl mit Weglassung des Hunderter zu deuten, ebenso ein aus ΠΑ bestehendes Monogramm
bei Heliokles. Ebenso ist Ξ und ΞΕ bei Apollodot weit mehr
als »zweifelhafte« Jahreszahl, auch die Buchstaben Α — Η
auf Menanders Münzen können alles andere sein als Regierungsjahre, z. B. Zahl der Emissionen. — Die sämmtlichen angeblichen Daten baktrischer Münzen sind also mit alleiniger Ausnahme der Jahreszahl auf Plato's Münze mindestens völlig
unsicher.

Es giebt gewisse äusserst seltene Tetradrachmen und Drachmen attischen Fusses, welche man als Beweise für Heliokles'
Vaterschaft in Bezug auf Eukratides benutzt hat.

  ΒΑΣΙΛΕΥΣ ΜΕΓΑΣ ΕΥΚΡΑΤΙΔΗΣ Brustbild des
  Königs mit Helm r.

Rf. ΗΛΙΟΚΛΕΟΥΣ ΚΑΙ ΛΑΟΔΙΚΗΣ Brustbild des
  Heliokles, ohne Diadem, und der Laodice (mit
  Diadem) r.
  Æ. Tetradrachmen und Drachmen.

Der Kopf des Heliokles stimmt mit den Köpfen seiner anderen Münzen, namentlich der Tetradrachmen überein. — Diese Münzen allein beweisen gar nichts. Sie könnten ebensogut das Elternpaar des Eukratides, wie den Sohn und dessen Gattin darstellen, auch das Fehlen des Diadems bei Heliokles und Weglassen des Königstitels wäre weder für den apotheosirten Vater noch für den Sohn und Mitregenten besonders auffallend.

Wäre eine Ueberprägung im Berliner Museum, eine vermuthlich auf eine Drachme dieser Art geprägte Drachme des Heliokles allein, mit Kopf und stehendem Zeus, sicher, so wäre es bewiesen, dass Heliokles nur der Sohn des Eukratides sein kann, ich wage aber diese Ueberprägung nicht mit Gewissheit zu behaupten.

Die Münzen mit Eukratides', Heliokles' und der Laodice Köpfen kann man also nicht als Beweismittel betrachten: ihre bereits von Droysen äusserst glücklich vermuthete Bedeutung werde ich später hervorheben.

Der Beweis, dass Heliokles Eukratides' Sohn war, ist durch eine andere Reihe von Münzen zu führen. Wir sahen, dass die grosse nationale Neuerung, die Ausprägung zweisprachiger Münzen mit griechischer und arianischer Schrift unter Demetrius auftritt: bei diesem sind es nur wenige Kupfermünzen, welche diese Eigenthümlichkeit zeigen; ebenso ist bei Eukratides eine grosse Masse von Kupfermünzen mit arianischer Schrift erhalten. Trotz der grossen Menge von Silberprägungen des Eukratides ist aber bis jetzt nur eine einzige Silbermünze in einem Exemplar aufgefunden, welche auf der Vorderseite griechische, auf der Rückseite aber die arianische Inschrift zeigt. Anders ist es bei Heliokles: von diesem besitzen wir ausser den zweisprachigen Kupfermünzen schon eine kleine Reihe von Silbermünzen mit griechischer und arianischer Legende, grosse und kleine, in mehreren Exemplaren bekannte.

Also die Neuerung: Silbermünzen mit zweisprachiger Inschrift beginnt unter Eukratides, höchst spärlich: Heliokles hat schon mehr Münzen der Art ausgeprägt. Aber die Neuerung bezieht sich nicht nur auf die Inschrift, sondern auch auf den Münzfuss. Während der Münzfuss aller baktrisch-indischen Könige, von Antiochus II. bis zu Eukratides und Heliokles der gewöhnliche, in fast allen Diadochenreichen übliche attische war[1]: attische Goldstateren von Diodot, Euthydem, Eukratides, Zwanzigstaterenstück von letzterem, attische Tetradrachmen und Drachmen von allen oder doch den meisten dieser Herrscher, Obolen von einigen, — tritt in dem Unicum des Eukratides mit zweisprachiger Umschrift und den beiden Silbermünzen des Heliokles mit derselben sprachlichen Eigenthümlichkeit plötzlich ein völlig veränderter, von da an stets bleibender Münzfuss der baktrischen Könige ein; es ist nicht zu begreifen, wie man bisher überall die nunmehr auftretenden zwei Sorten von Silbermünzen (Grossstück und Viertelstück) einfach »Didrachmen« und »Hemidrachmen« nennen konnte! Das Unicum des Eukratides, ein schlecht erhaltenes, abgeriebenes Stück wiegt 2,23. Ein Stück des Heliokles, nicht ganz vollkommen erhalten, wiegt 2,3, das sogenannte Didrachmon des letzteren wiegt über 9,46 Gramm! Das soll also ein attisches Didrachmon (9,46, während das richtige Gewicht 8,7 ist) und eine Hemidrachme (2,23. 2,3, gut erhaltene von anderen Königen bis fast 2,5) sein!? Natürlich ist dies völlig unmöglich. Mit der nationalen Veränderung in der Inschrift der Silbermünzen ändert sich auch der Münzfuss, das ursprünglich attische Tetradrachmon fällt fort und an seine Stelle tritt ein bedeutend reducirtes; statt des attischen Tetradrachmons von etwa 17 Grammen tritt von nun an bleibend ein Grossstück von ungefähr 9,5 Grm. auf, und dies ist natürlich das Tetradrachmon zu der von nun an das gewöhnliche

---

[1] Der Indier Sophytes macht eine Ausnahme. Dieser steht überhaupt ganz isolirt da und gehört nicht in die griechisch-indobaktrische Reihe.

Silbergeld der baktrischen Könige bildenden Drachme von 2.3 bis etwa 2,45 Grammen[1]. Diese Neuerung findet sich als Unicum bei Eukratides, häufiger schon bei Heliokles; Heliokles und Eukratides erscheinen aber auf einer Münze zusammen: also die Neuerung geschah unter der gemeinsamen Regierung des Eukratides und Heliokles; von letzterem besitzen wir bereits mehrere Stücke der reduzirten Art, eine Reihe; Heliokles und Eukratides sind aber eng verwandt, wie die Münze mit den drei Köpfen: Eukratides, Heliokles, Laodice beweist, — das heisst mit anderen Worten: Eukratides ist der Vorgänger, Vater und Mitregent des Heliokles. Der Beweis ist so gut, wie er sich überhaupt mit dieser Art von Urkunden herstellen lässt; wer freilich nur einer Inschrift oder einem anderen gleichzeitigen Document mit den ausdrücklichen Worten »Heliokles ist der Sohn des Euthydemus« glaubt, wird nicht zufrieden gestellt sein.

Ich will hier gleich erwähnen, dass dieselbe Eigenthümlichkeit: 1) Ausprägung attischer Tetradrachmen u. s. w. mit rein griechischer Schrift, 2) Uebergang zu dem neuen reduzirten Münzfuss der Silbermünzen und Einführung der arianischen Inschrift auf der Rückseite der Silbermünzen, ein anderer baktrischer König zeigt: Antialcides: also wird dieser ebenfalls der Zeit des Eukratides und seines Sohnes und Mitregenten Heliokles als Nachbarkönig angehören. Ein Zeitgenosse des Antialcides oder sein unmittelbarer Nachfolger war der nach dem reduzirten Fuss prägende Lysias, dessen Name auf einer Kupfermünze des Antialcides erscheint.

Wenn es somit bis zur höchsten Wahrscheinlichkeit erwiesen ist, dass Heliokles Eukratides' Sohn ist, wird auch die Bedeutung der oben beschriebenen Münzen mit Eukratides' Kopf auf der einen, Heliokles' und der Laodike Köpfen auf der anderen

---

[1] So nennt auch die bekannte Stelle des Peripl. mar. Eryth. p. 27 ed. Huds. die in Barygaza (Barotsch in Indien, N. W.) kursirenden baktrischen δραχμαί... Ἀπολλοδότου καὶ Μενάνδρου.

Seite, klar: der βασιλεὺς μέγας Εὐκρατίδης prägt seinem Sohn und dessen Gemahlin, Ἡλιοκλέους καὶ Λαοδίκης, eine Hochzeitsmünze. Und warum war wohl dies Ereigniss der Hochzeit so wichtig, dass es Eukratides in Tetradrachmen und Drachmen feiert und verewigt? Hier hat offenbar Droysen bereits das richtige gesagt, ohne jedoch weitere Folgerungen zu machen, die sich aus der Münze und aus der Ueberlieferung ohne vage Conjectur dann leicht ergeben: Droysen sagt (Gesch. d. Hellenism. 1843, Nachträge etc. s. Bartholomaei in Kühne's Zeitschrift für Münz- etc. Kunde 1846, VI, p. 140): »Ich will beiläufig erwähnen, dass der Name Laodike an das Haus der Seleukiden erinnert; es ist möglich, dass die bei Polyb. XI, 34 sq. von Antiochos III. versprochene Vermählung einer seiner Töchter an Demetrios (den baktrisch-indischen König) den Namen Laodike in diese Dynastie brachte. Heliokles' Gemahlin könnte füglich eine Tochter derselben sein.« Diese Vermuthung ist so ansprechend, so schlagend, dass ich, wenn auch gegen meinen Grundsatz, hier über die monumentale Ueberlieferung hinausgehend weiter schliessen möchte: Laodike ist der Name fast aller uns historisch bekannten Prinzessinnen und Königinnen aus dem Hause der Seleuciden; Heliokles ist Eukratides' Sohn und Mitregent, Eukratides führt mit Demetrius Krieg, hält nach Justin dessen Belagerung siegreich aus und erringt schliesslich den Sieg über Demetrius: das Ende des Krieges ist, wie beim Kriege zwischen Euthydem und Antiochus II., vielleicht eine friedliche Lösung: wie der Syrerkönig Antiochus III. dem Sohne seines bisherigen Feindes Euthydem seine Tochter zur Frau anbot und gab, so giebt jetzt Demetrius dem Sohne seines Feindes Eukratides, dem Heliokles, seine Tochter Laodike zur Frau, ein um so höher anzurechnendes und deshalb auf den Münzen gefeiertes Unterpfand des Friedens, als diese Tochter aus Demetrius' Ehe mit der Tochter des grossen Syrerkönigs Antiochus III. entsprossen war.

Ich glaube nicht, dass wir mit dieser Hypothese das Gebiet des urkundlichen allzusehr überschreiten.

Ich kehre zum Heliokles zurück. Wir besitzen also von ihm zwei verschiedene Gruppen von Münzen: die früheren, bei Lebzeiten des Vaters geprägten rein griechischen Silbermünzen nach attischem Fuss und die frühesteus in die späteste Regierungszeit des Vaters, vielleicht zum Theil schon nach dessen Tod oder Ermordung fallenden reduzirten Silbermünzen mit griechischer und arianischer Schrift, sowie zweisprachige, chronologisch nicht zu sondernde Kupfermünzen. Eine dieser viereckigen Kupfermünzen, welche Cunningham bekannt gemacht hat, giebt uns einen chronologischen Anhaltepunkt für einen anderen baktrischen König: Heliokles hat eine seiner Münzen auf eine des Königs Strato geprägt, Strato muss also schon während des Heliokles Lebzeiten geherrscht haben [1].

Häufig sind kupferne barbarische, z. Th. freie Nachbildungen von Heliokles' Silbermünzen seiner früheren Zeit, welche man irrig bestimmten Königen hat zuschreiben wollen.

Der etwa in Eukratides' letzte Zeit fallende König Plato, vom Jahr 165 v. Chr., ist bereits erwähnt. Da Plato noch nach attischem Fuss Tetradrachmen prägt und die arianische Schrift auf der Silbermünze noch nicht anwendet, können wir wohl mit Sicherheit annehmen, dass die Reduzirung des Münzfusses und die Anwendung arianischer Schrift auf dem Silbergeld in den baktrisch-indischen Reichen Eukratides und Heliokles, Antialcides nach 165 v. Chr., in die letzten Jahre des Eukratides fällt, und dessen Regierungszeit muss, wie wir aus dem Anfangsdatum, das uns die Arsacidenmünze gewährte, sahen, **spätestens mit etwa 150 v. Chr. zu Ende gewesen sein**.

[1] Eine andere Ueberprägung des Heliokles ist nicht deutlich; Cunningham meint, vielleicht ein Philoxenos.

Ich komme nun, nach Heliokles, Plato und Antialcidas, in eine Zeit, wo uns die Schriftsteller wie die sicheren Daten und Andeutungen der Münzen selbst fast gänzlich im Stich lassen. Ehe ich einiges über diese spätere Zeit der griechisch-baktrisch-indischen Königsreihe sage, will ich das bisher gewonnene Resultat in Tabellenform hierhersetzen, mit Hinzufügung einiger kurzen Andeutungen für die spätere Zeit.

Die sicheren Daten der griechischen Herrschaft in Baktrien und Indien.

Alexander d. Gr. prägt in Indien oder Baktrien viereckige Kupfermünzen.

Sophytes, indischer Fürst in der Nähe des heutigen Lahore. Alexanders d. Gr. Vasall, prägt ums Jahr 302 v. Chr. griechische Münzen, den Kopf des Seleucus I. von Syrien nachahmend.

Antiochus II. von Syrien: um 256 oder 250 Prägung baktrischer Münzen mit Antiochus' Namen und national-baktrischen Typen.

Diodotus, von den späteren Königen »Soter« genannt, wird um 256 oder 250 selbstständiger König von Baktrien fällt ab oder wird von Antiochus anerkannt. Sein von Justin erwähnter Sohn Diodotus II. aus Denkmälern nicht nachzuweisen und zweifelhaft.

Euthydemus aus Magnesia folgt ihm oder seiner Dynastie wie es nach den Münzen scheint, friedlich, nach Polybius: nach Beseitigung der »Enkel der Empörer« in Baktrien. Krieg mit Antiochus III. von Syrien. Friedensschluss. Antiochus verspricht (und giebt später?) seine Tochter Laodike?, dem Sohne des Euthydemus, Demetrius. — Euthydemus stirbt in hohem Alter.

Demetrius, Sohn des Euthydemus, folgt diesem und dehnt seine Herrschaft bis nach Indien aus. Auftreten zweisprachiger Münzen. Demetrius führt Krieg mit

Eukratides, dem König von Baktrien, welcher zur Zeit eines der frühesten arsacidischen Könige, also etwa um 200 v. Chr., regiert. Friedensschluss (nach den Schriftstellern Besiegung des Demetrius und Besitznahme von Indien) mit günstigen Bedingungen für den siegreichen Eukratides (?): Demetrius giebt seine Tochter Laodice dem Sohne des Eukratides, Heliokles (?). Prägung von Münzen des Eukratides auf die Hochzeit seines Sohnes Heliokles mit der Laodike.

Heliokles prägt als Mitregent (socius regni bei Justin) des Vaters.

Euthydemus II., Demetrius' Sohn, ein Knabe, prägt (als Mitregent des Vaters?).

Diesen Münzen des Euthydemus II. gleichzeitig die des

Pantaleon   Antimachus (θεός,

Agathokles.

Pantaleon und Agathokles gehören demselben Reich an, vielleicht ist Pantaleon der kurz regierende unmittelbare Vorgänger des Agathokles. — Agathokles und Antimachus prägen Ahnenmünzen: man feiert auf diesen als Vorgänger auf dem baktrischen Thron:

Antiochus Nikator (II?)
Diodotus Soter
Euthydemus Deus.

Es bestehen folgende Reiche nebeneinander:

Demetrius | Eukratides | Agathokles | Antimachus θεός | Antialcides
Euthyde- | Heliokles | Pantaleon | vielleicht
mus II. | | oder | etwas später?,
während des | umgekehrte
Eukratides | Folge
späterer
Regierungszeit.
ephemer:
Plato, 165 v. Chr.

Münzreduktion in Eukratides' letzter Zeit; es ändern den bisherigen attischen Fuss:

Eukratides   Antialcides
Heliokles

Von nun an prägen sämmtliche Herrscher nach dem reduzirten Fuss.

In Eukratides' letzter Zeit: Des Antialcides Nachfolger, vielleicht noch Zeitgenosse:

Apollodotus

Heliokles   Lysias
folgt
dem Eukratides.

Strato,
des Heliokles Zeitgenosse, aus dessen
späterer
Regierungszeit.

Agathokleia,
Strato's Gemahlin.

Strato II. »der seinen Vater liebt«
Strato's Sohn.

So weit das ganz sichere, oder nach den Denkmälern höchst wahrscheinliche. — Mit Heliokles' Tode, oder richtiger mit der in Eukratides' letzter Zeit vorgenommenen Münzreduktion beginnt mit einer Plötzlichkeit und einer Fülle die grosse im Styl einander sehr gleichende Reihe der übrigen griechischen Münzen der baktrisch-indischen Könige, dass es ganz unmöglich ist, wie vorher, wo uns die Schriftsteller noch ein wenig unterstützten, chronologisch zu sichten. Von Antialcides, Lysias, Apollodot, Strato ist, soweit sie in die frühere Zeit hinaufreichen, schon gesprochen; ich ziehe sie aber doch gemäss dem Gesammtcharacter ihrer Münzen und gewiss gemäss dem grösseren Theile ihrer Regierung zu diesen späteren griechisch-indobaktrischen Königen, deren Namen ich vorläufig, ehe ich das wenige Sichere ihrer Chronologie u. s. w. gebe, in alphabetischer Ordnung hierhersetze:

	Beiname
Agathokleia Strato's I. Frau	Theotropos
Amyntas	Nikator
Antialcides	Nikephoros
Antimachus (II.)	Nikephoros
Apollodotus	Soter, Megas, Philopator
Apollophanes	Soter
Archebius	Dikaios, Nikephoros
Artemidorus	Aniketos
Diomedes	Soter
Dionysius	Soter
Epander	Nikephoros
Hermaeus	Soter
_ und Kalliope	
Sy-Hermaeus	Soter
Hippostratus	Soter, Megas
Lysias	Aniketos
Menander	Soter, Dikaios
Nicias	Soter
Philoxenus	Aniketos
Strato I.	Soter, Epiphanes, Dikaios
Strato II., Strato's Sohn	Soter, in der arianischen Umschrift noch: »liebend seinen Vater«
Telephus	Euergetes
Theophilus	Dikaios
Zoilus	Soter, Dikaios.

Sehen wir, was wir von dieser, für eine beschränkte Zeit und den beschränkten Raum einiger wenigen, zeitweise vielleicht nur eines griechischen Reiches im fernen Osten unglaublich grossen Anzahl von Namen mit irgend welcher Sicherheit wissen oder doch vermuthen können. Wir sahen zunächst, dass Antialcides, der noch sehr seltene Tetradrachmen und Drachmen, rein griechisch, nach unreduzirtem Fuss prägt, deshalb wohl ein Zeitgenosse von Eukratides' letzter Regierungszeit, nach 165 bis etwa 150 v. Chr., gewesen sein wird: die grosse Masse der Münzen des Antialcides nach reduzirtem Fuss beweist, dass er vielleicht noch lange den Eukratides überlebte: ferner lehrt uns eine Kupfermünze des Lysias, mit Antialcides' Namen in arianischer Schrift, dass diese beiden meist mit gleichen Typen prägenden Könige eng zusammenhängen (vielleicht ist es gar Verwechselung des Stempels); dann sahen wir, dass Apollodot ebenfalls noch in Eukratides' Regierung hineinreicht (Ueberprägung), dass Strato noch in Heliokles' Zeit reicht (Ueberprägung). Strato's Gemahlin ist Agathokleia (ein auf Agathokles' Familie hindeutender Name, welche, Münzen mit ihrem Namen in griechischer und Strato's Legende in arianischer Schrift prägend, wohl eine Art Regentin, etwa Vormünderin für ihren Sohn Strato Soter, Strato's Sohn, »der seinen Vater liebt«, war[1].

Aus den Schriftstellern kennen wir von der ganzen Reihe nur Apollodotus und Menander. Beide werden bei Justin als »indische« Könige erwähnt (Ueberschrift des verlorenen Buches 41), ihre Drachmen liefen um in Barygaza, im Norden der Westküste Indiens: östlich von Barygaza ist auch eine πόλις λεγομένη Ὀζήνη, ἐν ᾗ καὶ τὰ βασίλεια πρότερον ἦν (Peripl. mar. Erythr.). Die Hauptstelle über Menander ist bei Strabo (355. 356): die Griechen, welche die Losreissung Baktriens bewirkten, hätten ihre Macht noch weiter als Alexander ausgedehnt. Ariana und

---

1) Ueber Strato's angeblichen Satrapen Ranjabala, der mit Strato nichts zu thun hat, s. weiter unten.

India unterworfen, ganz besonders Menander, welcher über den »Hypanis« gegangen und bis zum »Isamos« (wie man meint Jamunâ, Dschamuna, Dschumna, Nebenfluss des Ganges) vordrang: weiter wird gesagt, theils habe Menander selbst, theils Demetrius, Euthydem's Sohn, diese Erfolge gehabt. Mit Recht hat man jetzt, wo man die lange Münzreihe kennt, es verworfen, aus diesen Worten auf irgend eine Gleichzeitigkeit Menanders und Demetrius' zu schliessen. Die Münzen des Menander tragen sämmtlich einen späteren Charakter, sie sind, wie überhaupt alle Silbermünzen der späteren Reihe (mit der besprochenen Ausnahme bei Antialcides) nach dem späteren reducirten Münzfuss geprägt und sämmtlich zweisprachig. — Plutarch erzählt von Menander's Tod im Kriegslager: es sei ein Wettstreit der Städte um seine Asche entstanden und man habe sich dahin geeinigt, dass eine jede einen Theil der Asche bei sich aufbewahre, und jede ihm μνημεῖα gesetzt. — Dass Menander ziemlich lange geherrscht, beweist die Unzahl seiner Münzen und sein bald jugendliches, bald altes gefurchtes Gesicht auf den mir vorliegenden Stücken.

Hiermit ist aber auch alles Sichere erschöpft.

Abgesehen von dem gelegentlichen Hineinziehen indischer Berichte, über das ich kein Urtheil habe[1], wage ich es gegenüber so vielen gelehrten Autoritäten auszusprechen: alle anderen historischen und geographischen Vermuthungen sind ohne jede monumentale Grundlage; ja sie sind schädlich und die aus den Denkmälern rein fliessende Quelle trübend, das wenige Sichere verwirrend und daher fast unbedingt verwerflich.

Natürlich sind alle Fundnotizen von diesem Urtheil ausgenommen; wer sich eingehend mit der Geschichte jener Reiche beschäftigen will, der wird die in der zahlreichen Literatur vor-

---

[1] Wie zuverlässig aber bisweilen solche indische Berichte sind, beweist (s. Lassen, Ind. Alterthmsk.² II, 335), dass eine dieser Quellen die Griechenkönige nach den Sakakönigen (den späten Indoscythischen) ansetzt!

kommenden Notizen dieser Art studiren müssen. Beweisend sind Funde nicht immer, auch Kupfermünzen werden schon im Alterthum in entlegene Gegenden verschleppt, aber ein ungefähres Bild geben sie doch. Für mich liegen diese Untersuchungen zu fern, ich beschränke mich als Numismatiker möglichst auf die Münzen selbst.

Die Vermuthungen über Chronologie, Aufeinanderfolge u. s. w. gründen sich zunächst auf die Gepräge der Münzen. Wir sehen, dass sich bei allen griechischen Herrschern bis weit in die später zu behandelnden barbarischen Königsreihen hinein gewisse, zum Theil der ersten Zeit der baktrischen Herrschaft angehörende Typen erhalten und wiederholen: so der ruhende Herakles des Euthydemus bei Agathokleia, später bei den Barbaren Azilises, Spalyris oder Spalyrios; der Elephantenhelm des Demetrius bei Lysias; Eukratides' Helm mit Stierohr und Horn oft, ähnlich wie Eukratides' angeordnete Brustbilder bei Archebius, Menander; der sich kränzende Herakles des Demetrius bei Lysias, Theophilus, bei dem Partho-Baktrier Vonones, der des Euthydemus II. ähnlich bei Zoilus; der zuerst bei Antialcides erscheinende sitzende Zeus bei Amyntas und Hermaeus; die stehenden Dioskuren des Eukratides bei Diomedes, ähnlich bei Telephus; die Pallas des Menander ist zahllos, bis in die barbarischen Zeiten immer und immer wieder angewendet; einen schlangenfüssigen Giganten oder Triton hat Hippostratus, Telephus; den stehenden Apollo hat Apollodotus und genau dasselbe Gepräge Strato, Dionysius, Zoilus[1]; endlich ahmen die ungriechischen Könige, wie wir später sehen werden, genau nach: Maues copirt die Kupfermünzen des Demetrius und des Apollodot u. s. w.

Solche Zusammenstellungen sind gewiss nützlich, aber haben sie ein Resultat? Zunächst das, dass fast jeder König irgend

---

[1] Dieser Apollotypus könnte noch am ersten auf die Aufeinanderfolge dieser Könige deuten, s. unten über die Beinamen.

einen Typus mit einem anderen gemeinsam hat: im Ganzen betrachtet lehren diese Zusammenstellungen nichts weiter, als dass wir es eben mit einer eng zusammengehörigen, mit wenigen Ausnahmen (wie Artemidor's redendes Wappen Artemis' ihre Typen stets wiederholenden, in ziemlich kurze Zeit und auf dasselbe geographische Gebiet zusammengedrängten Reihe von Herrschern zu thun haben — und das wissen wir ja ohnedies.

Dass aber weitere Schlüsse aus den Typen geradezu trügerisch sind, beweist ein Beispiel: Lysias hat auf seinen Silbermünzen die von Demetrius her bekannte Elephantenexuvie auf dem Kopf, auf der Rückseite den sich kränzenden Herakles des Demetrius: also ist er natürlich ein Nachfolger des Demetrius. In der Münzstätte des Lysias ist aber die Münze geprägt, welche des Lysias Namen griechisch auf der einen, des Antialcides Namen arianisch auf der anderen Seite neben den von Eukratides entnommenen Dioskurenhüten mit Zweigen zeigt: also wenn, wie die Schriftsteller berichten, Demetrius und Eukratides erbitterte Feinde waren, prägt man in derselben Münzstätte später Münzen, welche beider Typen, promiscue, wieder auffrischen — also ist der Typenbeweis für geographische oder Dynastie-Bestimmung schlecht und hinfällig. Haben sich aber Demetrius und Eukratides, wie ich oben aus den Münzen als nicht ganz unwahrscheinlich folgerte, nach dem Kriege mit einander vertragen und durch die Hochzeit des Thronfolgers des Eukratides mit Demetrius' Tochter den Frieden besiegelt, so lehren die Münzen des Lysias auch weiter nichts, als dass eben Lysias und Antialcides auch jener Reihe des Demetrius oder Eukratides und jener Gegend angehören: ähnlich prägt Lysias auf seine Kupfermünzen auch den von ganz ähnlichen Kupfermünzen des Heliokles und vielen späteren her bekannten Elephanten, — also der Typenbeweis lehrt wieder weiter nichts als: Lysias und Antialcides sind Könige jener baktrisch-indischen Gegenden. — und das wussten wir schon vorher.

Also: man mag sich Typenzusammenstellungen der Baktrier für Specialuntersuchungen machen, ganz unnütz ist es nicht, aber für irgend welche sicheren chronologischen oder geographischen Data nützt es nichts. — Das merkwürdige Gepräge einer Kupfermünze des Zoilus: Kopf des Herakles mit Löwenfell und Bogen und Keule (also sehr ähnlich den Kupfermünzen Alexanders d. Gr.) ist schon erwähnt und scheint die Vermuthung zu bestätigen, Alexanders d. Gr. viereckige Kupfermünze mit den Typen des Herakleskopfes und Keule und Bogen sei in Baktrien oder Indien geprägt.

Beweise aus dem Münzfuss, womit in neuerer Zeit so viel Hypothesen gemacht werden, giebt es bei dieser ganzen Münzreihe gar nicht. Alle diese späteren baktrischen Könige prägen zweisprachige Silbermünzen nach dem von Eukratides und Heliokles (und Antialcides) eingeführten reducirten Fuss nach mir vorliegenden Stücken Tetradrachmen bis etwa 9,45, Drachmen bis höchstens 2,45. Nun würde also z. B. Lysias nach dem Gepräge in Demetrius' Reich geherrscht haben, nach dem Münzfuss aber in Eukratides' und Heliokles' oder in Antialcides' Reich. Also auch hier würde man weiter nichts beweisen, als dass der in Frage stehende König eben ein baktrisch-indischer sei, in den Gegenden, wo Demetrius oder Eukratides oder Heliokles oder Antialcides herrschten, — und das haben wir ohnedies schon gewusst.

Ein Umstand, der sogleich in die Augen fällt, ist die grosse Gleichheit in der Form der Monogramme; dass in der ersten Zeit der baktrischen Prägung, als noch wenige Münzen existirten, gleiche Monogramme etwas beweisen, wenn ausser ihnen auch die Typen übereinstimmen, ist nicht zu leugnen, wie in jeder Münzreihe. Aber zu weit darf man nicht gehen: das bekannte Monogramm ℞ und ähnlich findet sich nicht nur in der einen Dynastie: Euthydem, Demetrius, Euthydem II., sondern auch bei Eukratides Num. Chron. N. S. IX, Taf. IV, Taf. VI.

Sicher scheint, dass Lysias und Antialcides durch die häufig vollständige Gleichheit ihrer Monogramme auch, wie durch ihre Prägungen überhaupt, ihre Gleichzeitigkeit, ihr Zusammengehören und neben einander Herrschen documentiren.

Jeder Versuch, in den Monogrammen Städtenamen zu suchen und aus den Monogrammen solche lesen und herstellen zu wollen, ist aber verwerflich und auch von Droysen mit vollem Recht zurückgewiesen worden. Solche Deutungsversuche und Experimente haben eine zu wenig feste Basis, um der historischen Forschung wirklich nützlich zu sein. Möchte man doch einsehen, dass sich Münzmonogramme der Griechen wirklich nur in den seltensten Fällen deuten lassen und gewiss meist ganz unwichtige Dinge, Münzmeister-, Officin- (nicht einmal Stadt-) Bezeichnungen sein mögen.

Einer der allerverfehltesten Versuche, geographische Bestimmungen zu geben, ist es aber, wenn nach den Typen, nach den dargestellten Thieren behauptet wird: weil dieser König das oder jenes Thier auf seine Münzen setzt, muss er da und da regiert haben. Dass Elephant und Buckelstier u. s. w. im Allgemeinen auf die indische Heimath der Münzen deuten, ist selbstverständlich, aber bei unserer nach zweitausend Jahren doch wahrlich äusserst verdunkelten Kenntniss jener Zeit und jener Länder und ihrer Fauna erscheint es vollständig absurd zu sagen, der (bacchische) Panther des Agathokles und Pantaleon deute auf ihr Gebiet im Hindokoh, wo Nysa lag (Lassen II^2 346), oder: »in diesem Lande (bis östlich vom Indus) hat auch Diomedes regiert, weil der Buckelochse auf seinen Münzen erscheint.« Wir wissen, wie unzähligemal z. B. Löwe und Elephant auf antiken Münzen erscheint in Gegenden, wo diese Thiere nie vorkamen: Panticapaeum in der Krim, Hyele in Lukanien, Massalia in Gallien prägen mit Löwen, Caesar in Rom und Hirtius in Gallien mit Elephanten, also müsste nach der obigen Deduction etwa Panticapaeum in der libyschen Wüste liegen und Hirtius in

Afrika oder Indien geprägt haben. Der Elephant erscheint bekanntlich auch häufig auf syrischen Königsmünzen und es ist auch natürlich, dass ein so wichtiges und gewaltiges, importirtes Kriegsthier als Siegeszeichen u. dgl. so imponirt hat, dass man es auch ausserhalb seiner Heimath gern auf die Münzen setzte; also für eng abzugrenzende Heimath beweisen die Thiere u. a. Typen nichts.

Aehnlich unbrauchbar sind alle anderen Conjecturen über diese spätere Reihe der griechischen Herrscher. — Fest steht und wird mit Recht überall angenommen, dass Hermaeus einer der spätesten griechischen Herrscher war, dass Cadphises (I , also ein König mit ungriechischem Namen, unmittelbar auf ihn folgt und seine, des Hermaeus, griechische Aufschrift mit einigen Aenderungen oder Fehlern: ΣΤΗΡΟΣ ΣΥ ΕΡΜΑΙΟΥ statt ΣΩΤΗΡΟΣ ΕΡΜΑΙΟΥ, beibehält.

Ferner geben uns die Schriftformen chronologische Anhaltpunkte: das schlechte viereckige ◻ tritt bei Hippostratus neben der runden Form auf, ebenso vielleicht (eine Æ, bei Hermaeus, Ш statt Ω neben der guten Form bei Zoilus der schon deshalb nicht, wie Lassen meint, um 148 v. Chr. anzusetzen ist); Λ statt Α schon bei Menander und anderen, wohl der früheren Zeit dieser Reihe angehörenden, Є findet sich einmal bei Strato (wohl dem zweiten dieses Namens, s. Münzverzeichniss).

Wenn die griechische Herrschaft endet, ist, soviel ich weiss, noch keineswegs gewiss. Sicher bestanden neben griechischen Reichen solche, deren Könige zwar griechisch sprachen, aber ungriechischen Stammes waren, wie Maues oder Mauos, der sich an Demetrius und Apollodot anschliesst. Eine schwache, auf etwaiger Berechnung beruhende chronologische Bestimmung gewähren uns Hermaeus' Münzen: ihm schliessen sich sofort die von Kadphises geprägten Stücke an, diesen Sy-Hermaeus- und Kadphisesmünzen aber vermuthlich die des »Ooëmo Kadphises« vielleicht Kadphises II , diesen eng die Münzen der vier sogenannten Turushkakönige Kanērki oder Kanerku, Ooërki, Ooēr Kenorano, Bazodēo. Bazodēo's Münzen sind schon ziemlich wild; die letzten Ausläufer dieser Turushkareihe zeigen unverkennbar sassanidischen Einfluss, wahrscheinlich copiren sie den Kopf Sapor's I. (d. h. der Kopf des stehenden Königs ist der des Sapor. Also wenn wir von Sapor an 238—269 n. Chr.) ungefähr zurückrechnen, würden wir das etwaige Resultat für die Dauer der Herrschaft griechischer Könige des Hermaeus, haben. Dies Rechnen ist aber ziemlich schwankend, da wir die Regierungsdauer der einzelnen Herrscher doch nur ganz ungefähr aus der Häufigkeit oder Seltenheit ihrer Münzen ahnen können.

Ich glaube, man setzt das Ende der rein griechischen Herrschaft zu früh: nicht um 85 v. Chr., wie Lassen glaubt, mag der letzte griechische König verschwunden sein, sondern wohl etwas später: wann, vermag ich nicht zu sagen. Die Dauer der griechischen Schrift in Indien bis nicht lange vor der Zeit der Sassaniden ist sicher, dann, etwa unter Sapor I., wird eine unverständige griechische Legende, meist aus verzerrten P. O. auch N bestehend, an die Stelle vernünftiger Aufschrift gesetzt, wie wir später sehen werden.

Noch ein anderer Versuch, die Könige chronologisch zu ordnen, war der, die Beinamen zusammenzustellen: so besonders die Reihe der Soteres: es ist nicht zu leugnen, dass diese Reihe sehr häufig die kämpfende Pallas hat, Menander, Apollodot, Apollophanes u. a. Aber auch Amyntas Nikator (nicht Soter) hat dieses häufige Gepräge, also auch die Beinamen geben kein sicheres Datum und Anordnung von Dynastien. — Einigemal stimmt Beiname und Typus sehr genau: die viereckigen Kupfermünzen des Apollodotus mit seinem redenden Wappen, stehendem Apollo und Dreifuss auf der Rückseite prägen ganz genau ebenso Strato, Dionysius, Hippostratus, Zoilus: alle heissen Soter: Apollodot scheint wegen des Apollo und wegen seiner noch in Eukratides' Zeit hinaufreichenden Regierungszeit das Original, Strato und die anderen die Copien, also vielleicht folgt Strato u. s. w. dem Apollodotus. Unsicher ist dies aber auch nach dem, was ich oben über den ganzen Typenbeweis gesagt habe.

Nach allem bisher gesagten scheint es also, dass wir von allen Conjecturen als nicht zufriedenstellend, bisweilen sogar verwirrend, absehen und uns mit dem ganz allgemeinen Resultat begnügen müssen: alle die genannten Könige müssen (mit alleiniger Ausnahme des Antialcides) nach 165 v. Chr. Plato's Tetradrachme attischen Fusses trägt dies Datum) begonnen haben zu prägen, auch der grösste Theil der Prägung des Antialcides ist nach 165 anzusetzen, d. h. nach dem wahrscheinlich in die allerletzte Zeit des Eukratides fallenden Zeitpunkt, in welchem der von Alters her bestehende attische Fuss zu einem geringeren reducirt wurde und man allgemein Silbermünzen mit griechischer und arianischer Schrift prägte, runde und viereckige. Diese Prägung der griechischen Könige dauerte wohl 100 Jahre; vieviel Reiche es gab, wissen wir nicht, es scheint mehrere; griechische Könige und griechisch redende und prägende Barbaren mögen z. Th. neben einander geherrscht haben. Der Schauplatz dieser Reiche mag von Baktrien, wo sich allmählich die Herrschaft der Arsaciden ausdehnte, namentlich aber von den Indusländern aus, bis weit nach Indien hinein, vielleicht bis an den Ganges und südwestlich bis in die Gegend von Barygaza hineinreichen.

Für diese äusserst wenig befriedigenden Resultate haben wir aber einen kleinen Ersatz: ich sprach schon von der für einen beschränkten Zeitraum, selbst wenn wir fortwährend mehrere Reiche nebeneinander bestehend denken, fabelhaften Menge verschiedener Namen. Wir haben nur selten Gewissheit, dass der Sohn auf den Vater folgte: bei Euthydemus und Demetrius und Euthydemus II., Eukratides und Heliokles, Strato I. und II.,

ausserdem erinnert Agathokleia's Name an Agathokles' Familie.
Antimachos Nikephoros mag der zweite dieses Namens sein.

Bei Gelegenheit der Publikation der Tetradrachme des Plato macht Vaux die treffende Bemerkung, dass sich verhältnissmässig viele Namen baktrischer Könige in Alexanders d. Gr. Umgebung, in seinem Heere, wiederfinden, dass wir also in den baktrischen Königen recht wohl Nachkommen dieser Gefährten Alexanders, die vielleicht als eine Art Emeriti in Baktrien oder Indien zurückblieben, erkennen können. So wenig wir bei unserer lückenhaften Kenntniss der antiken Namensstatistik hier irgend wie beweisen können, — leugnen lässt es sich nicht, dass eine Betrachtung der baktrischen Königsnamen in dem von Vaux angegebenen Sinn zu überraschenden Resultaten führt. Ich gebe, Vaux folgend, die Liste sämmtlicher baktrischen Könige mit Bemerkungen bei den Namen, welche in Macedonien, speciell in Alexanders und der Diadochen Umgebung erscheinen[1].

Diodotus. So heisst der später Tryphon genannte syrische Usurpator nach Antiochus VI. Diodor.

Euthydemus aus Magnesia.

Demetrius, häufiger Name, besonders in Macedonien. Einer Hetär (die Hetairoi sind die Reitergarde der macedonischen Könige) Alexanders d. Gr. — Reiterbefehlshaber unter Alexander.

Eukratides.

Heliokles.

Laodice. Häufiger Name syrischer Prinzessinnen.

Agathokles. Thessalier. Schmeichler des Philipp. — Eparch von Parsis unter Antiochus II. dieser ist aber zweifelhaft, s. Droysen, Epigonen 361, 367).

Pantaleon. Macedonier aus Pydna. Arrian.

---

[1] Ich benutze hierzu hauptsächlich Vaux' Liste und Pape-Benseler's Namenlexicon. Einiges wenige setze ich hinzu.

Antimachus. Macedonier, Polyb. 29, 1 c, zu König Perseus' Zeit. (In der Didot'schen Ausgabe steht im Index und der lat. Uebers. irrig »Antimarchus«.

Plato. Athener, Reiterbefehlshaber Alexanders. Curtius.

Agathokleia.

Amyntas. Häufiger macedonischer Name, mehrere Gefährten Alexanders. Einer davon: Satrap von Baktrien. Arrian. Justin.

Antialcides.

Antimachus (II).

Apollodotus.

Apollophanes. Satrap der Oriten oder Gedrosier. Arrian. — Pydnaeer.

Archebius.

Artemidorus.

Diomedes.

Dionysius. Häufiger Name, auch in Macedonien. Freund des Ptolemaeus Soter. — Ein Dionysius wird unter Ptolemaeus II. Philadelphus nach Indien geschickt. Plinius.

Epander.

Hermaeus.

Calliope.

Hippostratus. Macedonier, Arrian. Feldherr des Antigonus. Diod. u. a. — Statthalter des Lysimachus in den ionischen Städten. Neu aufgefundene Inschrift.

Lysias. Oefter in Syrien: Feldherr des Seleucus. Polyaen. — Vormund des Antiochus Eupator u. a.

Menander. Ein Menander aus Magnesia (also wie Euthydem) Hetär und Feldherr Alexanders, nach dessen Tod Herr von Lydien. Arrian. Justin. Ein anderer Genosse Alexanders. Plutarch.

Nicias. Einer der Beamten Alexanders. Arrian. — Verwandter des K. Ptolemaeus u. a. Macedonier.

Philoxenos[1]. Statthalter Alexanders in Ionien u. s. w. Arrian u. a. Ein Philoxenos, an den Alexander schreibt. Arrian. — Sohn des Ptolemaeus Alorites. Plut.

Strato. Sohn des Fürsten von Aradus. Fürst von Sidon. Historiker, der Perseus' Krieg beschreibt.

Telephus. Macedonier. Hetär Alexanders. Arrian.

Theophilus.

Zoilus. In Amphipolis in Macedonien lebender Rhetor. — Münzgraveur oder Beamter des K. Perseus. Zoilus aus Beroea in Macedonien?. Arrian.

Wir haben im Ganzen 28 Namen ausser den Frauen; elf davon sind als macedonische oder aus anderen Gegenden stammende Gefährten Alexanders überliefert, zum Theil sogar als Satrapen in den baktrischen Gegenden; andere kommen bei den Diadochen und in Macedonien vor. Wie gesagt, zu beweisen ist nichts, dass aber eine solche Beobachtung wichtig ist, wird niemand leugnen, namentlich wenn so seltene Namen wie Telephus vorkommen, ein ächt macedonischer Name: Herakles, der macedonische Hauptgott, ist Vater des Telephus. Auf Macedonien, ja vielleicht auf Alexander, mag auch die Münze des Zoilus mit Herakleskopf und Keule und Bogen, ähnlich Alexanders Kupfermünzen, deuten.

---

[1] So heisst dieser König natürlich; »Philoxenes«, wie er fast überall genannt wird, ist nichts. — Findet man doch sogar Lysius statt Lysias in den Büchern, auch Transscriptionen wie Menandrus, Alexandrus; Antialcidas, Azas u. s. w statt des es.

Vaux' Vermuthung, dass wir in den baktrischen Herrschern
vielfach Nachkommen vornehmer Gefährten Alexanders zu erkennen haben, ist daher mehr als wahrscheinlich: wie sich die
grosse Menge der Namen in der kurzen Zeit erklärt, kann
man nur vermuthen. Gegen eine Dynastie spricht alles, vielleicht war das, oder richtiger: waren die baktrisch-indischen
Reiche eine Art von Wahlmonarchien wie das römische Kaiser-
thum, etwa eine Militärherrschaft. Eine herrschende Familie,
wie in Aegypten, Syrien u. s. w. scheint es aber nicht gegeben
zu haben.

Dies ist aber auch alles, was wir, ohne uns in müssige und
unbestimmte Vermuthungen zu verlieren, von der Geschichte der
griechisch-baktrischen und griechisch-indischen Königsherrschaft
sagen können; mehr darf ich um so weniger hinzufügen, da ich
nicht Historiker und Philologe von Fach bin, sondern mich möglichst auf das Gebiet, in dem ich zu Hause bin, auf die Münzkunde, beschränken will und muss.

Ich komme zum zweiten, an Zahl bei weitem beträcht-
lichsten Theil der griechisch-baktrisch-indischen Münzdenkmäler,
welche von den zwar griechisch redenden oder doch mit griechischen Buchstaben schreibenden, aber ungriechische Namen
tragenden Königen herrühren. — Bis jetzt beschäftigten uns fast
ausnahmslos die Denkmäler der griechischen Eindringlinge in
den indischen Ländern, jetzt gehen wir zu denjenigen Monumenten
über, welche von der nachhaltigen Wirkung der hellenischen
Cultivirung jener Gegenden und des Eindringens griechischer
Bildung und Sprache in die einheimische Bevölkerung Zeugniss
ablegen.

Wir sahen oben, dass ein griechenfreundlicher indischer Fürst,
Alexanders (und Seleucus') Vasall, Sophytes, schöne griechische
Münzen prägte. Von einem ihm der Zeit nach nicht fernstehen-
den mächtigen indischen König um die Mitte des dritten Jahr-

hunderts v. Chr., der nach seinen Denkmälern ein ausgedehntes Reich, besonders in Nordindien, besass, melden uns seine theils in Pali-Schrift, theils »arianisch« geschriebenen Säulen- und Felseninschriften ausdrücklich seine Griechenfreundschaft: der König »Prijadarcin«, d. i. der liebevoll Gesinnte, in welchem die Indologen den Buddhisten Açoka erkannt haben, rühmt in seinen Inschriften seinen Verkehr mit den Griechen und die nach buddhistischer Vorschrift eingerichteten Menschen- und Thierhospitäler der Iôna (Griechen-) Könige Antijaka, Turamaja, Antikena, Maka, Alikasandro, d. i. Antiochus, Ptolemaeus, Antigonus, Magas (von Cyrene) und Alexander (von Epirus). Schrift und Sprache scheint er aber von seinen angeblichen Glaubensgenossen und Freunden nicht entlehnt zu haben; wir besitzen überhaupt keine Münzen von ihm, wenn man auch gewisse schriftlose viereckige Kupferstücke, im Styl denen des Agathokles u. a. recht ähnlich, mit Elephant und Löwen (letzteres der constante Schmuck der Inschriftsäulen des Königs) ihm hat zuschreiben wollen.

Diejenigen Könige, welche uns Münzen hinterlassen haben und deren ungriechische Namensform auf einheimische oder doch nichtgriechische Abstammung schliessen lässt, sind mit wenigen Ausnahmen sonst vollständig unbekannt, keine irgendwie sichere historische Notiz ist uns von ihnen (mit Ausnahme der Turushka's, s. unten) überliefert; chinesische Berichte hat man einigemal, mit wie vielem Recht vermag ich nicht zu sagen, zu muthmasslicher Reconstruction der Geschichte jener Herrscher benutzt. Wollen wir aber das monumental Sichere festhalten, sind wir — wiederum mit Ausnahme der auch auf Inschriften vorkommenden Turushka's und des Gondopharcs — einzig und allein auf die Münzen angewiesen.

Es ist bereits oben bemerkt, dass anerkanntermassen der älteste »barbarische« König jener Gegend unstreitig Maues ist; ehe ich aber von ihm spreche, will ich eine noch nicht völlig entzifferte Reihe von Silbermünzen besprechen, welche sich im

Typus noch völlig der Reihe der griechischen Herrscher anschliesst. In Mathura an der Jamuna 27° N. Br. fand man 84 Münzen — Drachmen — von schlechtem Silber, in welchen die englischen Gelehrten bisher einen Satrapen des König Strato erkannten, mit Strato's verderbter griechischer Legende nebst Kopf auf der einen und dem Namen des »unbesiegten ? Chatrapa Satrapen Ranjabala !« in arianischer Schrift auf der anderen Seite neben dem herkömmlichen, häufigen Gepräge einer kämpfenden Pallas. Auf einigen wollte man den Namen des Königs auch in der griechischen Inschrift, verderbt, erkennen: **PAIOBA**. Herr Gardner vom British Museum, dem ich Abdrücke der deutlichsten jener Münzen verdanke, hat offenbar mit Recht diese Lesung bezweifelt und das **BA** zum Königstitel gezogen. Nach den vorliegenden 3 Abdrücken ist absolut gar nicht an einen Satrapen des Strato zu denken. Die Umschrift zweier Stücke ist auf der griechischen Seite fast ganz verwildert und sinnlos, nur Spuren von $\sigma\omega\tau\tilde{\eta}\varrho o \varsigma$ kann man erkennen; ein Stück giebt aber fast völlig deutlich Namen und Titel: $\beta\alpha\sigma\iota\lambda\epsilon\upsilon\ \beta\alpha\sigma\iota\lambda\epsilon\omega\varsigma$ $\sigma\omega\tau\tilde{\eta}\varrho o \varsigma\ \varrho\alpha\zeta\upsilon$ (oder $\varrho\alpha\sigma\upsilon$?), also $\beta\alpha\sigma\iota\lambda\epsilon\iota\text{'}\omega\nu\text{'}$ statt $\beta\alpha\sigma\iota\lambda\epsilon\omega\nu$, wie der König Soter megas schreibt, oder $\beta\alpha\sigma\iota\lambda\epsilon\iota\text{'}o\nu\tau\omega\nu\text{'}$, nach Analogie anderer Münzen, $\beta\alpha\sigma\iota\lambda\epsilon\omega\varsigma$ u. s. w. In dem **PAIY** oder ähnlich steckt natürlich der Name, welcher arianisch im Genitiv: Ranjabalasa lautet, also hiess dieser König etwa **PAZHΣ**, **PAΣOΣ**, freilich würde man noch eine Sylbe erwarten. An einen Satrapen des Strato zu denken ist aber gar kein Grund, da die Münze mit denen Strato's ausser dem häufigen Sotertitel und der Pallas, was Apollodot u. a. ebenso haben, gar nichts zu thun hat. Strato heisst nie »König der Könige«. Genaueres über diese Umschriften gebe ich unten im Münzverzeichniss. Ich stelle diesen, wohl sicher ungriechischen König voran, weil er sich an die Drachmen der griechischen eng anschliesst und noch die nur

---

1) Das I scheint mir unsicher.

den griechischen Königen eigene Gewohnheit befolgt, den Kopf auf die Münzen zu setzen. Die ungriechischen unterlassen dies mit Ausnahme der in späte und späteste Zeit zu setzenden Indo-Parther Yndopheres Gondophares, Sanabarus, Pacores, Orthagnes, des isolirten »Soter megas«, des Saka-König Heraos, des Kadphises, der dem Hermaeus folgt, des Kadaphes, Kadphises II., der Turushka-Könige und des Yrcodes. Die übrigen nichtgriechischen Könige ersetzen den sonst gewöhnlichen Kopf des Königs oder eines Gottes stets durch ganze Figuren u. s. w.

Der älteste der nichtgriechischen Herrscher ist der im Genitiv sich Μαύου schreibende, also Maues oder Mauos[1], wie allgemein mit Recht angenommen wird. Im Gepräge sich dem Demetrius anschliessend und zuerst griechische Schrift allein, ohne arianisch, anwendend, später genau einen der Könige, welche den stehenden Apollo haben, wahrscheinlich den Apollodot, kopirend, gehen die Münzen des Maues allmählich ins barbarisch-orientalische über: wir sehen ihn, wie Lassen mit Recht hervorhebt, schon mit untergeschlagenen Beinen wie einen orientalischen Sultan oder Maharadscha sitzen. Eine viereckige Kupfermünze des Maues zeigt arsacidische Typen, besonders bei Arsaces VI. vorkommend: Pferd, und Bogen im Futteral. Ein baktrischer Arsaces copirt diese Münze des Maues.

Unmittelbar an Maues schliesst sich der offenbar mächtigste König jener Gegenden und Zeit an: Azes oder, weniger wahrscheinlich, Azos[2]. Seine früheren, gut gearbeiteten Münzen copiren die des Maues genau 'so die viereckigen mit Poseidon und weiblicher Figur. Zuerst hat er wie Maues gute Buchstaben, später wird Arbeit und Inschrift schlecht und roh, das eckige ⊐ und ⊏ (Sigma) und Ш, auch Ш verdrängt die guten Formen; die unter Maues und in Azes' erster Zeit noch leidliche Silbermünze sinkt zu jämmerlicher, fast völlig kupferner Scheidemünze

---

1) Nicht »Mauas«.
2) Nicht »Azas«.

herab. Die Zahl der Münzen des Azes ist ungeheuer, so dass man früher wohl mehrere Könige des Namens annahm. Dass dies nicht unmöglich ist, soll weiter unten bewiesen werden.

Dass Azes ohne Unterbrechung unmittelbar auf Maues folgt, lehren die Münzen, ihr Alphabet und ihr Gepräge sicher. Dürften wir einer Spur vertrauen, welche ich auf einer Reihe seiner Münzen gefunden, so wäre er ein Sohn des Maues: V MAVꓷ, zu υἱοῦ Μαύου zu ergänzen, wie deutlich auf mehreren an Stelle des AZꓷV steht. Aehnliche Bezeichnungen der Vaterschaft sind gerade bei den baktrisch-indischen Münzen gar nicht selten, doch werde ich später beim Münzverzeichniss zeigen, dass man dieser zwar völlig deutlichen, grossen Inschrift nicht so unbedingt vertrauen kann, weil die Umschriften dieser Azesmünzen auch in den übrigen Theilen verwildert sind.

Es ist gar kein Grund, einen König Azilises, welcher weit weniger Münzen prägte als Azes, zum Vorgänger des Azes zu machen, im Gegentheil, Azes' Münzen sind z. Th. schön, die des Azilises aber schlecht und roh, wenn sie auch noch nicht die spätesten Buchstaben zeigen. Eine rohe, aber von gutem Silber geprägte Tetradrachme des Azes ist offenbar genau aus derselben Zeit und Officin, wie eine andere des Azilises. Ich glaube Azilises ist der mittleren Regierungszeit des Azes gleichzeitig, etwa sein Mitregent.

Ob beide Könige den Saka-Skythen angehören oder parthischen Ursprungs waren, ist gar nicht zu erweisen; dass sie eng mit Fürsten liirt sind, welche parthische Namen tragen, ist sicher. Eine ganze Menge von Combinationen von Herrschern tritt mit Azes auf: so besitzen wir Münzen des Azes mit den arianisch geschriebenen Namen seines στρατηγὸς Aspapatis und Aspavarma; der griechische Titel ist ins Indische wörtlich transscribirt: strategasa[1] im Genitiv. Ein Vonones prägt

---

[1] Man vergleiche jedoch, was ich unten im Münzverzeichniss über den Buchstaben sage, welchen man bisher immer str las.

mit Azes, mit Spalahara »dem gerechten Bruder des Königs«, mit Spalagadama, Sohn des Spalahara, zusammen. Ein Spalirisus prägt mit Azes. Der arianisch Spalagadama genannte Fürst prägt allein Münzen und nennt sich Spalyris (so höchst wahrscheinlich): Σπαλίριος δικαίου ἀδελφοῦ τοῦ βασιλέως [1]), die arianische Rückseite nennt ihn: »den gerechten Sohn des Spalahara: Spalagadama«. Eine von mir kürzlich aufgefundene bisher unbekannte Drachme zeigt eine ähnliche Königs-Bruder-Prägung, und zwar von dem erwähnten Spalirisus:

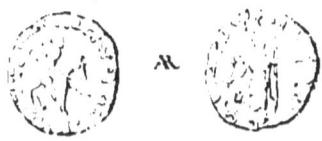

also βασιλέως ἀδελφοῦ Σπαλιρίσου neben dem Reiter und Maharaja bhraba (sic?) dhamikasa (oder ähnlich) Spalarisasa oder Spalirisasa, d. h. »des gerechten Königs-Bruders Spalirisus«.

Diese Prägungen der Brüder der Könige, welche sämmtlich dieser partho-indischen Reihe angehören, sind offenbar nichts weiter als Statthaltermünzen (oder Regentschaftsmünzen für Minderjährige?); die Brüder der Herrscher führen als Satrapen den passenden Titel »der gerechte« im griechischen und arianischen, oder nur in letzterer Umschrift. Als ein kleines Bild der politischen Einrichtungen jener Länder sind diese Münzen sehr merkwürdig.

Im übrigen vermag ich aus diesen Münzreihen keine weiteren sicheren chronologischen Schlüsse zu ziehen, ist es doch kaum möglich, herauszubekommen, wer denn bei combinirten Münzen der Souverain, wer der Unterkönig ist. So kann man

---

2) CΠΑΛΥΡΙOC scheint ein Genitiv. Allerdings findet sich aber auch irrig βασιλέως neben Ύνδοφέρης auf einer Münze, also Nominativ und Genitiv durcheinander. — Alle andern Lesungen der Spalyrios-Münze sind falsch. — In manchen, auch den neuesten Büchern wimmelt es von falschen Lesungen.

doch unmöglich annehmen, dass der nur wenig und mit schlechten, rohen und späten Buchstaben (C, Ш) prägende Spalirisus, dessen griechischer Name combinirt mit dem arianischen des Azes erscheint (N. Chr. N. S. XIX, 52), der Oberkönig des grossen mächtigen Azes war, während doch sonst das gewöhnliche und natürliche ist, dass der Satrap, der Unterkönig, auf der Rückseite arianisch geschrieben erscheint, der Oberherrscher aber auf der Hauptseite und griechisch geschrieben; denn noch behält das Griechische seinen Ehrenplatz auf der Vorderseite und zwar meist um die Figur des Herrschers geschrieben.

Den nahen Zusammenhang mit dem nachbarlichen Partherreich beweisen die parthischen Namen mancher Herrscher: Vonones, Abdagases (bei Tacitus als Name eines parthischen Dynasten), Pacores (sic), endlich sogar ein dem Gepräge nach ebenfalls der Azes-Reihe angehörender Arsaces. Verschieden von diesem ist das von mir unten beschriebene Unicum (viereckige Kupfermünze) der Berliner Sammlung mit den genau ebenso schon von Manes angewendeten arsacidischen Typen Pferd, und Bogen im Futteral, das ich mit Sicherheit einem ebenfalls baktrisch-indischen Arsaces θεός zuschreibe, welcher nur griechisch, nicht arianisch schreibt und trotz des Ш, Є und C einer ziemlich guten Zeit angehören mag. — Der König Yndopheres, auch Gondophares u. s. w., ist der einzige dieser partho-baktrischen Reihe, welcher uns höchst wahrscheinlich durch eine arianische Inschrift bekannt ist, welche eingehender betrachtet werden muss. Die Inschrift ist aus Takht-i Bahi, nahe (etwas NO.) bei Peschawer am Indus, beginnt: Maharajasa [1]) G....pharasa und bedeutet: »im 26. Jahre des grossen Königs

---

[1]) Oder wie die Engländer transscribiren: maharayasa. In dieser wie in einer andern Inschrift aus Takht-i Bahi ist das y oder j im Titel: A, statt des sonst stets angewendeten g, doch, gesetzt. — S. die Inschrift Journ. of the R. Asiatic Soc. N. S. VIII(?) p. 376 von Dowson publicirt. Eine Photographie in der Jagor'schen Sammlung im Berliner Museum.

4*

G....phara, im Jahr 100 der Samvat«. Wenn, was höchstwahrscheinlich ist, dieser etwas längere Königsname mit dem der Münzen identisch ist, haben wir ausser der Notiz, dass der König 26 Jahre mindestens regierte, eine Jahreszahl. Samvat heisst weiter nichts als »Zeitrechnung«, bewiese also nichts, wenn nicht die Inschriften der letzten Indo-Baktrier, der unten zu besprechenden Turushkas, auf ihren Inschriften verschiedener Gegenden, auch benachbart dem Fundort der Gondophares-Inschrift, dieselbe Datirung der Samvat-Aera hätten. Gondophares fiele demnach in die letzte Zeit oder gar nach dem letzten Turushkafürsten Bazodēo, dessen Samvat-Jahre bis 98 gehen. Dies ist numismatisch meiner Ansicht nach kaum möglich, denn Bazodēo kann nicht allzuweit von der Sassanidenzeit entfernt sein, Yndopheres oder Gondophares scheint früher. Wenn also nicht verschiedene Zeitrechnungen von Gondophares einerseits und den Turushka's andrerseits angewendet wurden, und wenn die Inschrift wirklich den Namen dieses Gondophares der Münzen, um drei Buchstaben reicher, enthält, ist hier eine Schwierigkeit, deren Lösung den Indologen vorbehalten bleibt. Ich würde den Gondophares vielleicht allerdings nach Chr. ansetzen, aber vor die Turushka's. Dass dieser Yndopheres (Gondophares u. s. w.), der Oheim des Abdagases, auch rein griechische, denen der parthischen Grosskönige fast völlig gleiche Silberdrachmen mit $\beta\alpha\sigma\iota\lambda\acute{\epsilon}\omega\varsigma\ \beta\alpha\sigma\iota\lambda\acute{\epsilon}\omega\nu\ \mu\epsilon\gamma\varsigma$ (sic) $Y\nu\delta o\varphi\acute{\epsilon}\varrho\eta\varsigma\ \alpha\grave{\upsilon}\tau o\kappa\varrho\acute{\alpha}\tau o$, ähnlich denen des Sanabarus, prägte, gehört zu den wichtigeren Resultaten meiner Untersuchung.

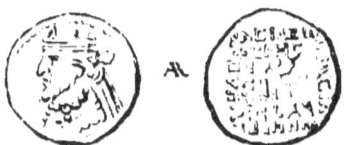

Sollte Sanabarus vielleicht identisch sein mit dem im Periplus mar. Erythr. »$M\acute{\alpha}\mu\beta\alpha\varrho o\varsigma$« und »$\mathcal{A}\varkappa\acute{\alpha}\beta\alpha\varrho o\varsigma$« genannten indischen König? Die vermeintlichen seleucidischen Jahreszahlen auf seinen Drachmen (N. Chr. N. S. XI, 217) sind gar keine Jahre, wie die Berliner Exemplare beweisen. Das angebliche ΓΙΤ ist einmal ganz deutlich ΤΊΤ, einmal geben die Zeichen ΤΊΤ¯ΊΤ wie Verzierungen um den Thron herum. — Wäre die Zeit der Abfassung des Periplus und die Namensidentität ganz sicher, so würden wir hier eines der wichtigsten Daten haben, denn Sanabarus und Yndopheres sind sicher ungefähr gleichzeitig, Abdagases ist Yndopheres' Neffe u. s. w. Aber so lange dies alles nicht völlig gewiss ist, darf man nicht weiter combiniren. Ein Zeitgenosse des Yndopheres ist auch Orthagnes (?), welcher arianisch den Namen dieses seines Zeitgenossen auf die Münzen setzt, ein parthisch gekleideter, dem Pacores ähnlicher König. — Einige noch der Reihe des Azes sich anschliessende ephemere Dynasten, Zeionises und zwei vorläufig noch nicht sicher zu nennende, darunter derjenige, dessen arianische Aufschrift ich nach deutlichen Exemplaren »maharagusa mahatasa kashatarakuyala . . . .« lese, bieten historisch wenig, doch ist auf Zeionises' Münzen der griechische Titel Satrap, in der griechischen und in der arianischen Umschrift, nach den Lesungen Prinsep's sicher und wichtig.

Ein dem Brustbild nach den Arsaciden ähnlicher, von Gardner nach einem Unicum des British Museum bekannt gemachter König documentirt sich inschriftlich sicher als ein König der Saka-Skythen: τυραννοῦντος Ἡράου Σάκα κοιράνου lautet, in späten Buchstaben, die wunderliche Inschrift dieses Tetradrachmons. Wie merkwürdig, dass sich gerade in unhellenischen oder halbgriechischen Gegenden homerische Reminiscenzen in der Vulgärsprache finden! So ist im cyprischen Dialect das homerische κασίγνητος der Bruder, im fernen indoskythischen Osten finden wir das alte κοίρανος für Herrscher! Die Formen des Particips βασιλεύοντος, τυραννοῦντος sind seit ältester Zeit (Agathokles, Antimachos) in jenen Gegenden heimisch.

Ziemlich isolirt steht ein seiner massenhaften Prägung nach mächtiger, fast nur rein griechische Münzen, meist sprachlich schlechte Kupfermünzen schlagender namenloser König: »der König der Könige, der grosse Retter«.

Noch isolirter, von allen anderen ganz abweichend, sind die griechischen, aber z. Th. einheimische Wörter tragenden Silbermünzen eines kaum dem Namen nach sicheren, sich im Genitiv ΥΡΚШΔΟΥ nennenden langbärtigen Dynasten.

Dies ist kurz die Reihe der ungriechischen, indoskythischen, parthischen und Saka-Könige jener Gegenden[1]). Ich kann, soweit mir aus den Handbüchern die historischen Notizen bekannt sind, keine irgendwie zufrieden stellenden chronologischen Daten für diese Herrscher finden. Nur ganz allgemeine Umrisse deudet uns die Münzprägung an: die schlechten Formen Є, C, Ш, ⧠, Ϲ Ш u. s. w. deuten auf spätere Zeit, aber es ist schwer etwas bestimmtes zu sagen. Gewiss gehört ein grosser Theil aller dieser Münzen der Zeit nach Christus an. Auch die Münzen des Azes sind oft schon so roh, dass man sie zum Theil so spät ansetzen möchte, und dies ist eigentlich das einzige, was auf die erwähnte Vermuthung führen konnte, es habe mehrere Azes gegeben: wir sahen oben, dass Maues, der früheste König dieser Klasse, genau den Demetrius und Apollodot copirt. Für diese griechischen Könige ist aber etwa 150 v. Chr. einerseits (bei Demetrius) wohl der späteste, bei Apollodot aber etwa der früheste Termin. Die Copien des Maues können kaum lange nach ihren Vorbildern geprägt sein, dies lehrt erstens die Erfahrung bei ähnlichen Vorkommnissen, zweitens der gute Styl. Lassen wir daher den Maues bis um 100 v. Chr. regieren, dann den Azes folgen, so käme als spätester Termin für Azes, der, wie die Masse der Münzen allerdings zu lehren scheint, lange regierte, doch höchstens 40—30 v. Chr. heraus; aber die schlech-

---

1) Mit Ausnahme des Kadphises u. s. w. S. unten. Ueber die Sinha-Könige s. am Schluss.

testen seiner Münzen sind so roh, dass man sie gern noch mindestens 50 Jahre später setzen möchte. Auch die arsacidische Drachme des von Azes wohl nicht allzuweit chronologisch entfernten Yndopheres hat ein spätes Aussehen, ein vielleicht noch späteres die des Sanabarus, welche den späten Arsacidenmünzen mit der Tiara sehr ähnlich ist.

Aber wer vermag bei diesen halbbarbarischen letzten Ueberbleibseln einstiger hellenischer Cultur im fernsten Osten zu sagen, was in der künstlerischen Ausführung, in der Schrift u. s. w. alles auf Rechnung der weiten Entfernung von Culturländern kommt, und was ein sicheres Zeichen wirklich später Zeit ist.

Ein Resultat ist das freilich nicht, aber der Wahrheit wird mehr durch resultatlose Untersuchung, als durch kühne und schliesslich doch werthlose Hypothesen gedient[1]).

Wir sahen oben, dass einer der spätesten griechischen Herrscher nach der sicheren, allgemein geltenden Annahme Hermaeus war, dass sich ihm genau ein König, der sich im Genitiv auf den nicht ganz verwilderten Stücken $Ko\zeta ov\lambda o$ $Ka\delta\varphi i\zeta ov$ nennt, anschliesst, dessen früheste Münzen vielleicht die sind, welche Hermaeus' Titel und Namen etwas entstellt mit dem wunderlichen Vorsatz ΣΥ nennen, deren Rückseite aber genau die lange arianische Inschrift der Münzen dieses Kadphizes zeigt. Nun besitzen wir eine grosse Menge völlig im Styl und Typus von allen anderen bisher betrachteten Münzen abweichender von einem $\beta a\sigma\iota\lambda\varepsilon\dot{\upsilon}\varsigma$ $\beta a\sigma\iota\lambda\varepsilon\omega\nu$ $\sigma\omega\tau\dot{\eta}\varrho$ $\mu\dot{\varepsilon}\gamma a\varsigma$ $oo\eta\mu o$ $Ka\delta\varphi i\sigma\eta\varsigma$; diesen Münzen schliessen sich dann als völlig ähnlich die der weiter unten zu besprechenden Turushka-Dynastie an.

---

[1] Sehr beachtenswerth, aber doch auch unsicher sind zwei Vermuthungen. — Cunningham glaubt in dem König »Moga« einer Inschrift den Maues zu erkennen. (»Muasa« lautet wie ich glaube seine arianische Aufschrift). Lassen leugnet dies; seine Datirung der Inschrift passt freilich kaum zu Maues. Nach neuerer Annahme herrschte Moga zur Turushkazeit, Jahr 78 der Samvataera. — Ferner: Lassen vermuthet Yndopheres' (Gondophares') Name in dem Chinesischen Utheulao, Utolao, den er um 90 v. Chr. ansetzt.

Die Münzen des »Ooēmo Kadphises« sind offenbar die späteren, also hat man sich gewöhnt, den $Καδφίζης$: Kadphises I., den Ooēmo Kadphises aber Kadphises II. zu nennen. Man wird also, wenn auch diese Zahlen I und II ganz unsicher sind, doch wegen der Namensgleichheit die Münzen des Kadphises von Hermaeus trennen und an die Spitze der Reihe: Ooēmo Kadphises und Turushkadynastie setzen.

Schwer unterzubringen ist ein König $Καδαφες$ mit unerklärten griechisch geschriebenen Titeln: $χοζολα καδαφες χορανοι ζαϑου$; bei dem $χορανοι$ hat man an $κοίρανος$ gedacht, das Sigma ist aber stets deutlich. Ueber die andere Erklärung des XOPAN soll gleich gesprochen werden. Das an den Sy-Hermaeus auf Kadphises' Münzen erinnernde CY und die Titel- und Namenform KOZOΛA KAΔAΦEC, die mit $Κοζουλο Καδφιζου$ sehr übereinstimmt, berechtigen uns hier diesem sonst ganz dunkeln »Kadaphes« einen Platz zu geben. Wunderlich ist die grosse Aehnlichkeit seines oft nicht schlecht gearbeiteten Kopfes mit denen der ersten römischen Kaiser, für mein Auge namentlich mit Augustus' Kopf auf den häufigen Denaren des Gaius und Lucius, nur trägt der Baktrier ein Diadem, keinen Kranz. Natürlich darf man aus solchen rein zufälligen Aehnlichkeiten keine Schlüsse machen.

Eine ganz von den bisherigen Münzen abweichende zusammengehörige Reihe eröffnet also der sogenannte »zweite« Kadphises, der $βασιλεύς βασιλέων σωτήρ μέγας οοημο Καδφίσης$. — Hier, wie schon bei den vorher genannten Münzen sind nach den Forschungen der Indologen mancherlei Anknüpfungspunkte an vorhandene Ueberlieferungen möglich; in einzelnen Worten der Aufschriften dieser und der später zu besprechenden Turushkamünzen: XOPAN, KOPAN, OOHMO, das in der arianischen Aufschrift der Rückseite mit »hima« wiedergegeben ist, hat man Völkernamen erkannt, deren Namen ebenso oder ähnlich in der einheimischen Literatur erhalten sind. Es wären dies also Analogien zu dem ΣΑΚΑ KOIPANOY, allerdings anders gestellt, doch hat man auch das χοϱανο als verderbt aus χοιϱάνον erklären wollen, was durchaus nicht unwahrscheinlich wäre.

Nach den angeführten Erklärungen der Indologen ist also das Οοι,μο, arianisch Hima, der von den Chinesen »Hicumi« genannte Stamm der »Jueïtchi«, Hima. Das χοϱανο der Turushkamünzen und das χοϱαν der Kadaphesmünze wird, gemäss der arianischen Legende des Kadaphes: »khashanasa« für den Volksstamm der Kushan oder Kashan gehalten. — Ich habe kein Recht über diese Deutungen mitzusprechen, aber gesagt muss werden, dass dem χοϱανο ganz sicher das χενοϱανο auf den Münzen des unzweifelhaft derselben Dynastie angehörenden Ooër entspricht, also sicher ein anderes, also je nach dem Herrscher wechselndes Wort.

In Kadphises (II.) erkennt man den von den Chinesen »Kieutsieukio« genannten König, dessen Regierungszeit nach Lassen's Angabe (II², 815) etwa von 24 v. Chr., bis nach Christus anzusetzen ist. Ihm gleichzeitig, zum Theil von ihm verdrängt, regiert bereits die Dynastie der Turushka-Könige, und zwar, nach den einheimischen Schriftstellern der angeblich erste derselben, Huvishka. Der Schauplatz dieser, wie überhaupt fast aller indo-griechischen Reiche ist die Indusgegend, bis etwa zum Ganges hin.

Von den drei überlieferten Namen dieser Turushkakönige, welche nach indischen Berichten (Lassen, p. 823) so aufeinander folgen:

Huvishka		Ooerki
Gushka	hat man	
Kanishka	.	Kanerki

mit höchster Wahrscheinlichkeit wieder erkannt[1]: Ooerki und

---

[1] Den »Gushka« hat man nicht mit einem der Münzpräger identificirt. Es bliebe für ihn nur der Ooër Kenorano übrig.

Kanerki oder Kanerku lauten die Namen der Könige auf den
Münzen. Ebenso erkennt man in dem aus Inschriften bekannten
nach Kanishka herrschenden Vāsudeva dessen Inschriften
z. Th. aus Mathura an der Jamuna stammen ganz unzweifelhaft
den früher irrig BAΛANO u. s. w. gelesenen König BAZOΔHO
der Münzen. Balano oder Balan ist also nicht, wie noch Lassen
(p. 862) annimmt, ein vom Bazodēo verschiedener König, sondern nur eine irrige Lesung der in schlechten Formen geschriebenen Umschrift $Ba\zeta od\eta o$.

Wir wollen vom numismatischen Standpunkte die Sache
untersuchen. Zunächst sehen wir vom Ooemo Kadphises ab. Dass
die Namen Huvishka dem Ooērki der Münzen, Kanishka dem
Kanērki (und Kanērku), Vasudeva aber dem Bazodēo entsprechen,
kann wohl keinem Zweifel unterworfen sein. Kanērki, also vielleicht = Kanirki, ist, wenn man bedenkt, wie leicht s und r
wechseln, fast genau Kanishka, ebenso ist Ooērki, also vielleicht
= Ooirki gleich Huvishka. Bazodēo und Vasudeva sind einander aber so gut wie völlig gleich.

Dass also die Beziehung der Münzen auf die Turushka-
dynastie sicher ist, beweisen auch überlieferte Einzelheiten. So
wird Kanishka als ein mächtiger, grosser Monarch geschildert,
dessen Name noch in dem der Stadt Kanekpura in Kashmira
erhalten sein soll: seine vielen Münzen, Gold und Kupfer, beweisen seine grosse Macht. Kanishka bekehrt sich zum Buddhismus: seine Münzen sind deutliche Zeugnisse dieses Buddhismus,
auf einer derselben erscheint der bisher nicht richtig gelesene
Name und die wohlbekannte stereotype Figur des Buddha selbst:
die Namensform ist BOYΔO, wie fast alle Götternamen dieser
Münzen regulär auf O endend, wie ich unten zeigen werde. —
So sicher auch die Beziehung der Münzen auf die Dynastie der
Turushka ist, so gewiss geben uns schon die Münzen selbst den
Beweis, dass die Aufeinanderfolge dieser Könige so, wie sie
früher angenommen wurde, unmöglich ist. Ueber diese Dynastie

der Turushka's sind wir aber auch durch Inschriften gut unterrichtet. Auf mehreren arianischen Steininschriften, theils im Indusland, theils in Mathura an der Jamuna gefunden, werden uns die Brüder Kanishka, Huvishka, Vasudeva als in dieser Reihe aufeinanderfolgende Könige genannt und zwar mit Hinzufügung der »Samvat«-Jahre[1]), nach Thomas' Zusammenstellung vom Jahre 1876 und Dowson's kurz vorhergehender:

	Jahre der Samvataera
Kanishka	8 — 33
Huvishka	38 — 51
Vasudeva	5(?) und 44 — 98 [2]).

Ueber die Aera sind noch Controversen, die der Specialforscher in den bezeichneten Arbeiten nachlesen mag; jedenfalls gehört die ganze Reihe, wie auch auf numismatischem Wege gezeigt werden soll, einer späten, nachchristlichen Zeit an. Die Jahreszahl 5 bei dem letzten Herrscher ist bei der Lückenhaftigkeit der Inschrift unsicher. — Ein höchst bedeutender Fund von Goldmünzen dieser Könige in Peschawer beweist uns, verglichen mit dem was wir sonst von ihnen wissen, wie weit sich ihr Reich ausgedehnt: etwa vom Ganges (s. oben) bis in die Induslünder.

So sicher nun auch die Resultate aus den Inschriften sein mögen, scheint es mir doch nicht ganz überflüssig auch den Beweis für die angegebene Reihenfolge aus den Münzen hierherzusetzen, welchen ich bereits niedergeschrieben, ehe ich diese Inschriften kennen lernte.

Völlig klar ist die Reihe auch trotz der Inschriften nicht, da ein aus den Münzen wohlbekannter König, Ooēr, in diesen fehlt. —

---

1) J. As. Soc. N. S. VIII p. 376 von Dowson und J. As. Soc. N. S. IX I (1876), Artikel von Thomas p. 8. Vgl. auch dasselbe Journal IX II p. 211 ff. über den grossen Fund von Peschawer.

2) D. h. die Jahre nicht als Regierungsdauer, sondern jede Inschrift trägt ein Jahr als Datum.

Die aus dem Charakter der Münzreihe völlig klare Aufeinanderfolge der Könige ist diese:

Kadphises (II.)
Kanerku
Ooerki
Bazodeo.

und nicht:

Kadphises (II.) gleichzeitig mit Ooerki,
Kanerku,
Bazodeo.

Ein fünfter König, Ooēr Kenorano scheint hinter Kanerku oder Ooerki regiert zu haben.

Die numismatischen Gründe zu dieser Anordnung, welche man auch angenommen hat, so lange man nicht die schriftliche Ueberlieferung mit hineinzog, sind folgende. Die Münzen des Kadphises (II.) zeigen gleich den folgenden »Turushka«-Münzen diese Neuerungen: es treten — was seit Eukratides nicht vorkam — häufige, reine Goldmünzen auf attische Doppelstateren, Stateren u. s. w.); der König, meist in ganzer Figur, ist auf rohe barbarische Art mit hoher Mütze, unmässig grossen Stiefeln und allerhand sonstigen, dieser Münzreihe gemeinsamen Insignien geschmückt. Auch ein gemeinsames, monogrammartiges Symbol ⚌ und ähnlich, ist dieser gesammten Münzreihe eigen. Die bisher fast immer rein griechischen Götter werden durch indische, wie Siwa u. s. w. verdrängt, wenn auch, wie wir später sehen werden, für den »iranischen« Sonnengott auf Kanerki's griechisch sprechenden Münzen noch HΛIOC vorkommt. Alle diese Eigenthümlichkeiten der ganzen, von allen übrigen indo-griechischen Münzen völlig verschiedenen, sich untereinander aber ganz ähnlichen Reihe, sogar im Monogramm oder Symbol völlig übereinstimmend, scheinen zunächst mit der Annahme, Kadphises habe den ersten Turushkaherrscher bekriegt und aus einem Theil seiner Länder gejagt, nicht recht zu stimmen. Auch die Uebereinstimmung der Königs- oder z. Th. Völker-Namen: OOHMO, OOHPKI, OOHP deutet doch eher auf gemeinsame Abstammung, nicht auf feindliche Dynastien. Ich möchte also weit eher glauben, dass man eine so völlig sich von allen anderen unterscheidende Reihe so ganz gleicher Münzen mit so ähnlichen Wörtern, Geprägen, Symbolen einer und derselben Dynastie und demselben Lande zuschreiben muss.

Der erste Präger derartiger Münzen — um nicht conjicirend »der Begründer dieser Dynastie« zu sagen — ist nun sicher Kadphises. Seine Münzen sind meist grösser, weit sauberer in der Arbeit als die der übrigen. Ferner haben sie sämmtlich griechische Sprache auf der Hauptseite und arianische auf der Rückseite.

Sein Nachfolger muss Kanērku gewesen sein. Zuerst haben seine Münzen griechische Sprache, die arianische fällt fort; diese Stücke, obgleich bereits kleiner und schlechter gearbeitet als des Kadphises Münzen, sind, wie schon Wilson hervorhob, die künstlerisch besseren dieses Königs. Dann tritt plötzlich eine grosse, zwar nationale, aber recht barbarische Neuerung ein: die erobernden skythischen Könige (denn das scheinen doch jene Kadphises und Turushka's zu sein) verdrängen zunächst die indische Sprache und Schrift, dann aber auch die griechische Sprache, und schreiben nun ihre eigene, allerdings wohl der indischen verwandte Sprache auf ihre Münzen, aber in der wahrscheinlich Jedermann verständlichen griechischen Schrift. Dies thut zuerst Kanerku. Der βασιλεὺς βασιλέων Κανήρκου¹) heisst nun ραο νανο ραο κανηρκι κοραvo. Auch die Aufschrift ΗΛΙΟC, welche nur auf einem Stück mit ραοναvo u. s. w. erscheint, macht bald bei derselben Figur dem einheimischen, aber griechisch geschriebenen Namen ΜΙΟΡΟ u. s. w. Platz. — Dass die neue Königsumschrift am Anfang die Titel enthält, wie Radscha di Radscha, rex regum, ist nicht zu bezweifeln.

---

1) Dies ist also doch wohl der Nominativ. Man darf den König daher nicht »Kanerkes« nennen.

Der angebliche Vorgänger des **Kanerku** soll nun nach älterer Annahme **Ooerki sein**, dessen in der Form der griechischen Buchstaben ganz rohen, im Gepräge meist unkünstlerischen Münzen mit den merkwürdigen Ausnahmen griechischer Götter mit indisirten oder »turushkisirten« Namen: HPAKIΛO Herakles und CAPAΠO Serapis (J. A. S. N. S. IX¹¹ p. 213) nie rein griechische Sprache zeigen. Dies ist stylistisch und nach den uns von den Münzen selbst deutlich genug gegebenen sprachlichen Gesetzen unmöglich. Mag auch hervorgehoben werden, dass Ooerki, der sich ganz wie Kanerku in seiner späteren Zeit titulirt: ραο ναvο ραο Οοηρκι κορανο (alle anderen Lesungen sind falsch), häufig das Brustbild auf seine Münzen setzt, was Kadphises oft, Kanerku aber selten thut, — der Charakter seiner Münzen, die stets die von Kanerki zuerst eingeführte einheimische Sprache mit griechischen Lettern, dieselben Titulaturen, in den schlechtesten, hinter denen des Kanerki weit zurückstehenden, griechischen Lettern tragen — alles beweist numismatisch sicher, dass Ooerki **hinter** Kanerki geprägt und geherrscht haben muss. — Dass um diese Zeit auch der nur Kupfermünzen prägende ραο ναvο ραο οοιρ (auch οηρ) κενοραvο (alle anderen Lesungen sind falsch) regiert haben muss, geht sicher aus dem Charakter seiner Münzen hervor.

Der letzte, die schlechtesten Formen der griechischen Buchstaben anwendende, seinem Aussehen nach völlig einem asiatischen Radscha gleichende König[1]) ist der erst in neuester Zeit richtig gelesene, aber schon bei Wilson abgebildete, nicht häufige Bazodeo: ραο ναvο ραο βαζοδηο κοραvο. Dass man dieses hier nun zum letzten Mal auftretende κοραvο einerseits als Land- oder Volksname, andererseits aber als κοιράvoν der Saka-Münze entsprechend erklärt, ist oben gesagt. Die so viel ich sehe von

---

1) Für mich waren in dieser Hinsicht die zu der grossen Dr. Jagor'schen Sammlung gehörenden Photographien derartiger Dynasten von höchstem Interesse.

mir zuerst aufgefundenen Kupfermünzen dieses »Bazodēo«, des »Vāsudeva« der Inschriften, in Menge im Berliner Münzcabinet vorhanden, zeigen nur höchst selten lesbare griechische Buchstaben und gehen in die roheste Barbarei über: es sind die letzten, rohesten Münzen der Turushkakönige.

Bazadēo ist der letzte König, der uns einen griechisch geschriebenen Namen hinterlassen.

Ihm folgt eine lange Reihe entarteter, barbarischer Goldmünzen, welche, die Typen der Turushkakönige nachahmend: *Hf.* stehender König, *Rf.* OKPO Siwa mit dem Stier, nur missverstandene und ungeschickte Nachbildungsversuche der griechisch geschriebenen Inschrift geben: ϱαο ναυο ϱαο ist bisweilen noch erkennbar, bisweilen ist es aber nur ein ewiges Wiederholen von ϱοο, ϱοϱο u. s. w. Es war völlig verfehlt, in diesen fast auf jedem Exemplar anders lautenden Barbareien Namen zu suchen, wie Baraoro u. s. w.

Einige dieser letzten barbarisch-griechischen Stücke zeigen eine ganz neue Eigenthümlichkeit: einen offenbar **sassanidischen Einfluss.** Die Arbeit wird sorgfältig und sauber, die Tracht des Königs ist völlig sassanidisch, die Köpfe gleichen genau, nur in kleinen, sorgfältig gearbeiteten Verzierungen am Kopfputz ein wenig abweichend, denen des Sassaniden Sapor I., 238—269 n. Chr. Hier haben wir also einen sicheren chronologischen Anhaltepunkt. Wenn Kadphises (II.) wirklich etwa von 21 v. Chr. an regiert hätte, so wäre schon mit dem **vierten** Herrscher nach ihm, dem Bazodeo (denn die **unmittelbare** Aufeinanderfolge: Kadphises, Kanerku, Ooerki (dann Ooer), Bazodeo ist sicher), die leidlich cultivirte Münzprägung zu Ende gewesen und nun hätte sich das Ausprägen der verwilderten Goldmünzen mit missverstandenen Nachahmungen griechischer Legenden und Turushka-Typen bis in die Zeit des Sassaniden Sapor I. hingezogen! Dazu ist aber die Anzahl jener rohen Goldmünzen zu gering, ja das ganze Factum ist unwahrscheinlich: setzen wir Kadphises' Tod um 30 n. Chr., nehmen wir für Kanerku eine sehr lange Regierung an, bis 100 n. Chr.[1]. für Ooerki bis 150, für den Ooer bis 180, für den seltneren Bazodeo bis 200, so bliebe immer noch ein recht langer Zeitraum bis zu Sapor: auch spricht die grosse Gleichförmigkeit aller Münzen der Turushka's gegen eine fast 200jährige Dauer ihrer Herrschaft, der Münzcharakter ändert sich in einer so langen Zeit viel mehr und behält nie eine derartige Gleichförmigkeit in Styl und Gepräge.

Hiermit stimmen nun durchaus die Inschriften, die den Kanerku vom Jahr 8 bis etwa 33, den Ooerki bis 51, den Bazodeo schon gleichzeitig mit Ooerki und bis 98 der »Zeitrechnung« regieren lassen. — Vielleicht dürfen wir also, den Münzen und Inschriften folgend, die ganze Kadphises - Turushkaherrschaft etwas weiter hinauf, näher an den Sassaniden Sapor heranrücken[2].

Mit den letzten, meist schüsselförmigen, oft aus schlechtem Metall geprägten Goldmünzen, welche sassanidischen Einfluss zeigen, schwindet fast jede Spur des Griechischen aus Indien: die indischen Münzen behalten noch die roh nachgeahmten Typen der Turushkakönige bei, aber die Sprache und Schrift und jede Spur eines künstlerischen Einflusses scheint verschwunden.

Dass die in letzter Zeit so berühmt gewordenen, meist wie die Goldmünzen der Turushka's in Peschawer, im Induslande, also in Kanerku's und seiner Brüder Reich, gefundenen, einen entschieden griechischen Einfluss bekundenden buddhistischen Steinskulpturen[3] jener letzten Zeit der Ueberbleibsel

---

[1] Dies ist eigentlich kaum möglich. Kanerku ist stets bärtig, kann also höchstens wohl 60 Jahre regiert haben.

[2] Dass man in den Grabhügeln jener Gegend Münzen des Kadphises (II.) und Kanerku mit Denaren des M. Antonius, Caesar und Augustus zusammen gefunden hat (Ritter, Die Stupa's u. s. w. p. 254 f.), hilft wenig. Römisches Silbergeld ging durch die ganze Welt und erhielt sich lange im Verkehr.

[3] Theils im Original, theils in Photographien im Berliner Museum.

hellenischer Cultur in Indien angehören, scheint mir sicher; die Aehnlichkeit der Werke mit den Darstellungen auf den Münzen des Kadphises, besonders aber des Kanerku u. A. ist nicht zu verkennen; gewiss gehören die Skulpturen nicht der guten griechischen Zeit an: sie sind buddhistisch, der indische Charakter überwiegt und verdrängt die klassischen Formen, wie auf Kadphises' und den Turushkamünzen allmählich klassische Mythologie und die klassischen Götternamen schwinden, um dem Buddha und den indischen Göttern Platz zu machen.

Ich gebe hier die Reihe der griechisch schreibenden baktrisch-indischen Könige mit ungriechischen Namen nach der im Vorstehenden entwickelten, von der allgemein geltenden, übrigens, von einigen Zusätzen abgesehen, nur wenig verschiedenen Anordnung mit den wenigen, muthmasslich zu bestimmenden Jahreszahlen:

1) Ranjabala (griech. **PAZY** oder ähnlich).
2) Maues. Noch vor 100 v. Chr.

Die Azes-Reihe.

3) Azes. Nachfolger (und Sohn?) des Maues.
4) Azes und Aspavarma, sein Strategos.
5) Azes und Aspapatis, sein Strategos.
6) Azilises, Zeitgenosse des Azes.
7) Vonones und Azes.
8) Vonones und Spalahara.
9) Vonones und Spalagadama, Sohn des Spalahara. — Dieser ist identisch mit Spalyris.
10) Spalirisus. *a*) als Königs-Bruder. *b*) als König.
11) Spalirisus und Azes.
12) Spalyris (oder Spalyrios), Königs-Bruder. Sein arianischer Name ist Spalagadama, Sohn des Spalahara.

13) Arsaces, δίκαιος (Num. Chron. XIX, p. 62).
14) Arsaces, θεός, Unicum in Berlin.
15) Yndopheres, auch Goudophares und ähnlich.
16) Sanabarus, des Yndopheres Zeitgenosse (Nachfolger' in derselben Gegend. Identisch mit Μάμβαρος Ἀκάβαρης des Peripl. mar. Erythr.? Späte Arsacidenzeit.
17. Abdagases, Brudersohn des Gondophares.
18) Abdagases, mit abweichender Umschrift der Rückseite Num. Chron. XIX, p. 62: »Sub-Abdagases Sasan
19) Zeionises.
20) Unbestimmt mit dem Titel: maharagasa mahatasa kashatarakuyala (Berlin).
21) Pacores.
22. Orthagnes, mit Gondophares' Namen auf der Rückseite arianisch.
23) Heraos, König der Saka.
24) Soter megas.
25) Yrcodes.

Die Kadphises- und die Turushkareihe.

26) Kadphises (I.) mit Hermaeus-Typen.
27) Kadaphes.
28) Kadphises (II.). Augustus' Zeit? Später?
29) Kanerku oder Kanerki. Erstes Jahrhundert n. Chr.
30) Ooerki.
31) Ooer Kenorano.
32) Bazodeo.
33. Verwilderte.
34) Verwilderte, mit sassanidischem Einfluss. Um die Zeit des Sassaniden Sapor I., 238 - 269 u. Chr.

Hier, zum Schluss muss ich, wenn auch den bestehenden Ansichten der Indologen völlig entgegen, eine Münzklasse aus dem Bereich der griechisch-indischen Denkmäler verbannen. Eine äusserst zahlreiche, meist aus Silbermünzen bestehende Reihe **indischer Königsmünzen**, von völlig national-indischer, unkünstlerischer, meist barbarischer Ausführung und folgenden Typen: Königskopf (mit Schnurrbart), *Rf.* meist Symbol ☿, darunter Wellen, giebt uns »in schönen und gleichförmigen Devanâgarî-Buchstaben« (Lassen) Namen und Titel einer grossen Reihe von Königen, der Sah-Dynastie der Sinha-Könige, nach Thomas (J. A. S. XII. 1850 p. 1—72) **vierzehn**, nach Newton sogar **dreiundzwanzig**:

1) Iswara Datta
2) Rudra Sah I.
3) Asa Dama
4) Dama Sah

u. s. w., der letzte heisst Swami Rudra Sah IV. Die Titel dieser Könige, in langer Inschrift, enthalten u. a. die Satrapenbezeichnung: »Kshatrapasa«.

Die **Köpfe** dieser Münzen nun haben **griechische** Umschriften, wie beschaffen, werden wir gleich sehen; eine derselben hat man für den Namen des baktrischen Königs Dionysius gehalten. Nach Thomas' Annahme regierten diese Könige von 157 v. Chr. an, Lassen (II². 929) ist sogar geneigt, sie schon als Satrapen des **Euthydemus** herrschen zu lassen.

Für den Münzkenner ist aber diese Bestimmung völlig unmöglich. Die Münzen sind so schlecht, roh und spät, in Form der Buchstaben — auch der indischen, so völlig von allen antiken verschieden, die ganze Reihe scheint sich so deutlich als eine Art Fortsetzung der schlechten Silberdrachmen des ΥΡΚѠΔΟΥ zu documentiren; ja, die sich unmittelbar an die Sinha's eng anschliessenden Münzen der Gupta-Könige mit ganz

ähnlichen Typen scheinen mir sogar den Feueraltar der Sassaniden nachzubilden (s. Thomas' Tafel l. c.), dass ich die ganze
Reihe für sehr spät, lange nach Christus geprägt, halten muss,
schon aus rein numismatischen Gründen.

Und nun das »griechische« der Hauptseite!

Der zweite König, Rudra Sah, soll den Namen seines
Oberkönigs Dionysius auf seine Münze gesetzt haben! Thomas
giebt diese Inschrift so: ΛΙΟΛΥΙϚΙΥΙΙΙΛ. Wenn man viele
Abbildungen und Originale dieser Münzen sieht, wird man bald
völlig klar über den Character dieser Sorte von griechischen
Umschriften. Als Beweis gebe ich hier eine sehr deutliche Münze
der Berliner Sammlung von Viswa Sinha[1]) (neunter König) und
eine andre des Rudra Sah, desselben, der angeblich
des Dionysius Namen auf seine Münzen schrieb:

Wir haben also hier etwa . ΛϑΙΤΙΛ., und bei Rudra Sah
NIWI; andre Münzen (der 8. und
10. König) haben nach Thomas ΙΙΥΙΙΟΙΙϹ und
ΙΙΟΙΙϹϚΙϽΙΟΙΙ u. s. w.
Wer sich praktisch mit den Münzen abgiebt, erkennt sofort, mit
was wir es hier zu thun haben: es sind wüste plagia barbaro-
rum, unverstandene und unsinnige Nachmalereien griechischer
Buchstaben, ohne jeden Sinn und Verstand, die vielleicht dem
ΥΡΚШΔΟΥ ihr Dasein verdanken. Der Werth solcher Inschriften ist gleich Null, und aus solchen Barbareien und unverständigen Strichen vernünftige griechische Namen lesen zu wollen ist eben so irrig wie das Bestreben die willkürlichen Striche

---

1) Von mir bestimmt; es ist auch für den Nichtindologen leicht nach Thomas
vortrefflichen Abbildungen diese Münzen zu bestimmen. — Der Rudra Sah ist von
Hofrath Pertsch bestimmt.

unsrer mittelalterlichen Wendenpfennige lesen und deuten zu wollen. So geläufig dem Numismatiker diese unendlich häufige Erscheinung corrumpirter, sinn- und werthloser Legenden ist, so gross ist das Unheil, welches Deutungsversuche dieser Art Inschriften immer und immer wieder verursachen.

Ich kann also die meiner Ueberzeugung nach sehr späten Münzen der Sinha-Könige mit sinnlosen, aus griechischen Vorbildern entstandenen Inschriften und Strichen, aber völlig correcter indischer Umschrift der Rückseite nicht in den Bereich meiner Betrachtungen ziehen.

Wenn ich es im Vorstehenden versucht habe, eine nur auf das monumental Sichere zurückgeführte Uebersicht der baktrischen und indo-griechischen Herrschaft zu geben, nicht für Indologen und Specialforscher bestimmt, sondern für jeden, der für eine der wunderbarsten Episoden der Geschichte Interesse hat, so gut ich es als blosser Münzgelehrter und als Laie in den indischen Sprachstudien konnte, so muss ich ausdrücklich um die Nachsicht derer bitten, welchen die indischen Sprach- und Geschichtsstudien nahe stehen. Ich weiss wohl, wie Vieles mir entgangen sein mag und wie sehr ein vollständiger philologischer Apparat nöthig ist, wenn man Geschichte schreiben will. Aber ich fand, dass die fast einzigen Denkmäler jener Ereignisse, die Münzen, über welche ich ein Urtheil zu haben glaube, bisher keineswegs in allen Punkten richtig benutzt und erkannt waren, und dies bewog mich, auf etwaige andere Arbeiten über diesen Gegenstand nicht zu warten und das, was ich bieten konnte, nicht zurückzuhalten.

DIE NACHFOLGER
ALEXANDERS DES GROSSEN
IN BAKTRIEN UND INDIEN.

II.
MÜNZENVERZEICHNISS
MIT EINLEITENDEN BEMERKUNGEN.

II.
Die Münzen.

Die literarischen Grundlagen der vorliegenden Bearbeitung der baktrischen und indogriechischen Numismatik sind besonders die beiden letzten ausführlichen Verzeichnisse von Cunningham (Alexander's successors etc., Num. Chron. N. S. Vol. VIII, IX, X, XII, XIII) für die griechischen und Prinsep's, von Thomas vermehrtes in Prinsep, Essays on indian antiquities ed. Edw. Thomas Bd. II, London 1858 p. 171 ff., unvollständig abgedruckt im Num. Chron. Bd. XIX, für die ungriechischen Könige. Ausserdem aber mussten stets die früheren Werke berücksichtigt und benutzt werden, zunächst Wilson's Ariana antiqua, Grotefends, Lassen's Werke (beide Ausgaben seiner indischen Alterthumskunde; wichtige Abweichungen) u. s. w. Zahlreiche Aufsätze in den neueren Bänden des Num. Chron. enthalten vieles noch nicht in jenen grossen Verzeichnissen vorhandene, ebenso mehrere Bände des Journal of the Asiatic soc. und die Archaeological surveys of India, von Cunningham herausgegeben; für die Münzen der Turushka's sind besonders wichtig die Bände VII und IX des Journ. of the As. soc., in letzterem, von 1877, ein Aufsatz von Thomas über den Fund von Peschawer. Dass zu meiner Arbeit alle mir zugänglichen Werke, selbst die fleissige und gelehrte Historia regni Graecorum Bactriani von Bayer (Petersburg 1738) benutzt wurden, versteht sich von selbst.

Die zweite Grundlage meiner Arbeit sind die in vielen Hunderten mir vorliegenden Originale und Abdrücke: die namentlich durch die Ankäufe Guthrie, Prokesch, Gansauge jetzt höchst bedeutende Berliner Sammlung, welche eine Fülle merkwürdiger und von mir aufgefundener neuer Sachen enthält, ferner der mehrere hundert Stück umfassende Vorrath der Herrn Rollin und Feuardent; auch einzelne Privatsammlungen enthielten manches; ferner eine grosse Anzahl von Abdrücken: aus London, Petersburg, Paris.

Ich gebe die griechischen Könige nach der in meiner historischen Uebersicht mitgetheilten und begründeten Ordnung:

1. die chronologisch sicherstehenden,
2. die übrigen Könige alphabetisch, des bequemen Findens wegen,
3. die ungriechischen nach den sich von selbst ergebenden Gruppen.

Alle Gewichte sind in Grammen wiedergegeben, die Grössen sind die der in aller Händen befindlichen, bequemen und einfachen Scala Mionnets. Die arianischen Inschriften gebe ich wo es irgend möglich war in der Originalform, arianisch, was so viel ich weiss seit Wilson und Grotefend, also seit einer Zeit nach der sich so unendlich vieles geändert, noch nirgends geschehen ist. Nur wo Lesungen zweifelhaft sind und wo mir weder Originale noch Abdrücke noch genaue Abbildungen zu Gebote standen, gebe ich die vorgefundene Transscription[1].

Wieviel neues ich gefunden, wo ich der vorhandenen Literatur gefolgt bin, wo ich selbständig auftrete u. s. w., ist aus meiner Arbeit selbst ersichtlich.

So sehr auch eine solche Arbeit ihr Entstehen den ausser-

---

[1] Ich transscribire nach Cunningham's und der meisten andern Gelehrten Vorgang. Also das dsch, $\acute{g}$, gebe ich durch j u. s. w. In meiner historischen Uebersicht ist an einigen Stellen eine abweichende Form, die ich nach dem hier gesagten zu ändern bitte.

ordentlichen vorliegenden Leistungen der englischen Gelehrten verdanken muss, das kann ich versichern: eine Compilation ist meine Arbeit nicht.

Die von mir gegebene Schrifttafel ist die Cunningham's, mit ganz geringen Zusätzen, und nicht sprachwissenschaftlich, sondern für den bequemen Gebrauch und schnelles Finden, worauf nach meiner Erfahrung das meiste ankommt. alphabetisch geordnet.

Ich gebe kurz einige einleitende Bemerkungen.

1. Form und Metall der Münzen.

Die Form der baktrischen Münzen ist rund und viereckig. Viereckige Kupfermünzen (bisweilen aus einem Barren an zwei Seiten herausgehauen) beginnen wahrscheinlich schon mit einer baktrischen Prägung Alexanders des Grossen, dann mit Pantaleon und Agathokles, Demetrius, Eukratides u. s. w. und dauern bis in die Zeit des Azes, Spalirisus, Spalyris u. s. w., hinein. Viereckige Silbermünzen sind seltener, bei Apollodot und Philoxenus. Das Metall der baktrischen Münzen ist Gold, ganz rein, Silber, zuerst sehr rein, unter den späteren Königen sich verschlechternd. zu Azes' Zeit oft schon das schlechteste Billon; gut wieder bei den ziemlich seltenen Silbermünzen der Turushka's, bisweilen bei Yrkodes. Pantaleon und Agathokles prägen kupferne runde stark mit Nickel gemischte Ganz- und Halbstücke.

Die grösste Anzahl der baktrischen Münzen ist von Kupfer.

2. Sprache und Schrift.

Die Sprache ist zuerst griechisch, dann griechisch und indisch, ganz ausnahmsweise rein indisch, bei den griechischen Königen. Agathokles prägt rein indische Kupfermünzen mit arianischen Buchstaben, Pantaleon und derselbe Agathokles haben auf andern Münzen griechische und indische Pali-Aufschrift. Die übrigen

Könige seit Eukratides haben fast sämmtlich auf der Vorderseite Griechisch, auf der Rückseite Indisch (Tochtersprache des Sanskrit, nach Lassen) mit einer von rechts nach links gehenden, gewöhnlich »arianisch« genannten Schrift, die mit der Zendschrift gleichen Ursprung hat, sich durch schöne wohlgeformte Buchstaben auszeichnet und im wesentlichen immer gut und klar bleibt, sehr selten verderbt, selbst in den Zeiten wo die griechische Umschrift oft schon Barbareien und Fehler zeigt. Die einheimische Schrift wird nicht mehr angewendet seit Kanerku. dafür tritt reines Griechisch auf, um bald wieder der einheimischen Sprache, aber mit griechischen Lettern geschrieben, Platz zu machen. Das Ende dieser Prägungen sind verwilderte mit unverständigen griechischen barbarisirten Lettern geschriebene Stücke.

3. Der Münzfuss.

Von dem baktrischen Münzsystem ist schon oben in der historischen Uebersicht die Rede gewesen. Ich habe gezeigt, wie für die Geschichte jener Reiche die bisher, wie es scheint, nirgends geahnte richtige Benennung der Münzen von allergrösster Wichtigkeit ist: ich meine den Uebergang des attischen Fusses (Tetradrachme von 17,2, Drachme und Obol) mit rein griechischer Schrift zum reduzirten Fuss (Tetradrachme von fast 10 Grammen und Drachme von fast 2,5), mit griechischen und arianischen Umschriften.

Der Indier Sophytes mag nach irgend einem einheimischen Gewicht geprägt haben (3,76, also ungefähr eine attische Drachme) [1].

Zunächst prägten also die Griechen in Baktrien attisch, Gold und Silber; ein Phänomen der Münzprägung ist das berühmte

---

[1] S. über die indischen Gewichte und Münzfüsse die gelehrte Abhandlung Cunningham's im 13. Bd. des Num. Chron. N. S.

Zwanzig-Stateren-Stück in Gold von Eukratides, in Paris. Unter Eukratides trat der neue, reduzirte Münzfuss ein.

Hier Proben der attischen und der reduzirten Gewichte, sowie der Gewichte der späteren Reihen.

Sophytes   3,76

Attischer Fuss.

	A'	Æ Tetradr.	Drachme	Obol
Antiochus II.		16,85	4,02	
Diodot	8,37 (Stater)	16,6	4,27	
		16,65 (schlecht)	4,2	
Euthydemus	8,36 (Stater)	16,59	4,01	
		16,47	4,08	
		16,45		
Demetrius		16,91	3,3 (schlecht)	0,69
		16,69		
Euthydem II.		16,94	4,01	
		16,75		
Pantaleon		16,07 (schlecht)		
Agathokles		16,91	4,24	
		16,8		
		16,79		
		16,78		
Antimachus Deus		16,93	halbe Drachme	0,3 (Er-
		16,91	2,05	haltung?)
Eukratides	168,05 (20 Stater)	17,1 u. s. w.	4,15	0,67
			4,12	0,65
			4,92 (barbarisch)	
Plato		16,72 (nicht gut)		
Heliokles		16,93	4,02	
		16,78	3,95	
Antialcides		16,65 (2 Löcher)		

Reduzirter Fuss.

	Tetradrachme	Drachme
Eukratides		2,23 (schlecht erhalten)
Heliokles	9,46	2,3 (nicht gut)
Amyntas	8,29 (schlecht)	2,27
Antialcides		2,46
		2,45
		2,43
Antimachus nicephorus		2,46
		2,45
Apollodotus	9,87	2,39
		2,36
Apollophanes		2,39
Archebius	9,59	2,29
	9,55	
	9,42	
Artemidorus	8,29	2,39
		2,33
Diomedes		2,15 (schlecht)
Dionysius		2,33
Hermaeus	9,91	2,42
	9,39	
	9,23 (nicht gut)	
Hermaeus und Kalliope		2,33
Hippostratus	9,59	
	9,52	
	9,33	
Lysias		2,47
		2,39
Menander	9,46	2,49
	9,39	2,48
Nicias		2,33
Philoxenus	9,75	2,39
Strato	8,68	2,2 (nicht gut)
	8,64 (nicht gut)	
Strato II.		2,39 (schlechtes Silber)
Telephus		2,11 (nicht gut)

	Tetradrachme	Drachme
Theophilus		2,33
Zoilus		2,42
		2,39
Maues	9,81	
	9,26	
	8,85 (beschädigt)	
Azes	9,71	2,47
	9,65	2,45
	9,63	2,43
	9,42	2,41
	9,41	2,4
	9,27	
Azilises	9,5	1,92 (nicht vollkommen)
	9,39	
	9,14	
Vonones		2,35
Vonones u. Spalagadama		2,46
Spalirisus		2,23 (nicht vollkommen)

Attische Drachmen nach dem Vorbild der Arsaciden.

Yndopheres	3,73
Sanabarus	3,8
	3,43
	3,17 (nicht vollkommen).

Attische Tetradrachme vom Gewicht der spätesten Arsaciden.

Heraos	11,95

Attisches Gewicht der Kadphises-Turushkareihe.

	Doppelstater	Stater	Viertelstater	Halbe Drachme.
Kadphises	15,87	7,91	1,09	
Kanerku		7,97	2,0	
		7,95		
Ooerki		8,06	2,1	2,05
		7,99	2,0	2,03
		7,97		
Bazodeo		8,12		
		8,02		

Jeder wird sehen, dass es gradezu unmöglich ist die reduzirten Tetradrachmen und Drachmen für attische Didrachmen und halbe Drachmen zu halten. Das Normalgewicht der attischen Tetradrachme ist 17,46, der Didrachme also 8,73: die angeblichen baktrischen Didrachmen wiegen aber immer mehr als 9 (ausser wenn sie beschädigt sind), bisweilen 9,91, meist etwa 9,5; ebenso ists mit den sogenannten Halbdrachmen. Wie viel Unheil man mit sogenannten »Durchschnittsgewichten« angerichtet hat, wobei alle abgeriebenen Münzen mit eingerechnet werden, ist den Münzgelehrten bekannt. Friedlaender hat über diese Gewichtsfrage das allein richtige gesagt[1]: »Eine der ersten Regeln bei Wägungen ist, dass man nicht Durchschnittsgewichte annehmen soll, bei denen die schlechten Exemplare miteingerechnet werden, sondern dass man die schwersten Gewichte allein beachten und eher noch ein wenig zugeben muss, da Abnutzung und Oxydation fast immer einige Verringerung des Gewichts bewirken.« Ueberwichtige Stücke sind ganz seltene Anomalien (vor dem dicken, das Gewicht natürlich vergrössernden Oxyd-Ueberzug hat Friedlaender ebenfalls mit Recht gewarnt), die grosse Sammlung Prokesch enthielt auch nicht ein einziges ganz vollwichtiges Tetradrachmon von Athen. Und nun gar die Zeit der Diadochen und der aus ihren Satrapien hervorgegangenen Reiche! Die attischen Tetradrachmen u. s. w. der Diadochenreiche bleiben fast immer unter dem regulären Gewicht, also nach den gegebenen Proben werden wir getrost allermindestens die höchsten Gewichte der reduzirten Tetradrachmen: 9,91 und der Drachmen: 2,49 als Normalgewicht annehmen können, wenn auch meist etwa 9,5—9,6 das Gewicht ersterer ist. Schon die Drachmengewichte 2,47—2,49 leiten uns auf ein Tetradrachmon von 10 Grammen hin[2].

---

[1] Berliner Blätter für Münz- u. s. w. Kunde II, 167.
[2] Danach ist das vorn in der historischen Uebersicht gesagte zu verstärken. Nicht 9,5 sondern wohl sicher 10 Grammen ist das Normalgewicht.

Da die Einführung dieses Münzfusses statt des attischen gleichzeitig mit Einführung der arianischen Schrift auf der Rückseite verbunden ist, also mit einer Concession an die indische Bevölkerung, so ist auch das neue Gewicht sicherlich eine solche nationale Concession: es mag ein vorgefundenes einheimisches sein.

Unter Azes wird die Tetradrachme bereits häufig zum schlechtesten Billon, wie die Denare der spätesten römischen Kaiserzeit: so bleibt es bei Yndopheres, Abdagases; schliesslich ist es nicht mehr zu unterscheiden, ob wir Silber- oder Kupfermünzen vor uns haben. — Arsacidisch, also attisch, sind die griechischen Drachmen des Yndopheres und Sanabarus, auch die Tetradrachme des Heraos. — Das Vorhandensein von Ganzstück und Halbstück aus nickelhaltigem Kupfer bei Pantaleon und Agathokles ist eine Entdeckung der englischen Gelehrten: sonst ist das Gewicht der Kupfermünzen zu schwankend, um die ihnen von Cunningham gegebenen Benennungen zu rechtfertigen; ich glaube die Grössen und Gewichte dieser Kupfermünzen sind nur ganz ungefähr innegehalten; es war, wie z. B. auch bei den Bosporanern, nicht Werthstück, sondern Vertrauensgeld, wie das Papiergold.

Die Turushkakönige und der Eröffner dieser Reihe, Kadphises, haben wieder rein attisches Gewicht, Doppelstater, Stater, Viertelstater und halbe Drachme. Ich sehe keinen Grund, an den römischen Aureus bei den Stateren zu denken; der attische Stater u. s. w. war ja seit den Diadochen überall üblich, auch in spätester Zeit, bei den Bosporanern, wird immer so geprägt, freilich immer schlechter. Bei den Turushka's bleibt das Metall gut, erst die verwilderten Münzen haben auch schlechtes Metall.

Die Silbermünzen des den Arsaciden etwas ähnlichen Yrkodes sind zu schwankend im Gewicht, oft auch von schlechtem Silber, so dass sich nichts bestimmtes über den Münzfuss sagen lässt.

4. Die Darstellungen der Münzen.

Die Münzen tragen wie alle griechischen Königsmünzen meist den Kopf der Könige stets mit Diadem (die Ausnahme bei Heliokles ist erwähnt) und mannigfachen andern Kopfbedeckungen: Elephantenfell, macedonischer Hut καυσία, Helm u. s. w., auf der Rückseite meist die gewohnten hellenischen Götter Zeus, Pallas (meist in der Form in welcher sie auf Münzen des Antigonus von Macedonien erscheint), Herakles, die Dioskuren u. s. w. sowie deren Attribute, aber auch mannigfache andere Darstellungen, Thiere u. s. w. Besonders reich ist Menanders Reihe. Sehr wichtig, weil auf die chronologische Bestimmung bisweilen einwirkend, sind eine Reihe völlig sicher nachzuweisender redender Wappen: der Zeus bei Diodot (und Antiochus II.), der indische Löwe bei Pantaleon, der Apollo bei Apollodot, die Artemis bei Artemidor, das Pferd bei Hippostratus, die Artemis Selene bei Maues (Mao die indische Mondgottheit auf späteren Münzen). Bei den späteren ungriechischen Königen erscheinen die Fürsten meist zu Pferde, später stehend, auch beginnen einheimische Gottheiten langsam an die Stelle der hellenischen zu treten. Spuren davon zeigen sich schon bei den Griechen Amyntas und Hermaeus. Doch erst in der mit Kadphises beginnenden letzten Reihe der baktrisch-indischen Könige tritt die indische Mythologie in mannigfaltigen Formen auf, nur zum kleinern Theile bis jetzt mit Sicherheit erklärt, aber die gewohnten vielarmigen u. a. indische Gestalten zeigend. Von höchstem Interesse ist die durch die neue Publikation des grossen Goldfundes von Peschawer bekannte Reihe des Königs Ooerki mit hellenischen Göttern in indisirter Namensform, dem Herakles: HPA KIΛO, Serapis CAPAΠO, oder einheimischen Namen neben hellenischen Göttern: OANINΔA = Nike u. s. w. Selbst ein indisches vielarmiges und vielköpfiges Monstrum OKPA erscheint als ein deutliches Pantheon hellenischer Götter: Zeus Blitz,

Poseidon (Dreizack), Herakles (Keule). — Unter Kanerku erscheint zuerst Buddha (nicht Adi-Buddha), BOYΔO, in seiner häufigen, völlig unverkennbaren stereotypen Figur. Die unzweifelhafte Lesung dieser Münzen: BOYΔO gegenüber den stets irrigen früheren und den neuerdings sogar ausgesprochenen Zweifeln erwiesen zu haben, ist ein Hauptresultat meiner Arbeit.

5. Der künstlerische Charakter.

Die ersten baktrischen Münzen sind meist ziemlich gut, von kräftigem Styl, den syrischen nicht unähnlich, bisweilen aber noch etwas roh. Schon unter Euthydemus finden wir aber vortreffliche Köpfe, z. B. den ganz ausserordentlich schönen Greisenkopf (das schönste Exemplar in London). Die Münzen des Agathokles, Antimachus, Demetrius, Euthydemus II., auch z. Th. noch Eukratides zeigen uns zuweilen Bildnisse von einer ganz eigenartigen, sich von allen andern griechischen Münzen unterscheidenden, äusserst lebenswahren, derb realistischen Auffassung, die zu den allerbesten Portraitarbeiten gehören, welche wir aus dem Alterthum besitzen, und Zeugniss von der hohen Cultur jener Reiche ablegen. Die späteren griechischen Münzen sind bisweilen noch recht zierlich, z. B. die kleinen Köpfe des Antialcides, doch werden die Darstellungen bald conventionell, handwerksmässig, sogar roh und nachlässig. Die ungriechischen Prägungen sind meist roh; z. Th. gut sind die viereckigen Kupfermünzen des Maues und Azes, ihre andern Münzen aber schon sehr barbarisch; dasselbe gilt von der ganzen mit Azes zusammenhängenden Reihe, auch Yndopheres und sein Anhang zeigt ganz rohen Styl, der nur auf den nach arsacidischem Muster geprägten Stücken etwas besser wird. Die Münzen des Kadphises (II.) und der Turushkakönige zeigen bisweilen die Zierlichkeit, welche oft die Arbeiten barbarischer oder nichtklassischer Völker haben: kleines, sauber ausgeführtes Nebenwerk, Schnörkeleien, dabei aber roheste Vernachlässigung der Anatomie u. s. w.

Die letzten Ausläufer der Prägung, die Goldmünzen mit sassanidischem Einfluss zeigen dieselbe barbarische Zierlichkeit wie die frühen Sassanidenmünzen: feinen, sauber gearbeiteten Kopfputz (Thierköpfe) und rohe menschliche Figuren.

6. Falsche baktrische Münzen.

Der praktischen Numismatik Unkundige pflegen häufig von der Menge gefährlicher Fälschungen baktrischer Münzen zu reden: dies ist aber auf ein Minimum zurückzuführen. Eine wirklich sehr gefährliche Fälschung ist ein Goldstater des Diodot, mit altem Gesicht, von guter Arbeit, aber ganz rohem Zeus mit Adler auf der Rückseite, als Beizeichen über dem Adler Kranz, auf der andern Seite aufwärts gekehrte Lanzenspitze. Diese Münze hat in alle grossen Sammlungen Eingang gefunden, ist im Num. Chron. abgebildet worden, und erst neuerdings, als immer und immer wieder neue Exemplare zum Vorschein kamen, hat man die Fälschung erkannt.

Becker hat mit gewohnter Meisterschaft und offenbar mit mechanischen Manipulationen nach den Pariser Schwefelabgüssen Stempel zu drei Münzen gemacht: Goldstater des Euthydemus, Tetradrachme des Eukratides mit Helm und den Dioskuren, Tetradrachme des Heliokles (rein griechisch) mit Zeus. Von letzterem giebt es Exemplare, in welche der schlaue Betrüger den kleinen Adler (Zeichen der alten zerstreuten Este'schen Sammlung; mit einem Goldblättchen), einschlug. Von Eukratides' Drachme mit Helm und Dioskuren existirt ein guter, offenbar in Indien gemachter Stempel mit fehlerhafter Umschrift: $\mu\varepsilon\gamma\alpha\lambda\upsilon$ $\varepsilon\upsilon\kappa\iota\lambda\tau\iota\alpha\upsilon$; von der baktrischen Tetradrachme des Antiochus II. enthielt die Guthrie'sche Sammlung ein mit sehr barbarischen, bestimmt in Indien gemachten Stempeln geprägtes Stück (Rf. N über dem Adler), das recht geschickt braun gefärbt ist, aber selbst Anfänger nicht täuschen kann; noch roher sind einige andre indische Machwerke, die nur in Formen eingekratzt und danach gegossen zu sein scheinen, deren Beschreibung gar nicht der Mühe lohnt. Von Azes' Tetradrachme giebt es leidliche moderne Stempel. Von Kadphises giebt es moderne Stempel von zwei Goldstücken (der König im Wagen, *Rf.* stehende Figur mit Dreizack und: Brustbild des Königs; *Rf.* Figur mit Dreizack), ebenfalls sehr schlecht und roh, viel zu gross und gänzlich ausser dem Charakter der ächten Münzen.

Unendlich häufig sind Abgüsse ächter Münzen, grösstentheils (wie Guthrie's Sammlung beweist) in Indien gemacht, oft recht gut.

Dies ist alles was ich von den gefürchteten Massen von Fälschungen in Erfahrung gebracht und gesehen habe; viel mehr wird es auch schwerlich sein.

7. Literatur.

Eine vollständige Uebersicht der Literatur soll hier nicht gegeben werden. Ich führe nur das wichtigste an.

Bayer, Historia regni Graecorum Bactriani, Petersburg 1738.
Eckhel, Doctrina num. vet., der betreffende Abschnitt des III. Bandes.
Köhler, Méd. grecques des rois de la Bactriane etc., 2 Aufsätze 1822 u. 1823, neu abgedruckt in Köhlers ges. Schriften, Serapis Bd II.
Raoul-Rochette, Notice sur quelques méd. grecques inéd. apparten. à des rois de la Bactriane etc. 1834. Dazu 3 Supplemente 1835, 1836 und 1838—44.
Bartholomaei, Notice sur les méd. de la Bactriane in Köhne's Zeitschr. für Münz- u. s. w. Kunde 1843 und 1846.
Mionnet, Description etc., die betr. Abschnitte im V. Bd. und VIII. Suppl. Bd.
Grotefend, Die Münzen der griech., parth. und indoskyth. Könige von Baktrien u. s. w. 1839.

Wilson, Ariana antiqua etc. 1841 mit vielen ausgezeichneten
   Abbildungen.
Prinsep, Essays on indian antiquities ed. Thomas. London
   1858. 2 Bände, die sämmtlichen Aufsätze Prinsep's
   enthaltend.
Lassen, Indische Alterthumskunde Bd. II (erste Ausgabe:
   1849, zweite 1874).
Lassen, Zur Geschichte der griech. u. s. w. Könige in Bak-
   trien u. s. w. 1838.
Müller, C. O., Aufsätze in den Göttinger gel. Anzeigen 1835.
   1838 und 1839.
Droysen, Geschichte des Hellenismus, III Epigonen. Bd. I.
   1877.
Werlhof, Griechische Numismatik, 1850 S. 243—249 von
   Grotefend).
Cunningham, Archaeological surveys of India, besonders
   Band V, 1875.
Cunningham, Coins of Alexander's successors etc., s. Numis-
   mat. Chronicle.
Journal of the Asiatic society (Bengal und Gr. Brit.), darin
   die Aufsätze Prinsep's, die 1858 von Thomas beson-
   ders herausgegeben wurden. Von den andern Bänden
   besonders wichtig: Bengal Vol. XIV. N. S. Gr. Brit.
   Vol. VII, IX.
Numismatic Chronicle, besonders wichtig: Bd. XIX.
   N. S. Bd. II, VIII, IX, X, XII, XIII, XIV, XV.

8. Die Seltenheitsgrade R — RRRR haben nur ganz schwan-
kenden Werth; fortwährende neue Funde, oft von vielen hundert
Münzen, vermindern die Seltenheiten der Baktrier von Jahr zu
Jahr.

I. Griechische Könige.

Alexander der Grosse.
Prägung für Baktrien oder Indien, um 327—323 v. Chr.   Gewicht

Æ. 4. ⌐ Unbärtiger Herakleskopf   ..ΕΞΑΝΔ... Keule. Bogen.
        rechts.   Köcher. Oben Caduceus.

Berliner Museum, aus Dannenbergs Sammlung. Aus einem Barren an zwei Seiten herausgehauen, wie Agathokles' Münzen. Taf. I. 1.

Sophytes
indischer Fürst im Indusland, Vasall Alexanders d. Gr. und Seleucus' I. Prägung nach 306 v. Chr.

Æ. 3. Unbärtiger behelmter Kopf   ΣΩΦΥΤΟΥ Hahn r. Links   3.76
des Fürsten r. mit Kranz.   Caduceus.
Nachgebildet Silbermünzen
des Seleucus mit Königstitel,
also nach 306 v. Chr.

Cunningham Num. Chr. N. S. VI. 220. RRRR. Taf. I. 2, nach einem Abguss des Cunningham'schen Exemplars. — Diese völlig zweifellosen Münzen sind ein Beweis, dass der Name Sopeithes oder Sophytes wirklich Name, nicht Titel ist, wie behauptet wurde. Lassen 2². .170 .

Antiochus II. von Syrien.
Baktrische Prägung um 256 oder 250 v. Chr.

Æ. 6½. Kopf mit Diadem r.   ΒΑΣΙΛΕΩΣ ΑΝΤΙΟΧΟΥ   16.83
                             Blitzschleudernder nackter   16.85
                             Zeus l. mit Aegis. L. unten   u.s.w.
                             Adler. Monogr., wechselnd.

Attisches Tetradrachmon. Berlin, London u. s. w. RRRR. Taf. I, 3. Es existirt ein ganz roher moderner (in Indien gemachter) Stempel. — In dem soeben erschienenen Catalog der Seleuciden des britischen Museums wird der Kopf für Diodot gehalten. Ich kenne keine Analogie und glaube, es ist Antiochus II. gemeint. Dass der Kopf dem Diodot ähnlich ist, kommt daher, dass man in Baktrien wohl Antiochus' Gesichtszüge nicht gekannt hat und sie (ob absichtlich?) dem Satrapen Diodot ähnlich darstellte. Der Zeustypus ist offenbar Diodot's redendes Wappen.

Æ. 3. Ebenso. London. Drachme 1.

Diodotus
König von Baktrien, seit etwa 256 oder 250 v. Chr.

N. 4. Kopf mit Diadem r. ΒΑΣΙΛΕΩΣ ΔΙΟΔΟΤΟΥ
Zeus wie vorher, auch der Adler. L. Kranz.

Attischer Stater. Das abgebildete prächtige Exemplar im Besitz der Hrn. Rollin u. Feuardent. Taf. I, 4.

Der fast in allen Sammlungen befindliche Goldstater mit gut gearbeitetem ältlichem Gesicht und ganz roher Rückseite (Beizeichen: Lanzenspitze und Kranz, ist aus modernen Stempeln geprägt. — Der Zeus ist das redende Wappen Diodot's.

Æ. 7. Gepräge wie vorher, statt des Kranzes der Rf. Monogramm. 16.

Attisches Tetradrachmon. London, Berlin u. s. w. Taf. I, 5. 16.
Rollin u. Feuardent; 16.6 Grm.

Æ. 3. Gepräge wie vorher. Rf. Zuweilen Kranz und mehrere 1. Monogramme.

Attische Drachme. London u. s. w.

N. Æ. **RRR**.

Euthydemus
Nachfolger der Diodotiden oder des Diodot, Zeitgenosse Antiochus' III.

N. 4. Kopf mit Diadem r. ΒΑΣΙΛΕΩΣ ΕΥΘΥΔΗΜΟΥ
Herakles auf d. Felsen sitzend l., die Keule auf einen dünnen, vor ihm stehenden Felsen stützend. Oben Monogramm.

Attischer Stater. Paris. London (Sammlung Dupré).

			Gewicht
R. 6—7.	Ebenso.	Ebenso. Monogramm r. bis- weilen unten N. Rückseite von nicht guter Arbeit.	16,59 16,17

Attisches Tetradrachmon. London, Berlin.

R. 4.	Ebenso. Monogramm links. Attische Drachme. Berlin u. s. w.	4,01 nicht gut

R. 7—8. Ebenso, bisweilen der Kopf alt, gefurchtes Gesicht, von schöner Arbeit.	Ebenso, der Herakles stützt die Keule auf's Knie, gute Arbeit. Monogramm rechts, meist ℞	16,47 16,45

Attisches Tetradrachmon, nicht sehr selten. Taf. I, 6 u. 7.

Schöne Exemplare mit altem Gesicht in London und bei Hrn. Hoffmann in Paris.

R. 4.	Drachme, ebenso.	4,05

Cunningham. Der Abguss eines ähnlichen Stückes mit dem alten Gesicht in Berlin.

Von den beschriebenen Tetradrachmen giebt es unzählige Nachahmungen, zuerst leidlich und von ziemlich gutem Metall, dann aber völlig verwildert, von schlechtem Silber, der Kopf lockig, wie die vielleicht den Saka-Skythen angehörenden sog. indo-parthischen M. mit Reiter (s. unten bei Heraos); um den Herakles dann eine Umschrift, welche orientalischen Charakteren gleicht. In Berlin 25 Stück.

Æ. 6.	Kopf, undeutlich.	ΒΑΣΙΛΕΩΣ ΕΥΘΥΔΗΜΟΥ Stehender Apollo nackt, mit Strahlenkrone, auf den Bogen gestützt, in d. R. Pfeil. Aehnlich den Seleucidenmünzen.

Wilson Ariana antiqua Taf. II, 1. Wilson führt auch ein Fragment mit stehender Figur an.

Æ. 6 nickelhaltig.	Apollokopf r.	Dieselbe Umschrift. Dreifuss in der allen baktrischen Darstellungen dieses Geräthes charakteristischen Gestalt mit langen Fortsätzen der Füsse nach oben. L. Monogr.

Gewichte der Kupfermünzen gebe ich nicht, da hier die Wägungen zu keiner sichern Benennung der Münzen zu führen scheinen.

London u. s. w. Köhler (Serapis) führt ein antik versilbertes Exemplar an. Antike Versilberungen von Kupfermünzen habe ich häufig gefunden bei röm. Medaillons, bei kleinasiatischen Kaisermünzen. Auch bei einer baktrischen Æ. ⊃ des Eukratides.

Æ. 7.		Ebenso, reines Kupfer. London u. s. w.
Æ. 4—6.	Bärtiger (Herakles-?) Kopf r.	Dies. Umschrift. Sprengendes Pferd r., einmal Monogr.

A˙. RRRR. Æ. R. Æ. RRR.

Demetrius
Sohn des Euthydemus. König von Indien.

Æ.	Brustbild mit Diadem r.	ΒΑΣΙΛΕΩΣ ΔΗΜΗΤΡΙΟΥ Stehende Pallas mit Lanze, auf den Schild gestützt, von vorn. L. Monogr., r. oben Buchstabe.

Attisches Tetradrachmon. Cunningham's Sammlung.

Æ. 8.	Brustbild r. mit Elephantenfell u. Diadem r.; bald ziemlich jugendlich, bald älter.	Dies. Umschrift. Stehender jugendlicher Herakles v. vorn mit Keule und Löwenfell in der L.; sich mit Weinlaub kränzend. L. Monogr. aus P, K.

Attisches Tetradrachmon. Berlin, London u. s. w.

		Gewicht
1. Ebenso, runder Gegenstempel: ΦAP Stehender Herakles.		3,3 scheint nicht gut
Attische Drachme, Cunningham.		
2. Ebenso, altes Gesicht ohne Gegenstempel. Auf der Rückseite wechseln zwei Monogramme.		0,69

Attischer Obol. Berlin, London, v. Rauch's Sammlung u. s. w.

5½. Runder Schild mit Gorgoneion.	Umschrift wie vorher. Dreizack, l. Monogr.

Cunningham u. s. w.

7. Elephantenkopf r. mit Glocke.	Umschrift wie vorher. Caduceus. L. Monogr. ⚭, das sich so u. ähnlich bei Euthydemus, Pantaleon und Agathokles öfter findet.

London, Cunningham.

6. Bärtiges Heraklesbrustbild r. mit Löwenfell um d. Hals, Keule über der l. Schulter.	Dies. Umschrift. Stehende Figur, im Jagdkleid, wie Artemis, v. vorn, mit Stiefeln, Strahlenkrone; mit der R. einen Pfeil aus dem Köcher ziehend, in der L. Bogen. R. Monogr.

Berlin, Cunningham u. s. w. Cunningham nennt die Figur Apollo (Strahlenkranz), aber die Kleidung und Bewegung ist völlig die der Artemis. Ist die Münze (das Pendant zu der des Demetrius mit stehendem Apollo bei Wilson, Ariana Taf. II, 1) etwa von Euthydem II.?

3. Kopf des Königs mit Diadem, Elephantenfell r.	Dieselbe Umschrift. Sitzende Pallas mit Lanze u. Schild l.

Cunningham.

4. ☐ ΒΑΣΙΛΕΩΣ ΑΝΙΚΗ ΤΟΥ ΔΗΜΗΤΡΙΟΥ Brustbild mit Elephantenfell und Diadem r.	..ut 𐨤𐨿𐨪𐨟𐨁𐨗𐨁𐨟𐨯 𐨤𐨁𐨟𐨂 māharajasa aparajitasa deme.. Also wären die letzten Buchstaben regulär so: שׁי פרו Geflügelter Blitz. R. Monogr.

7*

Cunningham. Taf. I, 9. Der Blitz hat genau dieselbe Gestalt wie der in den Händen des Zeus auf Heliokles' Tetradrachmen.

Æ. RR. Æ. RRR. Æ. arianisch: Unicum.

Euthydemus II.

Sohn (Mitregent?) des Demetrius, nur aus den Münzen bekannt.

Æ. 8½. Jugendliches Brustbild mit Diadem r.   ΒΑΣΙΛΕΩΣ ΕΥΘΥΔΗΜΟΥ Stehender jugendlicher Herakles von vorn wie auf Demetrius' Münzen, doch hat er einen Weinlaubkranz bereits auf, den andern in der r. Hand (ein Kranz für den Vater, der zweite für den Sohn?). L. Monogr., meist aus P und K

Attisches Tetradrachmon. Berlin, London u. s. w. Taf. I, 10.

Æ. 5.   Attische Drachme, ebenso. Cunningham's Sammlung.

Æ. RRR.

Gleichzeitig mit Euthydem II. (Demetrius): Pantaleon, Agathokles und Antimachus Deus.

Pantaleon.

Æ. 8. Brustbild mit Diadem r.   ΒΑΣΙΛΕΩΣ ΠΑΝΤΑΛΕΟΝ- ΤΟΣ Thronender Zeus l. mit Scepter. Auf d. R. die dreigestaltige Hekate mit Fakkeln. L. Monogr. aus l. Λ, Ο (?), wie vorher bei Demetrius Æ., häufig bei Euthydem, Agathokles.

Attisches Tetradrachmon. Cunningham's Sammlung, einzig.

		Gewicht
Æ. 6 Jugendlicher Bacchuskopf	Dieselbe Umschrift. Panther	
nickel- mit Epheukranz r. haltig.	r., den l. Fuss nach einem Weinstock mit Trauben erhebend. L. Monogr.	
Æ. 5—6. ☐ 𐨀𐨿𐨪𐨙𐨁𐨣𐨆 𐨱𐨁𐨩𐨆𐨯 »rajine pantalevasa« in Pali-Schrift¹). Tanzende Figur mit Pluderhosen von vorn, in der erhobenen R. eine Blume (Bacchantin?).	Dies. griechische Umschrift. Indischer Löwe stehend r.	

Das Thier der Rückseite dieser Münze wird gewöhnlich Panther genannt. Es ist aber verschieden von dem schleichenden Panther der runden Münzen mit bacchischen Typen; es ist der ganz naturgetreu dargestellte indische (mähnenlose) Löwe²), genau wie auf Menanders und Azes' Münzen. Ich glaube es ist (wie das Pferd bei Hippostratus, der Apollo bei Apollodot und die Artemis bei Artemidorus) das redende Wappen des Pantaleon, λέων, der Löwe. Also hiernach wäre Pantaleon vor Agathokles anzusetzen, vielleicht sein älterer Mitregent (Bruder?).
Æ. Unicum. Æ. R.

Agathokles
Zeitgenosse (Mitregent, Nachfolger) des Pantaleon.
1) Erinnerungsmünzen des Agathokles an seine Vorgänger auf dem baktrischen Thron.

Æ. 8. ΑΝΤΙΟΧΟΥ ΝΙΚΑΤΟΡΟΣ Kopf d. Antiochus (II., als des ersten Königs von Baktrien?) mit Diadem r.	ΒΑΣΙΛΕΥΟΝΤΟΣ ΑΓΑΘΟΚΛΕΟΥΣ ΔΙΚΑΙΟΥ Blitzender Zeus mit Aegis l. unten Adler, l. Kranz, r. Monogr.	16,52

Attisches Tetradrachmon wie die folgenden. Cunningham, Unicum. Taf. II.

---

1) Die Pali-Aufschrift geht von links nach rechts, nicht rückläufig wie die arianische.
2) Leo goojratensis. Brehm, Thierleben I, 356.

.R. S. ΔΙΟΔΟΤΟΥ ΣΩΤΗΡΟΣ Umschrift und Gepräge wie
Kopf d. Diodot mit Diadem r. vorher, auch das Monogr.
Berlin, London, Bartholomaei u. s. w. sehr selten. Taf. II.

.R. S. ΕΥΘΥΔΗΜΟΥ ΘΕΟΥ Umschrift wie vorher. Herakles auf dem Felsen sitzend
Kopf des Euthydemus mit l., wie auf Euthydemus' Münzen. R. Monogr. aus I, Λ, Ο.
Diadem r.

London, Unicum aus Wigan's Sammlung. Taf. II.

2) Agathokles allein.

.R. S. Brustbild mit Diadem r. ΒΑΣΙΛΕΩΣ ΑΓΑΘΟΚΛΕΟΥΣ Stehender Zeus von vorn mit Scepter und der dreigestaltigen Hecate mit Fackeln auf der R. L. das bei Agathokles u. a. häufige Monogr. aus I, Λ, Ο.

Attisches Tetradrachmon. Berlin (aus Wigan's Sammlung) u. s. w. Taf. II, 1.

.R. 5. Attische Drachme desselben Gepräges.
Abgeb. Wilson Ariana Taf. VI. 4. Cunningham's Sammlung.

.R. 4. Halbe Drachme (?) desselben Gepräges.
Cunningham's Sammlung.

.E. 6 Brustbild des jugendlichen Dieselbe Umschrift. Panther,
mit Nickel Bacchus mit Epheukranz r, Glocke um den Hals (?) r.,
vermischt
(nicht .R) Thyrsus über der Schulter. den l. Fuss nach einem Weinstock erhebend. L. das häufige Monogr.

Cunningham beschreibt ein ähnliches Stück, mit anderem Monogr., als reines Kupfer.

.E. 4 Wie vorher, Thyrsus statt des Monogramms?
mit Nickel
(nicht .R) Wegen der Farbe findet man diese Nickelhaltigen Stücke bisweilen irrig als Silber angeführt.

Æ. 4. ⲰPYZZ »Hinduja   ƳΛᑦᔑᑐꞀ »Akathukrayasa«
(fast drei- ,Hiduja?, same«, König der   oder »Akathukreyasa«, Geni-
eckig;
(aus d.   Indier. Baum in einer Art   tiv des Namens. Symbol,
Barren
gehauen).   Umzäunung.   Stupa (Grabhügel) genannt.
            Taf. II, 3. London, Oxford, Cunningham.

Æ. 4—7. □ ȝϟꞁ ⲎΛꝘᔑλꜮ   ΒΑΣΙΛΕΩΣ ΑΓΑΘΟΚΛΕΟΥΣ
»Râjine Agathuklayasa« in   Stehender indischer Löwe r.
Pali. Tänzerin wie auf Pan-
taleon's Münzen.
Taf. II, 2. Nicht selten, von sehr verschiedener Grösse,
meist an zwei Seiten aus einem Barren gehauen.

Æ. RR. Æ. kaum R. — Eine unbestimmte Münze Æ. S. □
Hf. Satyr, l. βασιλεὺς βασιλέων Πα ... τιχου (?).
Rf. »Panther« r. arianische Umschrift, vielleicht dieser
Zeit angehörend (?), s. Mionnet. S. VIII, p. 503.

Antimachus Deus.
1) Erinnerungsmünze an Diodot.
R. 8. ΔΙΟΔΟΤΟΥ ΣΩΤΗΡΟΣ   ΒΑΣΙΛΕΥΟΝΤΟΣ ΑΝΤΙ   ?
Kopf des Diodot mit Dia-   ΜΑΧΟΥ ΘΕΟΥ Blitzender
dem r.   Zeus u. s. w. l. Adler, Kranz.
                           R. Monogr. aus A und N.
Attisches Tetradrachmon, in zwei englischen Sammlungen.

2) Antimachus allein.
R. 8. Brustbild des Königs mit ΒΑΣΙΛΕΩΣ ΘΕΟΥ ΑΝΤΙ 16,93
• breitem macedonischen Hut   ΜΑΧΟΥ Stehender Posei- 16,91
rechts.   don von vorn mit Dreizack u.s.w.
                                und Palmzweig. R. Monogr.,
                                wechselnd, bisweilen aus
                                P und K.
Attisches Tetradrachmon. Taf. III, 1. Berlin, London u. s. w.

R. 5. Attische Drachme desselben Gepräges, wechselnde Monogramme.
London, Berlin ,Fragment u. s. w.

			Gewicht
R. 3.	Halbe Drachme desselben Gepräges.		2,¹⁰
	London.		
R. 1.	Obol desselben Gepräges. Monogr. aus P und K		0,³⁰

Cunningham's Sammlung u. s. w. Abgeb. Wilson Ariana
XXI, 12.

Æ. 5½.   Elephant r.   Dies. Umschrift. Stehende Nike mit Kranz und Zweig von vorn auf dem Schiff.

Unicum früher in Cunningham's Sammlung.
Die Gepräge des Antimachus feiern einen Seesieg. Es ist gar kein Grund das Kaspische Meer als den Schlauplatz dieses Sieges zu betrachten (Lassen II² 307); nach dem was wir sonst von diesen Reichen wissen, kann man eher an das offne Meer, etwa an der Indusmündung, denken. Man erinnere sich dabei des schönen Typus der viereckigen Kupfermünzen des Maues und Azes: Poseidon auf einen Flussgott (Indus?) tretend.

R. RR. Æ. Unicum.

Eukratides

König von Baktrien und Indien von frühestens 200 bis spätestens 150 v. Chr. (Die Münzen ohne den Titel μεγάλου sind die ältesten. Beim Verzeichniss so grosser Reihen verfährt man aber praktisch, wenn man nach den Metallen und Typen ordnet.)

N'. 15. Brustbild mit Helm, auf welchem Stierhorn und Ohr, und Diadem r.   ΒΑΣΙΛΕΩΣ ΜΕΓΑΛΟΥ ΕΥΚΡΑΤΙΔΟΥ Die Dioskuren zu Pferde mit Lanzen und Palmzweigen, Sternen über den Hüten, r. sprengend. Unten Monogr.   165,⁴

Attisches Zwanzigstaterenstück, die grösste Goldmünze des Alterthums. Unicum in Paris. S. Chabouillet, Rev. Num. 1867, 382.

N. 4.　　　Attischer Goldstater desselben Gepräges.　　　Gewicht
　　　　　　Früher bei Hrn. Webster in London.　　　　　　?

　　　Das Gewicht der folgenden attischen Tetradrachmen
　　　ist bei gut erhaltenen Stücken 16,79—17,1.

R. 7—8. Brustbild mit Diadem　**ΒΑΣΙΛΕΩΣ ΕΥΚΡΑΤΙΔΟΥ**
　　　　　rechts.　　　　　　　　Stehender Apoll von vorn, in
　　　　　　　　　　　　　　　　der R. Pfeil, die L. auf den
　　　　　　　　　　　　　　　　Bogen stützend. L. Monogr.
　　　Attisches Tetradrachmon. Berlin, London u. s. w.

R. 4.　　　Drachme desselben Gepräges.　　　?
　　　　　　Sammlung Abbot.

R. 8.　Brustbild mit Diadem　**ΒΑΣΙΛΕΩΣ ΕΥΚΡΑΤΙΔΟΥ**
　　　　rechts.　　　　　　　　Die Dioskuren wie auf den
　　　　　　　　　　　　　　　beschriebenen Goldmünzen.
　　　　　　　　　　　　　　　Unten Monogr., bisweilen
　　　　　　　　　　　　　　　das bei andern Königen häu-
　　　　　　　　　　　　　　　fige aus P und K
　　　Attisches Tetradrachmon. Berlin, London u. s. w.

R. 4.　　　Drachme desselben Gepräges.　　　4,15
　　　　　　Berlin, Cunningham u. s. w.　　　　4,12

R. 8. Tetradrachmon desselben Geprägcs (also ohne μεγάλου),
　　　doch trägt der König den Helm.
　　　Sehr selten.

R. 1. Brustbild mit Helm u. s. w.　Dieselbe Inschrift. Die Hüte　0,87
　　　　rechts.　　　　　　　　　　der Dioskuren mit Sternen u.　u.s.w.
　　　　　　　　　　　　　　　　　zwei Palmzweige, Monogr.
　　　　　　　　　　　　　　　　　unten.
　　　Attischer Obol.

R. 1.　　　Ebenso, doch Brustbild mit Diadem.　　　0,65
　　　　　　　　　　　　　　　　　　　　　　　　　　u.s.w.

Barbarische Nachahmung der Obolen:

.R. 6. Brustbild mit Helm ΒΑΣΙΛΕΩΣ ΕΥΚΡΑΤΙΔΟΥ
u. s. w. rechts. Die Dioskurenhüte mit Sternen und die Palmzweige, unter den Hüten Monogr. aus Δ und H

Berlin Prokesch]. Diese Münze hat zwar richtige Schrift, ist aber im Gegensatz zu den gutgearbeiteten Silbermünzen des Eukratides von roherer, barbarischer Ausführung. Es ist offenbar keine Münze des Eukratides selbst, sondern von benachbarten Barbaren geprägt. **Das Gewicht hat daher keinerlei Werth.**

.R. 3. Brustbild mit Helm u. s. w. ΒΑΣΙΛΕΩΣ ΜΕΓΑΛΟΥ
rechts. ΕΥΚΡΑΤΙΔΟΥ Die Dioskuren r. wie gewöhnlich. Unten Monogr.

Attisches Tetradrachmon, nicht selten.

.R. 4. Ebenso, Drachme.
Berlin, Cunningham.

.R. 5. Brustbild l., bis weit unter Wie vorher.
die Schultern, vom Rücken
gesehen, nackt, behelmt.
Mit der erhobenen R. einen
Speer werfend.

Attisches Tetradrachmon, sehr selten.

.R. 1. Stehende Nike r., Kranz ..AT.. unten. Die Dios-
in der R. kuren rechts sprengend.
Rechts B

Cunningham. Unicum.

Gewicht

Silbermünze mit arianischer Umschrift.

Æ. 3. ΒΑΣΙΛΕΩΣ ΜΕΓΑ   𐨤𐨁𐨡𐨁𐨴𐨁𐨯 𐨤𐨱𐨟𐨐𐨯 𐨤𐨁𐨡𐨁𐨴𐨁 2,23
ΛΟΥ ΕΥΚΡΑΤΙΔΟΥ   maharajasa mahatakasa evu- beschä-
Behelmtes Brustbild r.   krâtidasa¹). Die stehenden digt
Dioskuren von vorn, mit Lanzen. L. griechisches Monogr.
Drachme des reduzirten Fusses. General Abbot's Sammlung. Die einzige Münze des Eukratides mit arianischer Umschrift.

Freie barbarische Nachahmung der Eukratidesmünzen (?).

Æ. 3. ..ΒΙΖΗΕ... Brustbild des ΝΑΝΔ...ΝΛΝΑΙΝ? Stehender Löwe, r. darüber U
Eukratides mit Helm, Stierhorn, Ohr u. s. w. rechts. und Λ
Abgebildet bei Wilson, Ariana XXI, 18.

Kupfermünzen.

a) rein griechisch.

Æ. 3.   Apollokopf r.   ΒΑΣΙΛΕΩΣ ΕΥΚΡΑΤΙΔΟΥ
Stehendes Pferd r.

Æ. 2½. Brustbild des Königs mit ΒΑΣΙΛΕΩΣ ΜΕΓΑΛΟΥ
Helm r.   ΕΥΚΡΑΤΙΔΟΥ Reiter (ein
Dioskur?) r. mit Lanze.
Beides Unica.

Æ. 5 u. 6.   Ebenso.   Dies. Umschrift. Die Dioskuren zu Pferd wie gewöhnlich. R. unten Monogr.
Berlin, Cunningham.

Eine viereckige Kupfermünze mit Brustbild und Speer. Rf. Dioskuren und griechische Umschrift, welche Thomas und Cunningham anführen und dabei

---

1) t und r einander gleich; die früher angenommene Gestalt des t : ⟋ scheint irrig, wie das tradatasa, Stratasa u. s. w. beweist.

Mionnet S. VIII, 470 und Köhler's (im Serapis abgedruckten) Aufsatz anführen, existirt nicht. Es ist eine Verwechselung mit der zuerst von Köhler publicirten und nach ihm ganz richtig von Mionnet reproduzirten Tetradrachme mit dem nackten Brustbild.

Æ. 2. ☐ Brustbild mit Diadem rechts.   ΒΑΣΙΛΕΩΣ ΕΥΚΡΑΤΙΔΟΥ Die Dioskurenhüte u. Palmzweige. Unten Monogramm und ⊒

Cunningham, Unicum.

b. mit arianischer Inschrift der Rückseite.

Æ. 3. ☐ ΒΑΣΙΛΕΩΣ ΜΕΓΑΛΟΥ ΕΥΚΡΑΤΙΔΟΥ Brustbild mit Diadem r.   𐨮𐨁𐨴𐨁𐨤 𐨤𐨁𐨩𐨂𐨩 mâharajasa evukrâtidasa. Die Dioskurenhüte und Palmzweige.

Berlin, Cunningham.

Æ. 4, 5, 6. ☐ Ebenso, doch behelmt, Inschrift fast immer mâhârajasa, ⩊ und 𐨪 Im Felde der Rückseite Monogramme und Buchstaben.

Dies ist die gewöhnlichste Münze des Eukratides, von sehr verschiedener Grösse, oft von guter Arbeit, oft roh und schlecht. Die angebliche Silbermünze mit diesen Geprägen und Inschriften bei Wilson (vgl. Lassen, Ind. Alterthumskunde II² 321) ist nach Cunningham's unzweifelhafter Berichtigung ein moderner Abguss einer Kupfermünze.

Ein mir vorliegendes schönes Exemplar dieser Kupfermünze (Æ. 5. ☐) ist überprägt; ich glaube auf der Rückseite Spuren der arianischen Inschrift des Antialcides: 𐨡𐨁𐨫𐨀, aliki von Antialikidasa, zu erkennen. Wir besitzen Münzen des Antialcides mit dem Brustbild des blitzenden Zeus, von derselben Grösse. — Schon der von Antialcides noch angewendete attische Münzfuss der

Silbermünzen mit rein griechischer Schrift und sein späterer Uebergang zum reducirten Fuss mit arianischer Aufschrift der Rückseite beweisen, dass er noch in des Eukratides Zeit hineinreicht. Hier hätten wir nun den sichern monumentalen Beweis, dass Antialcides noch Zeitgenosse des ihn überprägenden Eukratides war.

Gewicht

Æ. 3. ◻ BACIΕΕ... ΟΤΗΡ.. Inschrift und Gepräge wie
ΓΑΤΙΔ Behelmtes Brust- vorher, der Titel mahara-
bild r. jasa erkennbar.

    Berlin (Fox). Diese Münze ist etwas verwildert; der scheinbare Sotertitel statt $\mu\epsilon\gamma\acute{\alpha}\lambda o\upsilon$ ist merkwürdig. Ist es vielleicht eine Nachprägung aus später Zeit, wo dieser Sotertitel (vgl. Menander, Apollodot u.s.w.) gewöhnlich war? Es ist aber auf entstellte Inschriften der Art wenig zu geben.

Æ. 4—5. ◻ ΒΑΣΙΛΕΩΣ ΜΕ Gewöhnliche Inschrift. Nike
ΓΑΛΟΥ ΕΥΚΡΑΤΙΔΟΥ mit Kranz und Zweig r.
Brustbild vom Rücken ge- R. unten Monogr.
sehen, nackt, behelmt, in
der R. Speer.
                      Selten.

Æ. 4. ◻ Umschrift wie vorher. Inschrift wie sonst. doch als
Behelmter Kopf r. zweites Wort noch רגדרגב
                           rajadirajasa, König der Kö-
                           nige. Nike mit Kranz in der
                           R. und Palme in der L., l.
                           L. Monogr.

Selten, die einzige Münze mit dem Titel Radscha di Radscha.

Æ. 4¹⁄₂. ◻ Umschrift und Gepräge רד דר 𐨀𐨵𐨁𐨮 Thro-
wie vorher. nende Figur von vorn, etwas
                           l., die R. ausstreckend, in
                           der L. Zweig; l. ein nur im
                           Kopf sichtbarer Elephant r.;
                           r. Dioskurenhut (?) und Mo-
                           nogramm. Unten eine zweig-
                           artige Verzierung.

Taf. III, 4. Die arianische Umschrift dieser sehr seltenen Münze liest Cunningham: Karisiye nagara devata, d. i. der Gott der Stadt Karisi: das letzte Wort erklärt er aber für sehr zweifelhaft. Auf dem Berliner Exemplar sind die sechs ersten Buchstaben völlig deutlich. Der fünfte Buchstabe stimmt nicht ganz mit der regulären Form des u, aber auch mit keiner andern des arianischen Alphabets. Die Figur nennt Cunningham Zeus, doch scheint diese Benennung (wie auch ebenso bei ähnlichen Figuren auf Münzen des Hippostratus) keineswegs sicher.

Die Münze ist als einziges Beispiel einer arianischen Aufschrift, welche keinen Königsnamen sondern den eines Gottes und einer Stadt (?) enthält, höchst merkwürdig, wenn auch leider noch nicht sicher zu deuten. — Eine Stadt »Karisi« ist sonst unbekannt: vielleicht rein zufällig ist eine Namensgleichheit: die »Legenda aurea«, eine im 13. Jahrh. gemachte Legendensammlung, nennt in der Geschichte des Apostel Thomas einen vornehmen Indier »Carisius«[1].

Ein Exemplar Cunningham's ist auf eine viereckige Kupfermünze des Apollodotus mit stehendem Apoll und Dreifuss geprägt. Unsere Abbildung ist nach Cunningham und dem Berliner Exemplar gemacht.

A. RRRR. Æ. Æ. C.

Plato
ephemerer König in Eukratides' letzter Regierungszeit.
165 v. Chr.

		Gewicht
Æ. S. Brustbild mit Helm, auf welchem Stierhorn u. Ohr, und Diadem r., nachgeahmt den Köpfen des Eukratides.	ΒΑΣΙΛΕΩΣ ΕΠΙΦΑΝΟΥΣ ΠΛΑΤΩΝΟΣ Helios im Viergespann von vorn, oben r. Monogr., unten die seleucidische Jahreszahl PMI. 147 = 165 v. Chr.	16,72 beschädigt

Attisches Tetradrachmon; Taf. IV, 1. Unicum in London.
Vaux, Numism. Chron. N. S. XV, 1.

---

1) Legenda aurea Jac. a Voragine ed. Graesse 1846. p. 37.

Timarchus   Gewicht

der ephemere Usurpator von Babylonien, 162 v. Chr., prägt Tetradrachmen, welche denen des Eukratides mit behelmtem Kopf und den Dioskuren gleichen, nur statt Eukratides' Umschrift: βασιλέως μεγάλου Τιμάρχου s. den Catal. der Seleuciden des Brit. Museum's.

Æ. Unicum, London, überprägt von Demetrius I. von Syrien.

Heliokles
Sohn, Mitregent und Nachfolger des Eukratides.

1. Mit Eukratides und Laodice.

Æ. 5. ΒΑΣΙΛΕΥΣ ΜΕΓΑΣ   ΗΛΙΟΚΛΕΟΥΣ ΚΑΙ ΛΑΟ 16,75
ΕΥΚΡΑΤΙΔΗΣ Brustbild   ΔΙΚΗΣ Köpfe des Heliokles
des Eukratides mit Helm   u. seiner Gemahlin Laodice
u. s. w. r.   (mit Diadem) r. L. Monogr.,
                                   wechselnd.

Attisches Tetradrachmon; in englischem Privatbesitz. höchst selten. Taf. III. 5.

Æ. 4.   Dieselben Aufschriften und Gepräge.   3,95
Attische Drachme, höchst selten. London aus Wigan's Sammlung.

2. Heliokles allein.

Æ. 5.   Brustbild mit Diadem   ΒΑΣΙΛΕΩΣ ΗΛΙΟΚΛΕ 16,93
         rechts.   ΟΥΣ ΔΙΚΑΙΟΥ Stehender u.s.w.
                                 Zeus von vorn mit geflügeltem Blitz in der R.; in der
                                 L. Scepter. L. Monogr., wechselnd. Bisweilen im
                                 Abschnitt ΠΓ

Attische Tetradrachme. Nicht mehr allzu selten. Dass das auf einigen Stücken erscheinende ΠΓ Datum einer baktrischen Aera, von der Unabhängigkeitserklärung um die Mitte des 3. Jahrh. an gerechnet, sei, wird von Cunningham vermuthet. Bemerkenswerth ist die völlige Uebereinstimmung der Gestalt des Blitzes mit dem auf Demetrius' viereckigen Kupfermünzen.

	Gewicht
Æ. 4—5. Drachme desselben Gepräges.	4,02

London, Berlin u. s. w. Einige Exemplare haben im Abschnitt der Rf. ΠΓ, vielleicht die Jahreszahl der baktrischen Aera. Das auf Taf. III, 6 nach dem ganz genauen Abdruck des Londoner Exemplars abgebildete Stück, auf welchem man die seleucidische Jahreszahl ΡΠΓ erkennen wollte, hat ebenfalls nur ΠΓ, wie andre Exemplare, gehabt.

Die Berliner Sammlung besitzt ein mangelhaft erhaltenes überprägtes Stück dieses Gepräges. Man sieht auf der Vorderseite etwa ΚΛΙ·ΛΑ°ΛΙ, also höchst wahrscheinlich ΚΑΙ ΛΑ°ΔΙΚΗΣ, auch scheinen Spuren der beiden Köpfe erkennbar. Leider kann man aber diese Ueberprägung nicht mit völliger Sicherheit erklären.

Æ. 7.   Behelmtes Brustbild r.   Griechische Umschrift wie   ?
                                           vorher. Sitzender Zeus nikephoros l., die L. auf den Speer stützend.

Attisches Tetradrachmon, Unicum von Cunningham beschrieben.

Æ. 3½.   Drachme desselben Gepräges.   ?
Sehr selten.

Æ. 6½. ΒΑΣΙΛΕΩΣ ΔΙΚΑΙΟΥ   𐨪𐨗𐨯 𐨢𐨿𐨪𐨨𐨁𐨐𐨯   9,16
ΗΛΙΟΚΛΕΟΥΣ Brustbild   mahârajasa dhramikasa he-
mit Diadem r.   liyakreyasa. Zeus mit Blitz
                                   u. s. w. stehend wie auf den
                                   zuerst beschriebenen Silbermünzen.

Tetradrachmon des reduzirten Fusses. Taf. IV, 2. Unicum in General Abbots Sammlung.

Æ. 3.   Dasselbe Gepräge, wechselnde Monogramme.   2,3 nicht vollkommen
Reduzirte Drachme. Berlin, London u. s. w

		Gewicht
Æ. 5. □ Umschrift und Gepräge ebenso.	Umschrift wie vorher, aber der Name endet 𐨐𐨪𐨯, kreasa (in der Abbild. sieht man das e nicht). Andre Exempl. mit Heliyakresasa und ..kraasa führt Cunningham an. — Elephant l. Unten Σ	

London u. s. w. Ein von Cunningham abgebildetes Exemplar ist auf eine Münze des Strato geprägt, man sieht auf der *Rf.* deutlich den Namen: .𐨪𐨟, Strata(sa).

Æ. 5. □ Dieselbe Umschrift. Elephant r.	Dies. Umschrift, doch zeigt die Abbildung Cunningham's einen in seinem Text nicht bemerkten Fehler der Umschrift: das k (oder kr) steht irrig vor dem y, also: 𐨐𐨪𐨩𐨯𐨯 Es ist dies aber gewiss nur ein Versehen des Stempelschneiders, keine neue Form. — Zebustier r. Unten wechselnde Monogramme und Σ	

Sehr selten.

Barbarisirte Kupfermünzen des Heliokles.

Es giebt eine grosse Menge barbarischer Kupfermünzen, grosse und kleine, theils genau die Silbermünzen mit rein griechischer Schrift in den Typen copirend, theils mit einem sonst bei Heliokles soviel ich weiss noch nicht aufgefundenen Pferd als Rückseite. Es war ganz verfehlt in den barbarisirten, verzerrten und unverständigen Strichen der Inschrift neue Königsnamen lesen zu wollen, auch ist es ganz grundlos sie für die ältesten Münzen der Saka-Scythen zu erklären (s. z. B. Lassen, II² 384; Num. Chr. N. S. XIV, 165). Ich beschreibe diese Münzsorte nicht in jeder mir vorliegenden Variante, weil Detailbeschreibungen barbarisirter Münzen die Wissenschaft nicht fördern, sondern nur verwirren¹).

		Gewicht

Æ. 8. Kopf des Heliokles, ganz deutlich, aber roh gearbeitet, mit Diadem, r. | Striche die das βασιλέως Ἡλιοκλέους δικαίου nachahmen. Stehender Zeus wie auf den Silbermünzen.

Berlin, Wilson u. s. w.

Æ. 3—7. Ebenso. | Dieselbe verwilderte Umschrift, bisweilen das βασιλέως und δικαίου ziemlich deutlich. Pferd l. den Vorderfuss erhebend.

Berlin, Wilson u. s. w.

Ʀ. RR. Æ. RRR. Barbarisirte Æ. C.

Agathokleia s. Straton.

Amyntas.

Ʀ. 6¹/₂. ΒΑΣΙΛΕΩΣ ΝΙΚΑΤΟΡΟΣ ΑΜΥΝΤΟΥ Behelmtes Brustbild mit Diadem r. | 𐨯𐨿𐨟𐨿𐨯𐨯 𐨢𐨪𐨯 𐨿𐨨𐨱𐨪𐨗𐨯 maharajasa jayadharasa amitasa. Kämpfende Pallas l. mit Schild u. Blitz, archaistisch gezeichneter Kleidung (wie die Münzen des Antigonus Gonatas v. Macedonien). L. unten Monogr. | 8,29 nicht vollkommen erhalten

Reduzirtes Tetradrachmon. London, Unicum.

Ʀ. 4. Umschrift wie vorher. Brustbild mit breitem macedonischen Hut und Diadem rechts. | Umschrift wie vorher. Thronender Zeus nikephoros von vorn, etwas l., in der L. Scepter und Palmzweig. L. Monogr. | 2.27

Reduzirte Drachme, sehr selten.

---

1) Eine wohl ebenfalls hierhergehörige Silbermünze s. unten bei Vrodes.

Gewicht

Æ. 4. Ebenso, aber Brustbild mit Diadem l., Aegis am l. Arm, 2,1
Speer in der R.
Reduzirte Drachme, Unicum, Cunningham.

Æ. 4. Ebenso, aber Brustbild mit Diadem r. 2,2
Reduzirte Drachme, sehr selten.

Æ. 5.☐ Umschrift wie vorher. Bär- | Umschrift wie vorher. Ste-
tiges Brustbild mit Tiara r., | hende Pallas l., die L. er-
Scepter über der l. Schulter. | hebend, im r. Arm Schild
Es scheint nicht der Kopf | und Lanze. L. Monogr.
des Königs, wie schon der
Bart beweist, eher ein Götterkopf (s. d. folgende Münze).

Æ. 5.☐ Umschrift wie vorher. | Ebenso.
Bärtiger Kopf (so nach der
Beschreibung Cunningham's
und mit Vergleichung der
ganz ähnlichen Münze des
Hermaeus) r., offenbar mit
Strahlenkrone, wie Helios.
Auch dieser Kopf ist nicht
der König, sondern wie ich
glaube der Kopf desjenigen
(indischen?) Gottes, welcher
in ganzer Figur mit dem-
selben Kopfputz unter dem
Namen OAΔO bei Kanerku
erscheint (s. unten), wie man
gemeint hat der Windgott.
Æ. Æ. RRR.

Antialcides

Zeitgenosse des Eukratides, um 150 v. Chr. (letzte Regierungszeit desselben), und des Lysias, vielleicht des letzteren Mitregent.

(Vermuthliche Ueberprägung einer Æ.☐ des Antialcides
durch Eukratides s. oben bei Eukratides.)

Æ. 9. Brustbild mit Diadem
rechts.

ΒΑΣΙΛΕΩΣ ΝΙΚΕΦΟΡΟΥ [1]
ΑΝΤΙΑΛΚΙΔΟΥ Thronen- [2]
der Zeus nikephoros mit
Scepter von vorn, etwas l.:
links Vordertheil eines Elephanten, den Rüssel nach d.
Kranz der Nike erhebend.
R. Monogr.

Attisches Tetradrachmon. East India Museum, Unicum.

Æ. 4½. Brustbild mit macedon.
Hut u. Diadem r.

Ebenso, doch der Elephant l.
hält den Kranz der Nike
empor. Umschrift u. Monogramm etwas anders gestellt.

Attische Drachme — was schon die rein griechische
Schrift sowie die Grösse beweist — s. Mionnet, S. VIII.
cab. Révil.

Reduzirte Drachmen.

Æ. 3½. ΒΑΣΙΛΕΩΣ ΝΙΚΗ
ΦΟΡΟΥ ΑΝΤΙΑΛΚΙΔΟΥ
Brustbild mit Diadem, oder
noch mit Helm, oder macedonischem Hut r.

מהרגׄהוו אלנכו עוללכו
(auch ך als erster Namensbuchstabe; bisweilen auch
ohne Dehnungspunkte) mâhârajasa jayadharasa atialikidasa und antialikidasa.
Zeus nikephoros wie vorher,
nebst Monogr.; der Elephant
halb, bald l. mit Kranz, bald
r. ohne Kranz.

Wichtig ist folgende Varietät:

Æ. 3½. Brustbild mit Diadem.
Zeus ohne Nike, mit Kranz.
Der Elephant in ganzer Figur klein l., nach oben, wie
schwebend.

Diese Varietät Unicum in London, die übrigen nicht selten.

Æ. 6—6½. Umschrift wie vor- Umschrift wie vorher. Die Gewicht
her. Brustbild des Zeus mit Hüte der Dioskuren mit Ster-
Gewand, kurzem Haar, r. — nen, dazwischen zwei Palm-
Blitz in der R. zweige. R. unten Monogr.
Cunningham, Rollin und Feuardent.

Æ. 5—5½.□ Ebenso, aber von Ebenso, Monogr. l. oben.
schöner Arbeit, langes Haar,
Diadem.
Berlin; ein vorzügliches Exemplar in Hrn. Güterbocks
Sammlung in Berlin.

Æ. 5.□ Ebenso, kurzes Haar, Monogr. unten.
Cunningham, Berlin.

Æ. 5.□ Ebenso, ohne Arm, der Blitz über der l. Schulter.
Nicht selten. Auf einem von Cunningham abgebildeten
Exemplar steht: mahajarasa statt maharajasa, ein Stempel-
fehler.
Æ. attisch RRRR, reduzirt kaum R. Æ. kaum R.

Die Kupfermünze des Lysias mit Antialcides' arianischem
Namen auf der Rf. s. unter **Lysias**.

Antimachus Nicephorus.
Man nimmt vielleicht mit Recht an, dass dieser immer nach
dem reduzirten Fuss prägende Antimachus der zweite
dieses Namens und von dem Antimachus Deus, Agathokles' Zeit, zu unterscheiden sei.

Æ. 3½. ΒΑΣΙΛΕΩΣ ΝΙΚΗ 𐨤𐨯𐨿𐨩 𐨤𐨪𐨿𐨗𐨣𐨿 𐨤𐨪𐨁𐨩𐨂 2,46
ΦΟΡΟΥ ΑΝΤΙΜΑΧΟΥ mahârajasa jayadharasa an- 2,45
Nike stehend l., in der R. timâkhasa. Der König, mit u.s.w.
Palmzweig, in d. L. Taenie. Hut und Diadem zu Pferde,
L. Monogr., wechselnd. r. sprengend.
Reduzirte Drachme, nicht selten.

Æ. 5. ☐ Dieselbe Umschrift. Aegis Dies. Umschrift ohne Punkte   Gewicht
mit Medusenkopf, von vorn,   im Titel. Kranz l. Palm-
mit sechs Spitzen.   zweig. Unten Monogr.
                              Sehr selten.
R. kaum R. *Æ*. RRR.

Apollodotus

Zeitgenosse des Eukratides (letzte Zeit desselben), nach 165 v. Chr., Ueberprägung einer Kupfermünze des Apollodot durch Eukratides s. oben, die letzte *Æ*. 4. ☐ des Eukratides. Die Münzen des Apollodot mit dem Kopf und meist den Titeln Soter und Philopator sind so roh, auch von schlechtem Metall, dass man fast an einen zweiten Apollodot denken könnte und gedacht hat, wofür auch der Name Philopator passen würde.

R. 7. ΒΑΣΙΛΕΩΣ ΜΕΓΑΛΟΥ   𐨤𐨯𐨱𐨪 𐨤𐨿𐨪𐨿 𐨤𐨿𐨯𐨎𐨂   9,57
ΣΩΤΗΡΟΣ ΚΑΙ ΦΙΛΟΠΑ   in schlechten Formen: ma-
ΤΟΡΟΣ ΑΠΟΛΛΟΔΟΤΟΥ   harajasa tradatasa Apalada-
Brustbild mit Diadem r.   tasu[1]). Archaische Pallas, Blitz schleudernd mit Schild, l. L. und r. Monogramm, das rechts stehende aus arianischen Buchstaben.

Reduzirtes Tetradrachmon von ungewöhnlich hohem Gewicht. Aeusserst selten.

R. 3½. Ebenso, meist von ganz roher Fabrik, ohne μεγάλου.   2,39
L. Monogr.   2,38
Reduzirte Drachme, jetzt nicht mehr selten.   u.s.w.

R. 3½. Ebenso, aber nur βασιλέως   Ebenso; r. Monogr., l. aria-   2,36
σωτῆρος Ἀπολλοδότου.   nischer Buchstabe.

R. 3. Umschrift ebenso, Elephant   Umschrift ebenso, doch der   2,00
r. den l. Vorderfuss erhebend.   Titel tradatasa vor d. Namen.   Berlin
Auch steht mâhârajasa.   Cab.
Zebu-Stier r. den l. Vorder-   Bingham
fuss erhebend.

---

1) Das d hat beidemal die Form 𐨜 im Titel, im Namen diese 𐨯.

Selten. Reduzirte Drachme von auffallend niedrigem Gewicht. Das Berliner Exemplar ist aber am Rande etwas abgefeilt.

Gewicht

Æ. 4. ⬜ Ebenso. Unten Buchstaben oder Monogr. — Ebenso. Bisweilen Dehnungspunkte im Titel: mâhârajasa. Zebu r. Unten häufig Buchstaben oder Monogr. — 2,43 2,43 u.s.w.

Reduzirte Drachme. Sehr häufig. Taf. IV, 4.

Æ. 5. Dieselbe Umschrift. Apollo mit Gewand, r. stehend, mit der R. nach links den Pfeil haltend und mit der L. die Spitze prüfend; so scheint es nach d. Berliner Exemplaren. — Umschrift ebenso, ohne Punkte. Dreifuss: r. und l. ein arianischer Buchstabe.

Æ. 6. ⬜ Aehnlich, doch hält Apoll den Pfeil mit den beiden Händen nach unten. Ohne Monogramm. — Ebenso r. Monogr.

Æ. 6. ⬜ Aehnlich, doch hält Apollo den Pfeil l., r. den Bogen. — Ebenso.

Æ. 3—6. ⬜ Aehnlich, doch der Name vor dem Titel. Apollo nackt, bekränzt, l. den Pfeil, die R. auf d. Bogen stützend. — Ebenso, doch der Name vor dem Titel.

Sehr häufig. Ich glaube nicht, dass Gewichtsunterschiede bei diesen Münzen irgend einen Werth haben, es ist Scheidemünze wie so häufig im Alterthum, auch bei Eukratides' Kupfermünzen, die ebenfalls sehr im Gewicht variiren.

Æ. 4. ⬜ Aehnlich, rohe Arbeit. Apoll stützt den Pfeil r. und den Bogen l. auf.

Æ. 4½. ☐ Dieselbe Umschrift, doch Titel vor dem Namen auf beiden Seiten. Apoll sitzend r., Bogen in der R. vorstreckend.

Æ. 5. ☐ ΒΑΣΙΛΕΩΣ ΣΩΤΗΡΟΣ ΚΑΙ ΦΙΛΟΠΑΤΟΡΟΣ ΑΠΟΛΛΟΔΟΤΟΥ und kleiner Apoll stehend r., die Pfeilspitze prüfend, wie oben; r. lehnt an ihm der Bogen.

Umschrift wie vorher. Titel vor dem Namen; r. Monogr.

Berlin u. a. Samml.

Æ. 2½. ☐ Umschrift verlöscht. Apoll stehend, r. sich auf den Pfeil stützend.

Umschrift ebenso. Kranzartig dargestelltes Diadem.

Sehr selten.

Æ. 2½. ☐ Zebustier r.   Dreifuss.

Ob diese von Cunningham dem Apollodot zugeschriebene Münze ihm wirklich gehört, bleibt zweifelhaft, da die Umschrift beider Seiten nicht mehr vorhanden ist.

Ein Æ. ☐ Apollodot von Azes überprägt s. unten bei Azes.
(Berliner Sammlung.)

R. Æ. C.

Apollophanes.

R. 3. ΒΑΣΙΛΕΩΣ ΣΩΤΗΡΟΣ ΑΠΟΛΛΟΦΑΝΟΥ (sic) Brustbild mit Helm u. s. w. rechts.

𐨤𐨪𐨿𐨟𐨗𐨯 𐨤𐨁𐨟𐨪 𐨤𐨜𐨿𐨟𐨯 ?
in schlechten Formen; maharajasa tradatasa apulaphanasa oder nach Cunningham's Text: apuluphanasa. Pallas blitzschleudernd wie gewöhnlich l. — R. Monogr., 1. arianischer Buchstabe.

Reduzirte Drachme. — Rohe Arbeit, London u. a. Samml.

R. RRRR.

Archebius.

R. 6½. ΒΑΣΙΛΕΩΣ   𐨤𐨫𐨩𐨯 𐨤𐨪𐨗𐨯 𐨤𐨱𐨅𐨨 𐨤𐨁𐨪𐨂𐨟𐨁   9,42
ΔΙΚΑΙΟΥ ΝΙΚΗΦΟΡΟΥ   mâhârajasa dhramikasa
ΑΡΧΕΒΙΟΥ Brustbild mit   jayadharasa arkhebiyasa. —
Diadem r.   Im Namen ist rkhe ein Monogramm, das Cunningham so in seiner Schrifttafel giebt: 𑀔. Die Abbildungen zeigen es so wie ich es zeichne, das vorzügliche Berliner Exemplar nur so: 𑀔. Zeus stehend v. vorn, bekränzt, halb bekleidet, in der erhobenen R. Blitz, in der L. Scepter; l. Monogr.

Reduzirtes Tetradrachmon. Berlin (Guthrie). Cunningham.

R. 3½.   Drachme, ebenso.   2,28

R. 7.   Tetradrachme, ebenso, doch behelmtes Brustbild.   9,58

R. 3½.   Drachme, ebenso.

R. 6½. Tetradrachme, ebenso, doch Brustbild mit Aegis und   9,55
Helm l., mit dem r. Arm den Speer schleudernd.

R. 3½.   Drachme, ebenso.

Alle diese Silbermünzen kennt Cunningham nur in je einem oder zwei Exemplaren.

Æ. 6. Umschrift ebenso. Nike mit   Umschrift ebenso. Eule von
Kranz und Palme l.   vorn, r. Monogr.

Æ. 5. □ Umschrift ebenso. Bärtiges Brustbild des Zeus (gewiss nicht des Königs) r., mit Diadem; Scepter über der l. Schulter.   Umschrift ebenso; die Dioskurenhüte, mit Sternen, dazwischen zwei Palmzweige, r. Monogr.

114

Æ. 6. ☐ Umschrift ebenso. Elephant r., den l. Vorderfuss hebend.   Ebenso, Monogr. unten.

Alle diese Kupfermünzen nur in wenigen Exemplaren bekannt.

Æ. Æ. RRR.

Artemidorus.

Æ. 6½. ΒΑΣΙΛΕΩΣ ΑΝΙΚΗ ΤΟΥ ΑΡΤΕΜΙΔΩΡΟΥ Brustbild mit Diadem r.   𐨨𐨱𐨪𐨗𐨯 𐨀𐨤𐨡𐨁𐨱𐨟𐨯 𐨱𐨟𐨯 mahârajasa apadihatasa hatasa ?) artemidorasa. So nach Cunningham; seine Abbildungen geben aber eher: atimidorasa: 𐨪 als zweiter Buchstabe. Schiessende Artemis l. (redendes Wappen). Monogramm.

Reduzirtes Tetradrachmon. Unicum in Cunningham's Sammlung. — Von ganz rohem Styl, ebenso die folgenden.

Æ. 3. Drachme, ebenso ohne Punkte und mit behelmtem Kopf. ?

Æ. 3. Wie das Tetradrachmon.   Umschrift ebenso. Nike mit Kranz und Palme r.; Monogramm r.

Beide Drachmen Unica in Cunningham's Sammlung.

Æ. 5. ☐ Dieselbe Umschrift. Stehende Artemis von vorn, den Pfeil aus dem Köcher ziehend, in der L. Bogen.   Dieselbe Umschrift; Punkt am m des Titels. Zebustier r. Unten Buchstabe und Monogramm.

Sehr selten.

Æ. RRRR. Æ. RRR.

Diomedes.

Æ. 3. ΒΑΣΙΛΕΩΣ ΣΩΤΗΡΟΣ ΔΙΟΜΗΔΟΥ Brustbild mit Helm u. s. w. r.   𐨨𐨱𐨪𐨗𐨯 𐨟𐨪𐨡𐨟𐨯 𐨡𐨁𐨩𐨨𐨅𐨡𐨯 maharajasa tradatasa diyamedasa. Die stehenden Dioskuren mit Lanzen, von vorn: r. Monogr.

Unicum, Englische Privatsammlung.

			Gewicht
Æ. 3.		Ebenso, Diadem. Cunningham.	schlecht erhalten
Æ. 2½.	Ebenso.	Dies. Umschrift. Die Dioskuren mit Palmen, Speeren und Sternen zu Pferd, rechts sprengend. Unten Monogr.	2,15 etwas abgerieben

Reduzirte Drachme. Unedirt, Berlin (Guthrie) Taf. IV, 3.

Æ. 4½. □ Dieselbe Umschrift. Stehende Dioskuren mit Lanzen von vorn.
Dies. Umschrift. Zebustier r. Unten Σ und Monogr.
Berlin u. a. Samml.
Æ. Æ. RR.

Dionysius.

Æ 3. ΒΑΣΙΛΕΩΣ ΣΩΤΗΡΟΣ ΔΙΟΝΥΣΙΟΥ Brustbild mit Diadem r.
𐨫𐨱𐨪𐨗𐨯 𐨟𐨪𐨡 𐨡𐨁𐨣𐨁𐨮𐨁𐨩𐨯 in schlechten späten Buchstaben: maharajasa tradatasa dianisiyasa, oder, nach Cunningham, diunisiyasa, also der zweite Buchstabe des Namens so: 𐨣. Blitzschleudernde archaisirende Pallas mit Schild l.; r. Monogramm.
2,33

Reduzirte Drachme RRRR. In englischen Sammlungen.
— In der Alphabettafel Cunningham's steht: Diyanisiasa, der zweite Buchstabe also Λ, ya. Dies ist nach Cunningham's Text und Abbildungen aber offenbar irrig.

Epander.

Æ. 3. ΒΑΣΙΛΕΩΣ ΝΙΚΗΦΟΡΟΥ ΕΠΑΝΔΡΟΥ Brustbild mit Diadem r.
𐨫𐨱𐨪𐨗𐨯 𐨗𐨩𐨢𐨪𐨯 𐨀𐨁𐨤𐨡𐨿𐨪𐨯 maharajasa jayadharasa epadrasa: so Cunningham's Alphabettafel; sein Text hat: Epandrasa. Blitzende Pallas l.: r. Monogr.
mangelhaft erhalten

Reduzirte Drachme. Unicum. Cunningham.

116

			Gewicht
Æ. 5½. ☐	Dieselbe Umschrift. Nike mit Kranz u. Palme r.	Dieselbe Umschrift, der vorletzte Buchstabe des Berliner Exemplars so: Ƹ (dr, Ƹ : auf Cunningham's Abbildung dahinter Punkt, also wohl Epadrâsa. Zebustier, r. Monogramm. Berlin u. a. Samml.	
Ɑ. Unic. Æ. RR.			

Hermaeus.

Ɑ. 6½. ΒΑΣΙΛΕΩΣ ΣΩΤΗΡΟΣ ΕΡΜΑΙΟΥ Brustbild mit Diadem r. 𐨤𐨌𐨂𐨪𐨟 𐨤𐨪𐨜 𐨤𐨁𐨪𐨂𐨮 mahârajasa tradatasa heramayasa (hermayasa nach Cunningham's Text). Zeus bekränzt, thronend von vorn, mit ausgestreckter R. Im l. Arm Scepter; l. wechselndes Monogr. 9,39 / 9,23 / nicht voll- kommen.

Reduzirtes Tetradrachmon. Berlin, Cunningham u. a. Samml.

Ɑ. 3. Drachme desselben Gepräges, die Punkte bei diesen und den folgenden Münzen fehlen oft. 2,42 u. s. w.

Ɑ. 6½. Ebenso, aber behelmter Kopf. 9,91
Reduzirte Tetradrachme von ungewöhnlich hohem Gewicht. Unicum in Cunningham's Samml.

Ɑ. 3. Drachme desselben Gepräges. 2,00 Erhaltung?
Cunningham's Samml. Unicum.

Ɑ. 3. Dieselbe Umschrift, der König zu Pferd, r. sprengend. Umschrift und Gepräge wie vorher, r. Monogr.
Reduzirte Drachme. Unicum, Cunningham's Samml.

Æ. 2. ☐ Der König zu Pferd, mit Lanze, r. sprengend. ..ΜΑΙΟΥ im Feld.
Unicum, Cunningham's Samml. Die einzige Münze mit rein griechischer Aufschrift.

Gewicht

Æ. 5. ▢ **ΒΑΣΙΛΕΩΣ ΣΩΤΗ ΡΟΣ ΕΡΜΑΙΟΥ** Bärtiges Brustbild mit Strahlenkrone r. Götterkopf, sicher nicht der König. S. oben bei Amyntas.   Arianische Umschrift wie oben. Pferd r.. den l. Vorderfuss hebend.

Æ. 5. ▢ Ebenso, der Kopf mit einer Art Tiara. S. oben bei Amyntas.   Ebenso.

Beide Münzen sehr selten.

Æ. 4—6. Dieselbe Umschrift. Brustbild von altem Ausdruck, oft sehr roh, die Buchstaben schlecht, oft ▢ statt O.   Dieselbe Umschrift. Zeus wie auf den Silbermünzen, thronend. Monogr. 1., r. arianischer Buchstabe, wechselnd. Sehr häufig.

Æ. 4. Ebenso, jugendlich; roh u. schlecht. Umschrift nicht wie sonst so: Titel: ⌐ Name: ⟶, sondern kreisförmig: ..ΗΡΟΣ ΣΡΧΑΙ▢. also σωτῆρος Ἑρμαίου, verderbt. Berlin.   Ebenso, man sieht deutlich den Namen: heramayasa und Anfang des Titels maharajasa; l. und r. griechisches Monogramm.

Aehnliche Münzen tragen auf der Vorderseite nach Wilson und Cunningham die verderbte Umschrift der unten beschriebenen: **ΣΤΗΡΟΣ ΣΥ ΕΡΜΑΙΟΥ**. Die Rückseite hat nach Cunningham den Titel mahatasa statt tradatasa. Unser Exemplar hat ganz bestimmt nicht das für jene wahrscheinlich von Kadphizes geprägten, hier folgenden Münzen charakteristische: στῃρος ου ερμαιου, sondern, zwar in schlechten und fehlerhaften Buchstaben, aber ganz sicher (σω)τῆρος Ἑρμαίου. Das zweite Wort des Titels nicht erhalten.

Den Uebergang der regulären Münzen des Hermaeus zu denen mit ου ερμαιου bildet folgende:

Æ. 3. Die feblerhafte Umschrift mahârâjasa râjarâjasa ma-
στηρος ου ερμαιου. Brust- hatasa her a mayasa oder
bild wie vorher. mahârâya rayadirayasa etc.
Nike l. mit Kranz u. Palme.
R. griechisches Monogr.
Cunningham's Samml., selten.

Hier folgen die Münzen des sogenannten Sy-Hermaeus
mit derjenigen arianischen Umschrift, welche sich genau
ebenso auf den Münzen des Kadphizes (Kadphises I.)
findet; nach Cunningham's Abbildungen:

ᛈᛋᚻᚢᛚ ᛈᛋᚠᚾᛋᛏᚦ ᚦᛚᚻᛋᛋᚷᛅ;
nach Berl. Exx.: ebenso ჳ   ꓓ   sonst ebenso;
also: s d ṭhi m dhr s g vu? y n sh ku   s s k l ju ku
                           dh   ru?
Kujula kasasa kushana yavu-(ru?)gasa dbr(dh amaṭhidasa [1],.

Die Bedeutung dieser Inschrift ist nach Lassen's auf
die wohl unzweifelhaften Lesungen gestützter Deutung:

kujula: Name des Königs oder der Dynastie.
kushana: Volksname des Stammes der Jnëïtchi.
welchem der König Kadphizes angeblich angehörte.
dhramaṭhidasa: standhaft im Gesetz, was auf Buddhismus deuten soll; dharma heisst
Religion.

Das übrige ist unverständlich; zu vergleichen sind die
unten beschriebenen von mir aufgefundenen Münzen mit
Kameel und Zebu und der Umschrift: maharajasa mahatasa kashanasa kuyala ... (s. unten hinter Zeionises..

Die Münzen sind wie man mit Recht annimmt, unter
Kadphizes (I.) als dem Nachfolger des Hermaeus geprägt.

---

[1] Wo die Inschrift beginnt, ist unsicher. Sie scheint mit dhamaṭhidasa
rechts unten anzufangen. Auf einem Berliner Exemplar steht: dhamaṭhisa.

und zwar werden es die ersten sein, welche er schlug, Gewicht
nachher hat er statt der zuerst beibehaltenen verderbten
griechischen Umschrift des Vorgängers seine eigene grie-
chisch-barbarische auf die Münzen gesetzt; diese letzteren
s. unten bei Kadphizes. — Die Typen sind:

Æ. 4—6. ΒΑΣΙΛΕΩΣ ΣΤΗ Umschrift wie angegeben.
ΡΟΣ ΣΥ ΕΡΜΑΙΟΥ oder Stehender Herakles v. vorn,
noch verwilderter: στηρς mit Diadem, die R. auf die
u. s. w. Brustbild mit Dia- Keule stützend, über dem
dem r. l. Arm Löwenfell.
Sehr gewöhnlich.
Æ. kaum R. Æ. C.

Hermaeus und Calliope.

Æ. 3.   ΒΑΣΙΛΕΩΣ   𐨨𐨱𐨀𐨪𐨗𐨯 𐨟𐨿𐨪𐨡𐨟𐨯 𐨱𐨅𐨪— 2,33
ΣΩΤΗΡΟΣ ΕΡΜΑΙΟΥ maharajasa tradatasa hera- Cunningham
ΚΑΙ ΚΑΛΛΙΟΠΗΣ mayasa kaliyapaya. Der 2,33
Brustbilder d. Königs und König behelmt zu Pferde Berlin nicht
der Königin mit Diadem r. r. sprengend; r. Monogr. vollkommen
Reduzirte Drachme; scheint nicht sehr selten. In Berlin
viele Exemplare.
Æ. R.

Hippostratus.

Æ. 7½. ΒΑΣΙΛΕΩΣ ΣΩΤΗ 𐨱𐨿𐨱𐨿 𐨟𐨿𐨪𐨡 𐨱𐨿𐨞— 9,50
ΡΟΣ ΙΠΠΟΣΤΡΑΤΟΥ maharajasa tradatasa hipa- 9,52
Brustbild mit Diadem r. stratasa[1]). Stehende Tyche Berlin u.s.w
oder Pronoia l., die R. er-
hoben, im l. Arm Füllhorn;
l. Monogr., r. arianischer
Buchstabe.
Reduzirtes Tetradrachmon. Berlin u. s. w.

Æ. 3.   Ebenso, Drachme. 2,33
Cunningham's Samml.

---

1) Die Anmerkung S. 49 (211) über das str ist zu streichen.

		Gewicht
Æ. 8. Ebenso, hinter βασιλέως noch ΜΕΓΑΛΟΥ.	Dieselbe Umschrift, aber hinter dem tradatasa noch 𐨤𐨿𐨪𐨀𐨿𐨮𐨿.𐨀𐨊𐨯 𐨤𐨿𐨪𐨿𐨗𐨁𐨊𐨯, auch ohne den Punkt; mahatasa jayantasa[1], ersteres Wort = μεγάλου; das zweite: »der siegreiche«, ist nicht in der griechischen Umschrift enthalten. Der König zu Pferd r. sprengend, unten Monogr. Im Felde bisweilen kleine arianische Buchstaben.	9,32 u. s. w.
Berlin, u. s. w.	Scheint nicht sehr selten.	
Æ. 8.	Ebenso, ohne μεγάλου und mahatasa. Reduzirtes Tetradrachmon, Cunningham's Samml.	9,2
Æ. 3.	Ebenso, Drachme.	2,33
Æ. 8.	Ebenso, Tetradrachme, mit μεγάλου und mahatasa, der König zu Pferd, in ruhiger Stellung. Monogramm und arianischer Buchstabe.	9,33
	Wie die Drachme in Cunningham's Samml.	
Æ. 6. □ Einfache Umschrift nur σωτήρος. Triton mit zwei Fischschwänzen von vorn, r. Delphin auf der Hand, im l. Arm Ruder.	Umschrift wie die erste beschriebene Münze. L. Monogramm, r. arianischer Buchstabe. Weibliche Figur mit Mauerkrone (?), im l. Arm Zweig, die R. erhebend.	
Sehr selten.	Cunningham's Samml., Rollin u. Feuardent.	
Æ. 5. □ Dieselbe Umschrift. Apollo bekleidet, r. in beiden Händen den Pfeil.	Dieselbe Umschrift. Dreifuss; l. Monogr., r. arianischer Buchstabe.	
	Nachahmung des Apollodot.	
Æ. 7.	rund, ebenso.	

---

1) So liest Cunningham das letzte Wort. Man würde aber nach den Abbildungen und Originalen Jayatasa oder Jayatasa lesen.

		Gewicht
Æ. 8. ☐	Dieselbe Umschrift. Thronende Figur von vorn, etwas l., behelmt (?) mit Nimbus in der ausgestreckten R. Kranz mit Taenien (?), im l. Arm Scepter. Man nennt die Figur Zeus, es scheint aber eher Pallas zu sein.	Dieselbe Umschrift, doch vor dem Namen noch »jayantasa«, das y deutlich so: ‚Λ (yâ?). Stehendes Pferd, den Vorderfuss erhebend, l.; l. Monogr. Das Gepräge ist ein redendes Wappen, ἵππος.

Berlin, aus Fox' Sammlung.

Æ. 5. ☐   Ebenso.

R. Æ. RR.

Lysias

Zeitgenosse (Mitregent?) des Antialcides, um 150 v. Chr.

R. 3. ΒΑΣΙΛΕΩΣ ΑΝΙΚΗ ΤΟΥ ΛΥΣΙΟΥ Brustbild mit Elephantenfell u. Diadem r.   𐨤𐨪𐨨𐨱𐨪𐨗𐨯 𐨀𐨤𐨛𐨁𐨱𐨟𐨯 𐨫𐨁𐨯𐨁𐨐𐨯 mâharajasa apaḍihatasa lisikasa, auf anderen Exemplaren der vorletzte Buchstabe 𐨯, a, also Lisiasa. Herakles sich kränzend wie auf den Münzen des Demetrius, in der L. noch Palmzweig; l. Monogr.   2,47 u. s. w.

Berlin u. a. Samml.

R. 3.   Ebenso, behelmt und »lisikasa«.   2,39
Cunningham.

R. 3. Ebenso, nur Diadem. Ebenso, doch Dehnungspunkte: mâhârajasa, apaḍihâtasa, der Name völlig deutlich »lisikisa«, 𐨐, ki, vorletzter Buchstabe; l. Monogramm, r. Σ   2,12 abgerieben

Berlin, unedirt Taf. IV, 6. Merkwürdig wegen der wohl fehlerhaften Schreibung des Namens.

			Gewicht
Æ. 5. ☐	Dieselbe Umschrift Brustbild des bärtigen Herakles r., über der l. Schulter Keule.	Dieselbe Umschrift, doch lisikasa. Elephant r. Unten Monogr., zuweilen noch Σ. Nicht sehr selten.	
Æ.		Rund, ebenso.	
Ʀ. RR. Æ. R.			

Lysias und Antialcides.
Gemeinschaftsmünze oder Prägefehler?

Æ. 4. ☐   Ebenso.   Umschrift des Antialcides (s. oben) maharajasa jayadharasa Atinlikidasa. Die Dioskurenhüte mit Sternen, dazwischen zwei Palmzweige, unten Monogramm und Σ.
                              Oxford.

Æ. Unicum.

Menander.

Ʀ. 6. **ΒΑΣΙΛΕΩΣ ΣΩΤΗΡΟΣ ΜΕΝΑΝΔΡΟΥ** Brustbild mit Diadem r.   𐨤𐨅𐨯𐨿𐨬 𐨤𐨿𐨪𐨗 𐨤𐨿𐨪𐨟𐨆𐨬𐨂   9,₃₃
(so ist Menanders Umschrift immer, ausser bei einigen Kupfermünzen; bisweilen Punkt hinter dem vorletzten, den beiden ersten, und dem ersten Buchstaben des zweiten Wortes) maharajasa tradatasa menandrasa (das »nan« müsste also regulär so sein:). Blitzschleudernde archaisirende Pallas mit Schild l.; l. Monogr.
Reduzirtes Tetradrachmon. Sehr selten.

Ʀ. 3. Ebenso, Drachme. Sehr häufig, bisweilen der Kopf von altem Ausdruck. Monogramme und Buchstaben auf der Rückseite.   Gewicht der Drachmen: 2,₁₀ 2,₁₅ 2,₄₃ u. s. w.

		Gewicht
Æ. 6.	Ebenso, Tetradrachmon: behelmtes Brustbild. Selten, Berlin u. a. Samml.	9,46
Æ. 3.	Drachme, ebenso. Sehr häufig.	
Æ. 6.	Tetradrachmon, Brustbild l. mit Aegis, speerwerfend. Sehr selten.	
Æ. 3.	Ebenso, Drachme; die Pallas zuweilen r., den Schild nach unten. Sehr häufig.	
Æ. 3.	Ebenso, behelmt.	

Æ. 3. Dieselbe Umschrift. Brust-   Dieselbe Umschrift. Eule von   2,22
bild der Pallas mit langem   vorn, etwas r.: r. Monogr.   2,12
Haar r.

Sehr selten. Berlin u. a. Samml. Ein Exemplar nach Cunningham im Tempel von Mârtland in Kaschmir gefunden.

Æ. 7½. □ Dieselbe Umschrift.   Dieselbe Umschrift. Springendes Pferd r. Unten Monogramm.
Pallaskopf mit langem Haar rechts.

London u. a. Samml.

Æ. 5. □   Ebenso.   Dieselbe Umschrift. Pallas wie auf den Silbermünzen l.; l. Monogr.

Berlin, Cunningham.

Æ. 5. □   Ebenso.   Dieselbe Umschrift. Runder Schild mit Schuppen u. Gorgoneion (mit der Aegis bedeckt, wie der Schild der kämpfenden Pallas auf den Silbermünzen deutlich zeigt; l. Monogr.

Berlin u. a. Samml.

Gewicht

Æ. 5.◻   Ebenso.   Dieselbe Umschrift. Stehende
 Eule von vorn, etwas r.;
 r. Monogr.
Cunningham u. a. Samml.

Æ. 3—5½.◻ Ebenso.   Dieselbe Umschrift. Nike mit
 Kranz und Palme r.
Scheint häufig. Berlin (Guthrie) 7 Exemplare von verschiedener Grösse.

Æ. 6½. Dieselbe Umschrift. Be-   Dieselbe Umschrift. Delphin
kränzter jugendlicher Kopf   rechts. Unten zwei Monogr.
r., offenbar nicht der König,
sondern ein Idealkopf mit
fliegendem Haar. Vielleicht
ein Flussgott?
East India Museum.

Æ. 5—6.◻ Dieselbe Umschrift.   Dieselbe Umschrift. Pallas
Brustbild des Königs mit   mit Blitz u. Aegis (hier nicht
Diadem und Aegis l., mit   Schild) r.; r. Monogr.
dem r. Arm speerwerfend.
Berlin, Cunningham u. s. w.

Æ. 6.◻ Dieselbe Umschrift, doch   Dieselbe Umschrift. Stier-
der Name vor σωτῆρος. Ka-   kopf von vorn; l. Θ, r.
meel mit zwei Höckern l.   Monogr.
Unicum, Sammlung der Asiat. Soc.

Æ. 5.◻ Dieselbe Umschrift, aber   Dieselbe Umschrift. Drei-
wie gewöhnlich gestellt.   fuss; l. Monogr.
Stierkopf von vorn.
London u. a. Samml.

Æ. 3.◻ Dieselbe Umschrift. Ele-   Dieselbe Umschrift. Treib-
phant l.   stachel der Elephantenführer
 mit einem Widerhaken; l. Δ.
 r. Monogr.
Sehr selten, Cunningham u. s. w.

Gewicht

Æ. 3. ▫ Dieselbe Umschrift. Elephantenkopf r. mit Glocke. — Dieselbe Umschrift. Keule, seitwärts je ein Monogramm (zweimal arianische, sonst griechische) und A. Sehr häufig.

Æ. 4. ▫ Dieselbe Umschrift. Eberkopf, geneigt, r. — Dieselbe Umschrift. Palmzweig, l. Monogr.

Æ. 2. ▫ Dieselbe Umschrift. Rad von acht Speichen, verziert. — Wie vorher, r. Monogr.

Æ. 5. ▫ **ΒΑΣΙΛΕΩΣ ΔΙΚΑΙΟΥ ΜΕΝΑΝΔΡΟΥ** Stehende Pallas l. mit Lanze, die R. erhebend, l. lehnt an ihr der Schild. — In der Umschrift statt des tradatasa: 𐨢𐨿𐨪𐨨𐨁, dhramikasa (= δικαίου). Mähnenloser indischer Löwe l. sitzend.

Die drei letzten sehr selten.

Æ. Æ. C.

· Niclas.

Æ. 3. **ΒΑΣΙΛΕΩΣ ΣΩΤΗΡΟΣ ΝΙΚΙΟΥ** Brustbild mit Diadem r. — 𐨀𐨯 𐨣𐨁𐨐𐨁 𐨩 ... mâhârajasa tradatasa nikiasa. Stehende behelmte Figur l. (der König?), die R. erhebend, in der L. Palmzweig; l. Monogr. 2,33

Reduzirte Drachme. Cunningham's Samml.

Æ. 5. ▫ Ebenso, bisweilen die späten Formen ɯ, ▢, ⊂. — Dieselbe Umschrift, ohne Punkte, nach Cunningham's Text. Die Abbildung zeigt jedoch deutlich d. Königstitel ΡΛϽᴜ, maharayasa, der vorletzte Buchstabe Λ, nicht j; also das einzige Beispiel dieser Schreibung auf Münzen, sonst aus den Inschriften des Yndopheres u. a. späterer Könige, aus Takht-i Bahi, bekannt. S. die histor. Uebersicht. — Der König zu Pferd, behelmt, r. sprengend. Sehr selten.

Æ. Unicum. Æ. RRRR.

Philoxenus.

.Ⰰ. 6. ΒΑΣΙΛΕΩΣ ΑΝΙΚΗ ΤΟΥ ΦΙΛΟΞΕΝΟΥ Brustbild mit Diadem r. 𐨤𐨯𐨤𐨟𐨯 𐨤𐨪𐨿𐨨𐨱𐨪 𐨤𐨁𐨫𐨯𐨁𐨮 mahārajasa apadihatasa philasinasa. Auf diesem Exemplar hat jedoch das di, wie Cunniugh. bemerkt, irrigerweise die Gestalt des phi di ist so: 𐨱; phi so: 𐨟. — Der König behelmt, zu Pferd, r. sprengend. Unten Monogr.

Reduzirtes Tetradrachmon. London, Unicum.

.Ⰰ. 6. Ebenso, doch behelmter Kopf. Richtige Inschrift.

.Ⰰ. 3. ☐ Ebenso, die Inschrift der Rückseite ist im Namen deutlich Philusinasa, der zweite Buchstabe: lu, 𐨧. Unten wechselnde Monogramme.

Berlin. Cunningham u. s. w.; Drachme.

.Ⰰ. 3. ☐ Ebenso, doch nur Diadem und Philasinasa.

Drachme. Berlin u. s. w.

.Æ. 5. ☐ Dieselbe Umschrift. Stehende Tyche (oder Demeter) mit Modius l., erhobener R., im l. Arm Füllhorn; l. Monogramm, wechselnd.

Umschrift wie vorher, doch wechselt Philasinasa und Philusinasa auf mir vorliegenden Exemplaren. Zebustier r., darunter Σ oder ein arianischer Buchstabe.

Nicht sehr selten.

.Æ. 5. ☐ Dieselbe Umschrift. Stehender Helios mit Strahlenkrone, die R. ausstreckend, Scepter in der L.

Umschrift wie vorher, doch Philasinasa. Nike mit Kranz und Palme r.; r. Monogr.

London, Unicum.

.Ⰰ. RR. .Æ. R.

Gewicht

Strato I.
Zeitgenosse des Heliokles (Cunningham führt eine von
Heliokles überprägte Æ. des Strato an).

Æ. 6. ΒΑΣΙΛΕΩΣ ΕΠΙΦΑ פרצ פרדד פע ט פרדעע א,ח·
ΝΟΥΣ ΣΩΤΗΡΟΣ (s. unten). Pallas mit Blitz Erhaltung?
ΣΤΡΑΤΩΝΟΣ Brust- und Schild l.; l. Monogr.
bild r. mit Diadem.
Reduzirtes Tetradrachmon. Cunningham's Samml. Unicum.

Æ. 3.   Ebenso, Drachme.   2,2
Berlin, London, Cunningham. — Taf. IV, Nr. 5. Sehr selten. nicht gut

Æ. 6.   Ebenso, behelmter Kopf.   8,64
Tetradrachme. London u. a. Samml. sehr selten. mangelhaft

Æ. 5. ☐ Dieselbe Umschrift. Ste-   Dies. Umschrift, das zweite
hender Apoll von vorn, l. den   Wort deutlich: פעאט Drei-
Pfeil, die R. auf den Bogen   fuss; r. Monogr., l. bisweilen
gestützt, wie auf Apollodot's   arianischer Buchstabe.
Münzen.

Berlin, Rollin u. Feuardent u. a. Samml. Cunningham
führt vier verschiedene Exemplare an.

Die arianische Umschrift der hier zusammengestellten
Silber- und Kupfermünzen ist angeblich mahârajasa (oder
ohne Dehnungspunkte) pratichhasa (= $\dot{\varepsilon}\pi\iota\varphi\alpha\nuο\tilde{\upsilon}\varsigma$) tradatasa stratasa, nach Cunningham. Also müsste der zweite
Buchstabe des dem $\dot{\varepsilon}\pi\iota\varphi\alpha\nu\dot{\eta}\varsigma$ entsprechenden Titels so
sein: ר, ti. Aber auf einer mir vorliegenden Kupfermünze ist der Buchstabe bestimmt nicht ti ר, sondern so
ר, d. i. also ch. Eine Täuschung ist nicht möglich, es
ist nicht etwa ein nachlässiges ti: ร, beide Theile des
Buchstabens ch ט ר sind getrennt. Auch die Silberdrachme und Cunningham's Abbildung bestätigt das ch.
Also heisst es nicht: pratichhasa, sondern prachachhasa.
Aus dem Sanskritwort pratyakshasya, welches genau dem

Gewicht

ἐπιφανοῦς entspricht, »vor dem Auge stehend, deutlich sichtbar«, würde auch, wie mir von sachkundiger Seite mitgetheilt wird, unbedingt prachachhasa, also wie ich bereits vorher nur nach der Buchstabenform gelesen hatte, werden [1]. Also meine Lesung prachachhasa ist die einzig richtige.

Die frühere Lesung tegamasa ist ganz unmöglich.

Æ. 3. Drachme, Kopf mit Diadem, Rf. Pallas wie vorher, doch nur mit ΣΩΤΗΡΟΣ und ohne prachachhasa.   2,00

Cunningham, Unicum.

Eine andre Drachme mit derselben Umschrift von ganz roher Arbeit möchte ich wegen der Stylübereinstimmung mit den sichern Drachmen Strato's II. diesem, dem Sohn, geben.

Æ. 4. ☐ Dieselbe Umschrift. Brustbild des bärtigen Herakles r. (nicht des Königs als Herakles), mit Diadem, Keule über der l. Schulter.   Dieselbe Umschrift. Nike mit Kranz und Palme r., l. und r. Buchstaben und Monogramme.

Selten. Berlin, Cunningham, Rollin u. a. Samml.

Æ. 5. ☐ Ebenso, doch noch ΔΙΚΑΙΟΥ hinter dem Sotertitel und 𐨢𐨿𐨪𐨨𐨁𐨐𐨯 dhramikasa = δικαίου hinter dem tradatasa.

Sehr selten. London u. a. Samml.

Æ. RRR. Æ. RR.

Agathoclea
Gemahlin Strato's (?).

Æ. 4. ☐ ΒΑΣΙΛΙΣΣΗΣ ΘΕΟΤΡΟΠΟΥ ΑΓΑΘΟΚΛΕΙΑΣ Brustbild der Königin oder der Pallas, behelmt, mit Diadem, r.   Strato's Umschrift: maharajasa tradatasa dhramikasa stratasa. Herakles auf dem Felsen sitzend, die Keule auf das r. Knie stützend l., wie auf Euthydem's Münzen; l. unten Monogr.

---

[1] »Prachachhasa (pracachasa = praccacchassa) ist die völlig regelrechte Prakrit-Umgestaltung des sanskritischen pratyakshasya«.

Cunningham führt nur vier Exemplare an: nach seiner ausdrücklichen Bemerkung ist die Lesung βασιλίσσας, wie auch auf Wilson's und Prinsep's Abbildungen steht, irrig. Das Verhältniss der Agathokleia — vielleicht einer Prinzessin aus Agathokles' Familie — zu Strato ist nicht völlig klar. Man nimmt gewöhnlich an, es sei seine Gemahlin: nach Cunningham wäre sie aus der Familie, welche dem Strato und seiner Dynastie feindlich war, also die Münze wäre wiederum eine Versöhnungs- und Hochzeitsmünze, wie die des Heliokles und der Laodice oder im 16. Jahrhundert die Hochzeitsmedaille der Orsini und Colonna, wo der Bär (redendes Abzeichen der Orsini) die Säule (colonna umklammert. Aber eine solche Beziehung ist bei Strato und Agathokleia durch absolut nichts zu erweisen. Eher könnte man an eine Regentschaftsmünze denken, etwa bei längerer Krankheit Strato's I., auch könnte Agathokleia als Mutter Strato I. und etwa Tochter des Agathokles während der Minderjährigkeit des Sohnes geprägt haben, oder endlich als Wittwe Strato I. für den minderjährigen Strato II.: doch sind dessen sichere Münzen sehr roh und Agathokleia's Münze recht gut, auch führt Strato I. zwar die Titel tradatasa dhramikasa (σωτῆρος δικαίου), nicht aber Strato II. Das dhramikasa (δικαίου) für einen Minderjährigen, einen Knaben, wäre überhaupt ein sehr unpassender, lächerlicher und geschmackloser Beiname, selbst in schlechter Epigonenzeit würde der servilste Grieche kaum so geschmacklos gewesen sein, ein unselbstständiges Kind, dessen Mutter als Vormünderin regiert, schon δίκαιος zu nennen. Ein Ausweg wäre, ein Verhältniss wie das der syrischen Cleopatra zu ihrem Sohn Antiochus VIII. anzunehmen; sie masst sich, obgleich der Sohn längst selbstständig und erwachsen ist, die erste Stelle auf den Münzen und in der Regierung an.

Also ganz klar ist die Stellung der Agathokleia zu Strato I. und II. noch nicht; andre Conjecturen über den kriegerischen Character der Dame und dass sie den Strato auf seinen Feldzügen begleitet, sind natürlich ganz müssig.

Auf den merkwürdigen Beinamen θεότροπος, die sich zu Gott hinwendende, gottergebene, ist schon vielfach aufmerksam gemacht worden.

Strato II., Sohn Strato's.

Æ. 3. BACIΛEΩC CΩTHPOC CTPATΩNOC YIOY CTPATΩNOC in verwilderter Umschrift; zwei, mir vorliegende Exemplare lassen die auf Cunningham's Abbildungen schon verderbt erscheinende Umschrift als eine völlig unlesbare erscheinen. Rohes Brustbild, unbärtig, mit Diadem r. — maharaja rajarajasa stratasa putrasa cha sampriyapita vom m sehe ich nichts; stratasa: priyapita heisst: seinen Vater liebend, stratasaputrasa patrasa? das u sieht man nicht, s. unten bei den ungriechischen Königen' ist: Sohn des Strato. Auf mir vorliegenden Exempl. ist das ta im letzten Beinamen nicht sichtbar. Pallas mit Blitz u. s. w. l., sehr roh. Zuweilen auf einer oder beiden Seiten arianische Buchstaben. 2,33

Reduzirte Drachme: sehr selten, doch sah ich im Münzhandel zwei Stücke, von schlechtem Silber und nicht so deutlich als Cunningham's Exemplare.

Æ. 3. Drachme desselben Gepräges doch mit BAΣIΛEΩΣ ΣΩTHPOΣ ΣTPATΩNOΣ und nur maharajasa tradatasa stratasa. Rf. 1. arianischer Buchstabe. r. Monogr. 2,39

Von ebenso roher Fabrik; deshalb möchte ich diese Drachme eher Strato II. zuschreiben. S. Cunnigham, Taf. XI, 4.

Æ. RRR.

Telephus.

Gewicht

Æ. 3½. ΒΑΣΙΛΕΩΣ ΕΥΕΡΓΕ Ueber die Inschrift s. unten. 2,11
ΤΟΥ ΤΗΛΕΦΟΥ Schlan- Helios und Selene stehend. 2,0
genfüssiger Gigant oder nach angeordnet wie sonst die beide
Analogie von Hippostratus' Dioskuren, mit langen Scep- unvoll-
Münze, Triton, die Enden der tern; Helios mit Strahlen- kommen
Fisch- oder Schlangenfüsse krone, Selene mit der Mond-
in d. Armen haltend, v. vorn. sichel.

Reduzirte Drachme. Oxford, bisher Unicum; zwei Exemplare fand ich unter den unbestimmten der Guthrie'schen Sammlung (Berliner Museum). Die arianische Umschrift liest Cunningham: mahârâjasa kalâna-kramasa teliphasa; Lassen will den Beinamen (= $εὐεργέτου$) parakaramasa lesen; letzteres ist sicher irrig. Es steht auf den Berliner Exemplaren und dem Oxforder bei Cunningham abgebildeten zunächst deutlich der Name und Königstitel: 𐨟𐨅𐨫𐨁𐨤𐨯 teliphasa und 𐨨𐨱𐨪𐨗𐨯 maharajasa. Das zweite Wort lautet auf den Berliner Exemplaren so: 𐨐𐨫𐨣𐨐𐨿𐨪𐨨 in schlechten aber deutlichen Buchstaben; dies bestätigt also fast ganz Cunningham's Lesung kalana kramasa, regulär: 𐨐𐨫𐨣𐨐𐨿𐨪𐨨, und nicht Lassen's. — Nach unseren Exemplaren scheint am ersten kalakakramasa zu stehen, der dritte und der erste Buchstabe scheinen identisch, k. Taf. IV, 7, 8.

Æ. RRRR. Nach einer Cunningham gewordenen Mittheilung soll ein Tetradrachmon des Telephus existiren.

Theophilus[1]).

Æ 3. ΒΑΣΙΛΕΩΣ ΔΙΚΑΙΟΥ 𐨨𐨱𐨪𐨗𐨯 𐨢𐨿𐨪𐨨𐨁𐨐𐨯 𐨠𐨅 2,33
ΘΕΟΦΙΛΟΥ Brustbild mit maharajasa dhramikasa the-
Diadem. uphilasa. Herakles sich kränzend, wie auf Demetrius'
Münzen; l. Monogr.

Reduzirte Drachme. Cunningham's Samml. Unicum.

[1]) Vielleicht hängt mit ihm d. indische Stadt Theophila des Ptolemaeus zusammen.

Æ. 4. □ Dieselbe Umschrift. Bärtiger Herakleskopf r., Keule über der l. Schulter. Dieselbe Umschrift, doch Punkte unter dem m und h, auch nach der Abbildung theaphilasa (ai statt sa). Füllhorn; l. Monogr.

Unicum in Cunningham's Samml.

Æ. Æ. Unica.

Zoilus.

Æ. 3. ΒΑΣΙΛΕΩΣ ΔΙΚΑΙΟΥ ΖΩΙΛΟΥ Brustbild mit Diadem r. 𑀫𑀳𑀸𑀭𑀸𑀚𑀲 𑀥𑀭𑀫𑀺𑀓𑀲 𑀚𑁄𑀇𑀮𑀲 mâhârajasa dhramikasa jboïlasa. Herakles stehend von vorn, Kranz in der R., einen andern auf dem Kopf, also ähnlich dem Euthydem's II., doch setzt ihm bei Zoilus eine kleine Nike, l., auf der linken Schulter stehend, den Kranz auf; im l. Arm Löwenfell und Keule; l. Monogr. 2.39 [2.47 mit Henkel]

Reduzirte Drachme. Nur in Cunningham's Samml. und in Berlin. Auf dem Berliner Exemplar sieht das Figürchen eher wie ein kleiner Eros aus, der zu Herakles und dem Epheu- oder Weinlaubkranz (denn auf Euthydem's und Demetrius' Münzen ist es sicher kein Lorbeer, sehr gut passen würde.

Æ. 3. Ebenso ohne die kleine Figur; l. ein anderes Monogr. 2.26 Oxford u. a. Samml.

Æ. 3. Ebenso, aber Z im Namen. Dies. Umschrift, schlechte Buchstaben ohne Punkte. Pallas kämpfend mit Blitz wie gewöhnlich, l. zu beiden Seiten Buchstaben und Monogramme.

Cunningham's Samml. Sehr selten.

Æ. 5½—8. Dieselbe Umschrift, Dieselbe Umschrift, gute For- Gewicht
doch I. Bärtiger Herakles- men. Bogen und Köcher und
kopf mit Löwenfell r. Keule, im Epheukranz; l.
Speer (?), r. Monogr.
Englische Privatsammlung. Fast genau die Typen Alexanders des Grossen, nur bei Alexander unbärtiger Herakles. Die Darstellung im Kranz zeigt eine merkwürdige
Drachme Alexanders in Berlin (Prokesch), ähnliche Typen
hat auch Erythrae.

Æ. 6. Dieselbe Umschrift, doch Dieselbe Umschrift, einmal
Z und W. Apollo stehend der erste Buchstabe des
r., bekleidet, mit beiden Namens j, 1. Dreifuss;
Händen den Pfeil haltend; l. und r. arianischer Buch-
l. hinter ihm nach oben stabe.
gehend, wie schwebend, ein
kleiner Elephant r.
Selten. Copie von Apollodot's Münzen.

Æ. 6½. ▫ Ebenso, ohne Elephant. Rückseite griechisches
Monogramm und arianischer Buchstabe.
London u. a. Samml.

Æ. 4. ▫ Elephant r., Umschrift Dieselbe Umschrift, nicht
verlöscht. ganz erhalten. Dreifuss; r.
und l. arianischer Buchstabe.
East India Museum.

Æ. 2. Ebenso, man sieht ZWIΛ Ebenso, deutlichere Umschrift; l. arianischer Buch-
stabe.
Englische Privatsammlung.

H. Æ. RRR.

II. Könige mit ungriechischen Namen[1].

Ranjubul,

Raujabal oder ähnlich, aus der spätesten Zeit der griechischen Herrschaft oder sich unmittelbar anschliessend.

Æ. 3. schlechtes Silber

BACIΛEY
BACIΛEWC
CWTHPOC
PAIY

Unbärtiges Brustbild mit Diadem r. Auf einem Exemplar nicht ganz schlechte Arbeit.

𐨤𐨱𐨳𐨿 auch ר] 𐨤𐨕𐨿𐨱𐨽𐨿𐨪𐨿 ב𐨚 𐨤𐨱𐨕𐨿 chhatrapasa apratihatacha- krasa ranja (oder ju) balasa, so auf den besten mir im Abdruck vorliegenden Exempl. des Brit. Mus. Pallas wie auf den Münzen der griechischen Könige l., ziemlich roh; l. und r. ein arianischer Buchstabe. Nur das letzte ch im Titel ist nicht recht deutlich.

Gewicht ohne Werth, weil schlechtes Æ.

Taf. V. Nr. 3. Diese merkwürdigen rohen Münzen, meist ganz verwildert auf der griechischen Seite, wurden in grösserer Anzahl in Mathura und im Ost-Penjâb gefunden, zusammen mit rohen Drachmen des Strato; Ranjubul ist aber nach den neuesten Notizen Cunningham's und den mir vorliegenden Abdrücken nicht, wie man gemeint hat (Lassen, Ind. Alterthk.² II, 348), ein Satrap des Strato, wenigstens ist gar kein Beweis dafür da; Cunningham, dem wir die Bekanntmachung der Münzen verdanken, setzt sie etwa in die Zeit des Azes. Die Lesung der meist gänzlich verwilderten Münzen ist auf dem besten Londoner Exemplar wie ich angegeben, auch die Rück-

---

[1] Der oder die Könige Kamnaskires und Kamniskires, theils nach syrischem Muster mit unbärtigem Kopf, theils den Arsaciden ganz ähnlich, gehören eher einer parthischen Nebendynastie an. Auch Lucian führt den Kamnaskires als Parther an; aus diesem ist bekanntlich der angebliche Arsacide »Mnaskires« erfunden worden.

seite auf einem Exemplar fast ganz vollständig; die Um- [Gewicht]
schrift der Rückseite ist auf den verschiedenen Stücken
etwas verschieden angeordnet (nicht verschieden in der
Wortfolge, nur in der Stellung: bald von aussen, bald
von innen zu lesen). Cunningham liest nach Vergleichung
mehrerer Exemplare (Archaeol. survey of India 1873, 40 f.:
$\beta\alpha\sigma\iota\lambda\acute{\epsilon}\omega\varsigma\ \beta\alpha\sigma\iota\lambda\acute{\epsilon}\omega\nu\ \sigma\omega\tau\tilde{\eta}\rho\sigma\varsigma\ \varrho\alpha\zeta\iota o \iota$, und ergänzt $\varrho\alpha\zeta\iota o$-
$\beta\acute{\alpha}\lambda o\nu$: und die Rückseite: chhatrapasa apratihatachakrasa
(bisweilen apratichakrasa) ranjubulasa. Die arianische Form
des Namens ist nach dem was Cunningham l. c. nachweist,
wohl ganz sicher, höchstens in den Vocalen variirend[1]:
weniger sicher ist die griechische Form des Namens; das
deutliche Londoner Exemplar könnte man am besten $\beta\alpha\sigma\iota$-
$\lambda\epsilon\acute{\iota}[o\nu\tau\omega\nu]\ \beta\alpha\sigma\iota\lambda\acute{\epsilon}\omega\varsigma\ \sigma\omega\tau\tilde{\eta}\rho\eta\varsigma\ \text{'}Pa\zeta\nu[o]\iota\acute{\alpha}\lambda o\nu]$ oder ähnlich
ergänzen: die Lesung, wie ich sie gab, ist sicher.

Der Titel Satrap im Arianischen ist wohl nicht in
dem uns geläufigen Sinne zu nehmen, es entspricht dem
Titel »König der Könige« im Griechischen; den indischen
Beinamen übersetzt Cunningham: »invincible with the
discus«.

Einem vielleicht noch späteren König gehört eine
völlig kupferne Münze des Berliner Museums an, die sich
vielleicht den Münzen des Ranjubul anschliesst, doch führt
Prinsep-Thomas Ess. ind. ant. II. 215. Nr. 7) ein solches
Stück unter Yndopheres an und giebt die arianische Umschrift der Rückseite: rajadirajasa mahatasa godapharasa.

Æ. 2. ... BACIΛC.. Bärtiger   Die Pallas, ganz roh. Schrift
roher Kopf r.   nicht sichtbar; links Z,
                                rechts ?.
R. RR, ganz deutliche Exemplare RRRR.

1) Die Anmerkung p. 94 (209) ist zu streichen.

Maues oder Manos
um 100 v. Chr.?

a rein griechisch.

Æ. 7. Elephantenkopf r. mit   ΒΑΣΙΛΕΩΣ ΜΑΥΟΥ Ca-
Glocke.   duceus, l. unten Monogr.
Von gutem Styl, Copie der Münzen des Demetrios.

b mit arianischer Schrift auf der Rückseite.

Æ. S. ΒΑΣΙΛΕΩΣ ΒΑΣΙΛΕΩΝ ΜΕΓΑΛΟΥ ΜΑΥΟΥ
Stehende bekleidete Figur (Zeus?) von vorn, etwas l., den r. Arm ausstreckend, im l. etwas schräg ein mit Taenien verziertes Scepter haltend.

רגנלרו טורידק עיקק raja-
dirajasa mahatnsa muasa; man liest maasa, moass. Alle mir vorliegenden Münzen des Maues (vgl. auch Wilson, Ariana p. 314) haben aber ע, also gewiss nicht maasa, sondern moasa oder sogar muasa. Nike mit Kranz und Palmzweig r.
— Griechisches Monogr.

Æ. S. Dieselbe Umschrift. Zweigespann mit sprengenden Pferden. Der Lenker behelmt, die Figur im Wagen auf den Speer gestützt mit Nimbus (der König?).

Dieselbe Umschrift. Zeus wie auf Hermaeus' Münzen thronend mit Scepter mit drei Spitzen (Dreizack-ähnlich; Poseidon?) Kupfermünzen des Maues zeigen den Poseidon sicher. Monogr.

Prinsep-Thomas. Privatsammlung.

Æ. 3. □ ΒΑΣΙΛΕΩΣ ΜΑΥΟΥ
Stehender Apoll wie auf den gut gearbeiteten Münzen des Apollodot; l. griechisches Monogr.

maharajasa muasa. Dreifuss wie auf Apollodot's Münzen.

Berlin u. a. Samml.

---

1) Mit T bezeichne ich das Prinsep-Thomas'sche Verzeichniss; s. Einleitung.

Gewicht

Æ. ☐ ebenso, grösser, mit βασιλέως βασιλέων μεγάλου Μαύου. Wilson p. 314 nach Raoul-Rochette.

Æ. 5. ☐ Dieselbe lange Umschrift. Stehende Figur von vorn mit Speer, Halbmond auf dem Kopf, zwei Sterne unten im Feld, zu beiden Seiten je ein Stern; also Artemis Selene (vgl. die Münze des Telephus).
Die lange arianische Umschrift. Nike l.

Æ. ☐ Dieselbe Umschrift. Thronender Zeus ?, an der Seite eine kleine Figur.
Dieselbe Umschrift. Weibliche Figur wie auf der Hauptseite d. vorigen Münze (von Raoul-Rochette »Pallas« genannt, irrig).

Prinsep-Thomas nach Wilson's Citat aus Raoul-Rochette, Allards Sammlung.

Æ. 7. Dieselbe Umschrift. Eilende Figur mit Jagdstiefeln, über dem Kopf aufgeblühtes Gewand, offenbar Artemis Selene, worauf auch die Typen der beiden vorigen Münzen deuten.
Umschrift wie vorher, das mu des Namens sehr deutlich. Zebu-Stier l., davor Ä

Berlin (Prokesch). Die Figur der Vorderseite wird von Prinsep-Thomas irrig als Figur »mit Häuten bekleidet« beschrieben.

Wir haben hier eine Reihe theils ganz unzweifelhafter, theils höchst wahrscheinlicher Darstellungen der Artemis-Selene, der Mondgöttin. Schon Raoul-Rochette hat (freilich mit absurder Folgerung daraus) auf den Gleichklang von **MAYOY** mit dem in späterer Zeit so häufig erscheinenden **MAO**, dem Namen der durch Halbmond deutlich charakterisirten Mondgottheit, aufmerksam gemacht. Ich glaube man kann diesen glücklichen Gedanken vernünftig anwenden: liegt nicht die Vermuthung nahe, Maues oder Manos habe wirklich (wie es ähnlich viele andre baktrische Könige thun, Apollodot, Pantaleon, Hippostratus, Artemidor) die Artemis-Selene, indisch MAO (oder ähnlich lautend in seiner, der frühen Zeit) als redendes Wappen geprägt?

Æ. 7. ☐ Dieselbe Umschrift. Poseidon mit Keule in der L. und Dreizack in der R. von vorn mit über dem Kopf aufgeblähten Gewand, eilend, etwas l.; l. Monogr. — Ich halte die Figur für ein Pantheon aus Poseidon, Herakles, Artemis-Selene.

Dieselbe Umschrift; Nike (?) mit Kranz oder Taenia r., Gewand über den Schultern, keine Flügel: r. arianischer Buchstabe.

Abgebildet bei Wilson Ariana. Taf. VIII, 10.

Æ. 5½. ☐ Dieselbe Umschrift. Elephant r.

Dieselbe Umschrift. Der mit untergeschlagenen Beinen sitzende König, Schwert im Schoosse.

Berlin u. a. Samml.

Æ. ☐ Dieselbe Umschrift; männliche undeutliche Figur l.

Dieselbe Umschrift. Löwe r. Monogr.

Æ. 7. ☐ Dieselbe Umschrift. Poseidon von vorn, halb bekleidet, die L. auf den Dreizack stützend, den r. Fuss auf einen emportauchenden Flussgott setzend.

Dieselbe Umschrift. Langgekleidete stehende weibliche Figur von vorn, in jeder Hand einen langen Zweig mit grossen gezackten Blättern; l. Monogr.

Von guter Arbeit und anmuthiger Zeichnung. Berlin u. a. Sammlungen.

Æ. ☐ Ebenso, Poseidon mit der erhobenen R. Blitz schleudernd (Pantheon aus Zeus und Poseidon?).

Æ. ☐ Ebenso, doch Poseidon ohne Blitz, statt des Dreizacks Palmzweig (s. Antimachus).   Gewicht

Æ. 4. ☐ ...βασιλέων... Poseidon (?) mit Blitz und Palmzweig in ähnlicher Stellung, l. eine kleine Figur, an den Palmzweig fassend (?), eher Nike als der sonst r. erscheinende Flussgott.
Dieselbe Umschrift, man sieht nur ... rajasa maha.. Dieselbe Figur mit d. Blätterzweigen.

Berlin. Es scheint sicher Maues, nicht Azes, schon die bei Azes stets längere Umschrift der Rückseite beweist es, während Maues auf diesen Stücken immer rajadirajasa mahatasa muasa hat. Leider unvollkommen erhalten.

Æ. ☐ Die vollständige Umschrift. Der König zu Pferd mit langen Diadembändern.
Dieselbe Umschrift, vollständig. Behelmte Figur mit fliegendem Gewand, Speer in der L., Kranz (Guirlande, Taenie?) in der R.

Æ. 6½. ☐ Ebenso, r.; mit eingelegter Lanze.
Dieselbe Umschrift. Nike mit langem Palmzweig stehend, l.; l. unten Monogr.

Berlin u. s. w.

Æ. ☐ Dieselbe Umschrift. Stehende männliche Figur von vorn, in der L. Keule. Es ist offenbar der sich kränzende Herakles des Demetrius u. s. w., der auch bei Vonones u. s. w. vorkommt.
Dieselbe Umschrift. Zebu-Stier r., Monogr.

Eine andre Münze hat ein Pferd auf der Rückseite und keine arianische Umschrift. (Schlecht erhalten? s. Lassen, Ind. Alterthk.² II, 387.)

Æ. ☐ Dieselbe Umschrift. Elephant.
Dieselbe Umschrift. Zebu-Stier.

Æ. 5. ⬜ **ΒΑΣΙΛΕΩΣ ΜΑΥΟΥ** 𐨠𐨩 𐨪𐨗𐨿𐨠 maharajasa Gewicht
Pferd r.   musaa. Bogen im Futteral,
1. zwei (?) Monogramme.
Spuren eines früheren Gepräges (arianische Schrift?).
Taf. V, 1. Rollin und Feuardent, vermuthlich dasselbe Exemplar des Catologs Rollin und Feuardent Nr. 8255, wo Dreifuss statt Bogen steht, ein leicht möglicher Irrthum.

Diese schöne Münze ist merkwürdig wegen der völlig arsacidischen Typen, die besonders bei Arsaces VI. als Rückseiten seiner Kupfermünzen vorkommen und von dem bisher noch völlig unbekannten baktrischen Arsaces θεός (Unicum in Berlin, Taf. V, 2) genau nachgeahmt werden. Ohne weitere Conjecturen zu machen, muss man doch hervorheben, dass diese beiden Stücke weit eher auf arsacidische Abstammung des Maues als auf indoscythische deuten.

.Ꜿ. RR. Æ. R.

Azes

unmittelbarer Nachfolger (vgl. die guten Æ. ⬜ mit Poseidon und Göttin, genau denen des Maues gleichend) und vielleicht Sohn des Maues (Υ ΜΑΥΟ, s. unten). Vielleicht gab es mehrere Azes?

Bei der grossen Menge von Münzen des Azes im Berliner Museum, den vielen Abweichungen und interessanten Einzelnheiten derselben schien es mir besser eine genauere Beschreibung der im Berliner Münzkabinet befindlichen Münzen des Azes zu geben. Ich lasse zunächst kurz das Prinsep-Thomas'sche Verzeichniss folgen und gehe dann, unabhängig davon, ein für den vorliegenden Zweck genau genug gearbeitetes Verzeichniss der Berliner Münzen. Die Monogramme einzeln nachzubilden, hat für den allgemein wissenschaftlichen Zweck meiner Schrift keinen Werth: im Catalog der Berliner Sammlung habe ich natürlich jedes einzelne Monogramm u. s. w. genau wiedergegeben.

Gewicht

I. Prinsep-Thomas' Verzeichniss:

.Æ. Tetradrachme βασιλέως βασιλέων μεγάλου Άζου. Der König zu Pferd r.   maharajasa rajarajasa mahatasa Ayasa. Weibliche Figur mit Zweig und Symbol ЩЦ (die obere Hälfte des später bei Kadphises u. s. w. erscheinenden Symbols?).

Æ.   Drachme, ebenso.

Æ. Tetradrachme *Hf.* ebenso.   *Rf.* Pallas blitzschleudernd l.

.Æ.   Drachme, ebenso.

Æ. Tetradrachme *Hf.* ebenso.   *Rf.* Zeus mit Blitz u. Scepter.

.Æ. Tetradrachme *Hf.* ebenso.   *Rf.* Zeus mit Speer mit drei Spitzen (dreizackähnlich).

.Æ. Tetradrachme *Hf.* ebenso.   *Rf.* Zeus mit Speer mit drei Spitzen, blitzschleudernd.

Æ.   Drachme, ebenso, in der Haltung des Blitzes variirend.

.Æ. Tetradrachme mit Pallas, stehend, die R. ausstreckend Kranz haltend.

.Æ.   Drachme, ebenso.

.Æ. Tetradrachme *Hf.* ebenso, mit Peitsche in der R.   *Rf.* Stehende Figur mit Speer, eine kleine Nike haltend.

.Æ.   Drachme, ebenso.

.Æ. Tetradrachme *Hf.* ebenso.   *Rf.* Pallas mit Speer r., ohne Helm, die R. ausstreckend.

Billon,   *Hf.* ähnlich.   *Rf.* mit dreispitzigem Speer.

Billon.   *Hf.* ebenso.   *Rf.* Poseidon mit Dreizack von vorn.

.Æ.   Drachme *Hf.* ebenso.   *Rf.* Pallas mit Speer und Schild, die R. erhebend.

		Gewicht
Æ. von Prinsep-Thomas »Drachme« genannt (sonst werden dort die Drachmen immer »Hemidrachme« genannt). Der König stehend l., die R. erhebend, den Speer schräg über der l. Schulter.	Rf. Geflügelte Nike r.	
Æ. 6½. ☐ Poseidon auf den Flussgott tretend.	Rf. Göttin mit Blätterzweigen.	
Æ. 6½. Der König auf dem Kameel r., in der ausgestreckten R. Kranz.	Umschrift nicht ganz erhalten. Yak, der thibetanische Buckelstier, lang behaart, weidend r.	

S. die schöne Abb. Wilson Ariana Taf. VII, 6.

Æ. 6. ☐ Der König mit Lanze zu Pferd r.	Zebustier r.	
Æ. 4—6. Herakles sich kränzend.	Pferd r.	
Æ. 8. Elephant r.	Zebustier r.	
Æ. 5 und 7. Zebustier r.	Mähnenloser Löwe r. Der Titel hier rajadirajasa.	
Æ. 3. ☐ Löwe r. den l. Fuss hebend. Griechische verderbte Umschrift.	Zebustier l. Man sieht maharajasa... nya'sa). Oben arianischer Buchstabe.	

Abgebildet bei Wilson Ariana VIII, 3. Die viereckige Form darf nicht bezweifelt werden, da die Inschriften im Viereck stehen.

Æ. 7. Demeter thronend.	Hermes stehend.	
Æ. 7 und kleiner. Der König mit untergeschlagenen Beinen sitzend, von vorn.	Hermes stehend.	
Æ. Weibliche Figur l. stehend.	Zebustier r.	
Æ. Sitzender Löwe, verwilderte Umschrift.	maharajasa... ayasa. Rohe sitzende Demeter.	

143

		Gewicht
Æ. klein, wie die Drachme mit Figur, die eine kleine Nike hält (wohl Billon).		
Æ. Der König zu Pferd, die R. ausstreckend.	Demeter stehend von vorn, den r. Arm ausstreckend, im l. Arm Füllhorn. Die Umschrift hier: maharajasa mahatasa dhamikasa rajadirajasa ayasa.	

II. Die Münzen des Azes im Berliner Museum.

Reduzirte Tetradrachmen, z. Th. von schlechtestem Metall.

Æ. 7. ΒΑΣΙΛΕΩΣ ΒΑΣΙ ΛΕΩΝ ΜΕΓΑΛΟΥ ΑΖΟΥ Der König zu Pferd mit Lanze r., langem Diadem, bisweilen im Feld arianischer Buchstabe. Die Formen der Umschrift zuweilen schlecht: ⬜ statt O, ⬜ statt B. — מהראג׳סא רג׳רג׳סא איאסא maharajasa rajarajasa ayasa. Zeus stehend von vorn, halbbekleidet, bekränzt, in der R. Blitz, die L. auf d. Scepter stützend. Monogramme und arianische Buchstaben. 9,71 9,65 9,63 9,27

Æ. 6. Ebenso, viereckiges Omikron. Zuweilen verwildert: ΒΛΣΛΕΟΣ; ΖΑ⬜Υ Α⬜Α⬜Α statt μεγάλου Ἀζου. — Dieselbe Umschrift doch רג׳דרג׳סא rajadirajasa. Pallas stehend r., die R. erhebend, im l. Arm Schild und Lanze, schräg. 9,33 8,81

Æ. 6½. Ebenso, regelmässige Umschrift, eckiges Omikron. — Dies. Umschrift, doch rajarajasa. Pallas blitzschleudernd links mit Schuppen-(Aegis)-Schild, wie auf Menanders u. s. w. Münzen. Bessere Arbeit. 9,42 9,11

Reduzirte Drachmen, meist besseres Metall.

Æ. 3. Wie die Tetradrachmen: stehender Zeus und rajarajasa. 2,13 2,11 2,1

Æ. 3. Ebenso, gute Aufschrift.	Umschrift ebenso, doch raja- dirajasa. Stehende Pallas r. mit Schild und schräger Lanze am l. Arm.
Æ. 3. Ebenso..	Umschrift ebenso, doch raja- rajasa. Pallas von vorn. die R. erhebend u. an den Helm haltend, am l. Arme Schild.
Æ. 3. Ebenso.	Ebenso, doch Pallas l., den l. Arm ausstreckend.
Æ. 3. Ebenso, doch hält der König r. eingelegte Lanze, l. Peitsche.	Dieselbe Umschrift. Blitz- schleudernde Pallas l.
Æ. 3. Dieselbe Umschrift. gute Formen, rundes kleines Omikron. Stehende halbbekleidete Figur von vorn, etwas l., die R. ausstreckend: im l. Arm, etwas schräg, ein Scepter.	Dieselbe Umschrift. Nike mit Kranz und Palmzweig r.

Dies ist offenbar die letzte Æ. des Prinsep'schen Verzeichnisses. Die Figur der Hauptseite ist aber ganz sicher ein Gott, nicht der König, wie dort steht. Aehnlich ist der Zeus auf andern Münzen des Azes.

Æ. 6—S. ☐ Dieselbe Umschrift, gute Formen; kleines rundes O. Poseidon mit Dreizack mit d. r. Fuss auf einen emportauchenden Flussgott tretend.	שׁוּפֿוֹשׁ רַבּוּרָא שִׁיעַטוּר רַאן maharajasa rajarajasa mahatasa ayasa. Göttin v. vorn. in jeder Hand einen Zweig mit grossen zackigen Blättern haltend; l. Monogr.

Genau wie die Münzen des Maues.

Ein Exemplar ist überprägt; man sieht vom alten Gepräge den Titel maharajasa, darunter eine Linie vom Perlenquadrat. Es ist höchst wahrscheinlich die häufige Münze des Apollodot, mit Dreifuss im Perlenquadrat. Die

Ueberprägung lehrt wenig, höchstens dass Azes etwa in der Gegend des Apollodot geherrscht habe. Dass er später ist als Apollodot, verstand sich von selbst.

Æ. 6½. Dies. Umschrift, eckiges Omikron. Der König zu Pferd r. mit Lanze.
    Dieselbe Umschrift. Zebustier r. Monogramm und Buchstabe.

Auf einem Exemplar steht das ma in maharajasa auf dem Kopf. Einmal steht rajadirajasa.

Æ. 8½. Ebenso. rund. — Rundes Omikron und rajarajasa.

Æ. 7. Dieselbe Umschrift, eckiges Omikron. Thronende Demeter mit Modius, Füllhorn u. Aehren, von vorn.
    Dieselbe Umschrift. Stehender Hermes mit Caduceus.

Ein Exemplar geprägt auf ein Stück der folgenden Münzsorte des Azes mit Elephant oder Löwe und Zebu. Also sind die letzteren Münzen die früheren, die mit der Demeter die späteren.

Æ. 8½. Dieselbe Umschrift. Zebustier stehend r. Oben und zu beiden Seiten Monogramme und Buchstaben.
    Dieselbe Umschrift, doch rajadirajasa. Mähnenloser Löwe r. Oben Monogr.

Æ. 7. Dieselbe Umschrift. Elephant r. den l. Vorderfuss hebend. Oben Monogr.
    Dieselbe Umschrift, doch rajarajasa. Zebustier stehend r. darüber Monogramme.

Æ. 6½. Dieselbe Umschrift. Der König mit untergeschlagenen Beinen auf einem Kissen sitzend, v. vorn; im ausgestreckten r. Arm] den Elephantentreibstachel, in der L. Schwert in der Scheide, das wagrecht über den Beinen liegt: l. Monogr.
    Dieselbe Umschrift. Hermes stehend von vorn mit fliegendem Gewand, die R. erhebend, in der L. Caduceus. Monogramme.

Diese fünf Gepräge sind häufig.

146

Bill. 5. Verwilderte Umschrift: BACI..AΛEШN BAEΛEШ..ΛΛ. Der König zu Pferd r. die R. erhebend. R. unten ⚘   𐨤𐨞 𐨤𐨁𐨠𐨞𐨁 𐨤𐨳𐨸 𐨤𐨁𐨱𐨂 𐨤𐨁𐨱𐨂   Gewicht

maharajasa mahatasa dhamikasa rajadirajasa ayasa, nicht gute Formen. Stehende weibliche Figur v. vorn, l. blickend, die R. erhebend, im l. Arm Füllhorn; l. und r. arianische Buchstaben und Monogramme.

Zuweilen noch wildere Aufschriften der Hauptseite.

Æ. 5. ΛΛ...И BCAΛEШN V MAVO   Wie vorher.

Gepräge wie vorher, Taf. V, 4.

Æ. 5. ..CAΛEШN V MAVO   Ebenso, andrer Stempel.
Ebenso (derselbe Stempel?).

Æ. 5. ..CΛΛEN V MΛOM   Ebenso.
Ebenso.

Æ. 5. ..NVMΛOM... Ebenso.   Ebenso.

Diese vier Münzen haben ebenfalls verwilderte griechische Aufschriften, doch zeigen sie eine ziemlich constante Eigenthümlichkeit: statt des Namens — der freilich auch auf mir vorliegenden andern Münzen oft arg misshandelt ist, z. B. AOZZY, ZADY u. s. w. — steht hier V MAVO. Wir wissen, dass sich Azes eng an Maues anschliesst, genau in seinen frühesten Münzen (mit Poseidon, Æ.□) den Maues copirt, also ihm sicher unmittelbar folgt. Der Gedanke liegt nun nahe, er habe sich einmal aus irgend welcher politischen Rücksicht ausdrücklich »Sohn des Maues«, Υἱοῦ MAVOυ genannt, mit Weglassung seines Eigennamens Azes. Aehnliche Verwandtschaftsbezeichnungen kommen gerade bei baktrischen Münzen vor: so nennt sich Strato II. υἱὸς Στράτωνος, Spalyrios und Spalirisos ἀδελφὸς τοῦ βασιλέως und βασιλέως ἀδελφός; der Brudersohn des Yndopherce, Abdagasus: Ὑνδιφέρω ἀδελφιδέως sic.

Aber es muss ausdrücklich wiederholt werden, dass die ganze Reihe dieser Azes-Münzen verwildertes Griechisch zeigt; man muss sich hüten einer ansprechenden Vermuthung zu Liebe solchen fehlerhaften Aufschriften urkundlichen Werth beizulegen.

Æ. Æ. C.

Der Strategos des Azes »Aspabatis« oder »Aspavarma«.

Diese wunderlichen Münzen verdienen eine eingehende Betrachtung. Eine keineswegs selten vorkommende Münze des Azes hat auf der Rückseite eine lange arianische Umschrift. Das Gepräge und die griechische Umschrift ist:

Æ. 5. ΒΑΣΙΛΕΩΣ ΒΑΣΙΛΕΩΝ ΜΕΓΑΛΟΥ ΑΖΟΥ auch schräg, am l. Arm, r., die fehlerhaft ΑΟΖΥ, in R. erhebend. L. das Symbol schlechten Buchstaben. Der König zu Pferd r. mit langem Diadem, Bogen im Futteral hinten am Sattel, im ausgestreckten rechten Arm Kranz, r. Monogramm.

Pallas mit Schild u. Lanze, darüber Stern. r. und l. Monogr.

Angeblich zeigt die arianische Umschrift der Rückseite zwei von einander abweichende Formen:
Indravarma putrasa aspavarmasa strategasa jayatasa, und
Ind apati putrasa aspabatisa strategasa jayatasa.

Die erste Münze ist von Cunningham, die zweite von Prinsep (Journ. As. soc. 1859, vol. VII bekannt gemacht. Nach mehreren mir vorliegenden Exemplaren zusammengestellt ist die Inschrift so:

𐨤𐨅𐨩𐨸 𐨤𐨪𐨿𐨟𐨪 𐨤𐨪𐨿 𐨪𐨿𐨟𐨅} und unten 𐨤𐨪𐨞𐨯
s g te str s rp s s tr pu   dr in   s t y j

also sicher: indr.. putrasa aspa.. sa strategasa jayatasa.

Bisweilen sind einzelne Buchstaben ausgelassen, so das te (das übrigens meist als ta ⟨…⟩ erscheint); dann heisst es also: stragasa statt »strategasa«; ferner steht bisweilen »putra« statt »putrasa«, auch meist »pa« statt »pu«; die ersten Buchstaben sind meist undeutlich: ⟨…⟩; auf einem Exemplar waren sie deutlich so: ⟨…⟩, also »idra«; der zweite Buchstabe ist oft unsicher, hier aber deutlich »dr«, ⟨…⟩[1]. Also kann man, unter Ausscheidung der kleinen zuweilen vorkommenden Auslassungen und der einen unbedeutenden Variante »idra« statt »indra« als völlig gesichert folgende Lesung annehmen:

indra..putrasa aspa..sa strategasa jayatasa:

Nun aber der zweite Theil des Vaternamens und der Eigenname. Derselbe soll nun bald:

1) Indravarma putrasa Aspavarmasa, bald
2) Indrapati putrasa Aspabatisa, sein.

Diese beiden Lesungen, nach denen man bisher zwei verschiedene prägende Personen angenommen (s. Lassen, Ind. Alterthk. ² II, 400) hat, beziehen sich aber auf die identische Inschrift.

Betrachten wir die beiden Lesungen Buchstabe für Buchstabe:

	1.		2.	
in	⟨…⟩			
dr	⟨…⟩	(auf Cunningh. Exx. ⟨…⟩, auf mir vor-		
v	⟨…⟩	p	⟨…⟩	liegenden L?)
rm	⟨…⟩	ti	⟨…⟩	
pu	⟨…⟩			
tr	⟨…⟩			
s	⟨…⟩			
a	⟨…⟩			
sp	⟨…⟩			
v	⟨…⟩	b	⟨…⟩	
rm	⟨…⟩	ti	⟨…⟩	
s	⟨…⟩			

---

[1] Vgl. auch Wilson's (Ariana Taf. VII, 17) vortreffliche Abbildung, die umsomehr Werth hat, als Wilson die Inschrift noch nicht entziffert hatte und vom Künstler also nur mechanisch nachbilden liess.

Also beide Lesungen sind identisch bis auf drei Buchstaben, von denen der eine je zweimal erscheint. Von diesen fällt zunächst fort die angebliche Verschiedenheit des drittletzten: v und b, denn beide Buchstaben sind nicht von einander zu unterscheiden; die Formen von b, r, t, v sind überhaupt nie von einander zu unterscheiden. — Der sich zweimal wiederholende Buchstabe, welchen man nur aus diesen Münzen gefolgert hat, ist nach Lesung Nr. 1. rm: ר׳ (aus ר, r, und ᴜ, m); dieser gleicht aber völlig genau einem gemäss jener späten Zeit etwas geschnörkelten ti, ר׳ (ר und ein Strich oben), wie die Lesung Nr. 2 auch annimmt. Das v und p (dritter Buchstabe von oben) sind einander nicht ähnlich, wenn also p wirklich vorkommt, so ist hier ein Unterschied. Auf mir vorliegenden Exemplaren steht aber niemals p, sondern stets ר, was also entweder v oder b, r, t ist. Auch Wilson hat ר nicht p. Also sind die Namen

   Indravarma Aspavarma und
   Indrapati Aspabati

nicht zwei verschiedene Namen, sondern nur verschiedene Lesungen derselben beiden Wörter. Die Lesung ist also, soweit sich dies bei der grossen Gleichheit der baktrischen Zeichen für b, r, t, v behaupten lässt, auf mir vorlieliegenden Stücken sicher diese:

   Indrava .. putrasa Aspava . sa u. s. w.
     b   b
     r   r
     t   t

Je nachdem man nun das ר׳ = ר, ti, liest oder als eignen neuen Buchstaben »rm«, heisst dies:

 Indrav (oder b, r, t) arma putrasa Aspav (b, r, t) armasa oder
 Indrav (oder b, r, t) ati putrasa Aspav (b, r, t) atisa.

Der Sinn der Inschrift ist also: des Aspavati oder Aspavarma, Sohn des Indravati oder Indravarma, des siegreichen Strategos; denn dass dies »strategasa« das griechische στρατηγοῦ transscribirt, ist wohl nicht zu bezweifeln.

Der Aspabati und der Aspavarma sind also nicht zwei, sondern ein und dieselbe nur verschieden gelesene Person.

Man sieht also, dass Conjecturen über diese angeblichen zwei Namen unnütz sind, ja es steht nicht einmal der eine Name dieser auffallenden, die griechische Königsaufschrift nicht wie sonst übersetzenden Umschrift fest, also wird man alles, was Lassen, Ind. Alterthk.[2] II. 400 sagt, für bedenklich erklären müssen.

Der Name »Açvapati« kommt in der epischen Poesie als Königsname (oder als Titel) vor; auch Alexanders Zeitgenossen Sophytes' Name (oder Titel, wird «Açvapati« transscribirt. Jedenfalls lehren uns seine griechischen Münzen, dass ΣΩΦΥΤΟΥ der Genitiv seines Eigennamens war.

Die politische Bedeutung dieser Prägungen ist nur zu ahnen. Der prägende στρατηγός muss natürlich eine Art militärischer Statthalter des Azes gewesen sein.

Æ. C$^1/_1$.

Azilises

Zeitgenosse und Mitregent des Azes.

Dass Azilises nicht vor Azes regiert hat, wie Lassen annimmt, beweist nicht nur der Styl seiner Münzen, sondern ganz unwiderleglich das (subaerate) Tetradrachmon und die Drachme mit Azes' Namen auf der einen und Azilises' auf der andern, arianischen Seite.

---

1) In meiner historischen Uebersicht werden Aspabatis und Aspavarma noch getrennt; ich bitte dies nach dem Gesagten zu ändern.

n' Mit Azes.

R. 7. **ΒΑΣΙΛΕΩΣ ΒΑ** 𐨪𐨗𐨟𐨁𐨪𐨗 𐨯𐨯 𐨨𐨱𐨪𐨗𐨯 𐨯 sub-
ΣΙΛΕΩΝ ΜΕΓΑ maharajasa rajarajasa ma- aerat
ΛΟΥ ΑΖΟΥ Der hatasa ayilishasa. Stehende
König zu Pferd mit Figur (Nike apteros?), l., in
Lanze r. der R. einen Gegenstand:
 ⨆, man hat gemeint den
 Obertheil des bei Kadphises
 u. s. w. erscheinenden Sym-
 bols, haltend, im l. Arme
 Palmzweig. Im Felde Mo-
 nogramme, griechisch und
 arianisch.

Reduzirte Tetradrachme, subaerat. Grotefend, Die M. der
griech. u. s. w. Könige von Baktrien u. s. w. p. 36 nach
Raoul-Rochette u. a. Lassen beschreibt es als Æ., also
anima subaerati.

R. 3. Drachme desselben Gepräges.
 Grotefend l. c.

b) Azilises allein.

R. 6½. Ebenso, doch statt Ἀζου Wie vorher. 9,5
ΑΖΙΛΙΣΟΥ. Das Sigma bis- 9,14
weilen so: ⊏. Zuweilen im
Feld arianische Monogramme.
 Berlin u. a. Samml.

R. 3. Drachme, ebenso. 1,92

R. Tetradrachme. Ebenso. Umschrift wie vorher: weibliche Figur mit Kranz und
 Palme l.; Monogr.

R. Tetradrachme, ebenso. Umschrift ebenso, doch ra-
Peitsche u. Bogen am Sattel. jadirajasa. Stehende Dios-
 kuren auf d. Lanzen gestützt.
 Prinsep-Thomas Nr. 3.

			Gewicht
Æ.	Tetradrachme, ebenso.	Dieselbe Umschrift. Stehende Figur »in Felle gekleidet«, von vorn, in der R. Speer, die L. am Schwertgriff.	9,1

Prinsep-Thomas Nr. 4.

Æ. ☐ Dieselbe Umschrift. Stehende undeutliche Figur von vorn, den r. Arm ausgestreckt, am l. Gewand. Dieselbe Umschrift; der mähnenlose Löwe r.

Æ. ☐ Dieselbe Umschrift, der König zu Pferd. Dieselbe Umschrift. Zebustier l. oder r.

Æ. ☐ Ebenso r. maharajasa mahatasa ayilishasa. Elephant r.; oben zwei Monogramme.

Abgebildet bei Wilson, Ariana Taf. VIII, 7.

Æ. 5½. Ebenso. Dies. Umschrift. Sitzender Herakles, die Keule aufs Knie stützend, wie auf Euthydem's u. s. w. Münzen.

Berlin u. a. Samml.

Æ. ☐ Dieselbe Umschrift; stehende Figur r., im ausgestreckten r. Arm Kranz. Dieselbe Umschrift. Figur in enger Kleidung, schleierartiges Gewand aufgebläht über dem Kopf, also etwa Artemis-Selene.

Æ. Æ. R.

Vonones und Azes.

General Cunningham hat Münzen des Vonones mit Azes entdeckt und in seinen noch nicht herausgegebenen Tafeln abbilden lassen (s. Thomas in Prinsep's Essays etc. II, p. 51).

Vonones und Spalahara, der Königsbruder.

Spalahara ist der Vater des ebenfalls mit Vonones zusammen, dann aber auch allein prägenden Königs-Bruders Spalyris, arianisch Spalagadama.

Die arianische Umschrift auf mir vorliegenden Drachmen und Kupfermünzen:

𐨫𐨯𐨪𐨩𐨫𐨱𐨯 𐨤 · 𐨩𐨿𐨯𐨆𐨫𐨤

' maharaja bhra t a dhramikasa spalaharasa.

Auf der ähnlichen Münze des Spalirisus steht nicht bhrata sondern bhraha. S. unten. — Die Form Ονώνης für Vonones ist die auf arsacidischen Münzen stets vorkommende.

R. Tetradrachme. **ΒΑΣΙΛΕΩΣ** Die arianische Umschrift.
ΒΑΣΙΛΕΩΝ ΜΕΓΑΛΟΥ Zeus mit Scepter und Blitz,
ΟΝΩΝΟΥ Der König zu wie auf Heliokles' u. s. w.
Pferd mit Lanze r. Münzen.
Prinsep-Thomas Nr. 1.

R. 3. Drachme ebenso. 2,35
Berlin u. a. Samml.

Æ. 4. ☐ Dieselbe Umschrift. He- Dieselbe Umschrift. Pallas
rakles sich kränzend, von stehend l. mit erhobenem r.
vorn, wie auf Demetrius' Arm, in der L. Schild. Mo-
u. s. w. Münzen. nogramm.
Berlin, Rollin und Feuardent u. s. w.
R. *Æ*. RR.

Vonones und Spalagadama, Sohn des Spalahara.

Spalagadama. Spalahara's Sohn ist der sich griechisch Spalyris $Σπαλίριος$ im Genitiv nennende und Kupfermünzen prägende »Königsbruder«.

154

R. 3. Dieselbe Umschrift. 𐨤𐨂𐨯𐨿𐨤𐨡𐨪𐨯 𐨤𐨂𐨟𐨿𐨪𐨯 𐨢𐨿𐨪𐨨𐨁𐨐𐨯, 2,₆₆
Der König mit Lanze so auf mehreren Exemplaren
zu Pferd r. deutlich. Man liest: spalaha-
raputrasa dhramikasa spa-
lagadamasa, d. h. »des gerechten Spalagadama, Sohns
des Spalahara«. Es steht aber
deutlich: »spalahura oder
spalahora) patrâsa dhamiasa.
Zeus wie auf den andern
Silbermünzen des Vonones.
Gute Exemplare dieser Drachme in Berlin; Rollin und
Feuardent.
R. RR.

Spalirisus
Zeitgenosse des Azes und Vonones u. s. w.

a' als Königsbruder.

R. 3. ΒΑϹΙΛΕѠϹ ΑΔΕΛ 𐨤𐨨𐨱𐨪𐨗𐨯 𐨤𐨿𐨪𐨱𐨿𐨪𐨯 𐨯𐨿𐨤𐨫𐨁𐨪𐨁𐨮𐨯 2,₃₃
ΦΟΥ ϹΠΑΛΙΡΙϹΟΥ maharaja bhrahā sic dhra-
Der Fürst zu Pferd mit miasa spalarisasa (spaliri-
Lanze r. sasa?), d. i. »des gerechten
Königsbruders Spalirisus«.
Zeus wie auf Vonones' u.s.w.
Münzen. Monogr.

Drachme. Unicum, von mir aufgefunden. Jetzt im Berliner Museum. Die Umschrift ist genau wie ich sie angegeben; die Form bhraba für Bruder wird von sachkundiger Seite für berechtigt erklärt.

Gewicht

b) als König.

Æ. 5. ◻ **ΒΑϹΙΛΕШΝ ΒΑϹΙ ΛΕШϹ ΜΕΓΑΛΟΥ ϹΠΑΛΙΡΙϹΟΥ** Der König stehend l., mit langem Diadem, hinten am Gürtel ein grosser Bogen im Futteral; mit der R. hält er einen kreuzförmigen Gegenstand, wohl den Elephantentreibstachel. So ist die Figur völlig deutlich auf mir vorliegenden Exemplaren. Alle anderen Beschreibungen irrig.

𐨀𐨁𐨮𐨯 𐨨𐨱𐨟𐨐𐨯 𐨨𐨱𐨪𐨗𐨯 maharajasa mahatakasa spalirisasa. Thronender Zeus von vorn etwas l., mit Kranz und langem Scepter. die R. erhebend

Taf. V, 6.

Æ. R.

c) als König, mit Azes zusammen.

Æ. 3. **ΒΑϹΙΛΕШϹ ΜΕΓΑΛΟΥ ϹΠΑΛΙΡΙϹΟΥ** (so aus zwei mir vorliegenden Exemplaren zusammengestellt). Der König zu Pferd, mit Lanze r.

𐨀𐨘𐨯 𐨨𐨱𐨟𐨐𐨯 𐨨𐨱𐨪𐨗𐨯 2,34 maharajasa mahatakasa ayasa. Zeus stehend wie auf den übrigen Silbermünzen dieser Reihe. Monogramm und arianischer Buchstabe.

Seltene Drachme. Berlin, Rollin und Fenardent u. s. w.

Æ. Ebenso. Dieselbe Umschrift. Bogen und Köcher.

Mir nur aus der Beschreibung bekannt.

Die Lesungen **ΠΠΑΛΙΡΙϹΟΥ** u. s. w. beruhen wohl nur auf schlechter Erhaltung.

Æ. **RRR**. Æ. Unicum?

Spalyris, arianisch Spalagadama,
der Königsbruder. Zeitgenosse des Vonones, Azes u. s. w.
Sohn des Spalahara.

Æ. 5½. ⎕ ⌐ΠΑΛΥΡΙΟ⌐ ·ᛈᚢᚴᛈᚺᚦ ᛈᚦᚲᚴ ᛈᚦᚺᚦᛉᚺᚦ
ΔΙΚΑΙΟΥ ΑΔΕΛΦΟΥ   also: spalahurapatâsa oder
ΤΟΥ ΒΑ⌐ΙΛΕШ⌐   spalaho- u. s. w.; dhramiasa
Der Fürst zu Pferd, ohne spalagadamasa. Herakles
      Lanze r. sitzend l. wie auf Euthydem's
          ˙ u. s. w. Münzen. Monogr.
Taf. V, 5. Die schon von Wilson richtig gelesene Hauptseite findet sich oft in irriger Lesung: nie steht σπαλι-ριον, also muss das σπαλιριος wohl ein Genitiv von Spalyris oder einer ähnlichen Form sein. — Eine einzige Variante, vielleicht nur einen Stempelfehler giebt der Catalogue d'une collection de méd. von Rollin und Feuardent Nr. 6268: σπαλιριοιον statt σπαλιριος. — Die arianische Umschrift ist auf allen Exemplaren die ich gesehen, so wie angegeben.

Æ. R.

Arsaces justus.

Æ. 7. ΒΑ⌐ΙΛΕΥΟΝΤΟ⌐ ΒΑ⌐Ι maharajasa rajarajasa ma-
ΛΕШΝ ΔΙΚΑΙΟΥ ΑΡ⌐Α hatasa ashakasa tâdatasa
ΚΟΥ (so nach Prinsep- oder tradatasa. Stehende
Thomas' Verzeichniss. Im Figur l. in der R. Palm-
Rollin'schen Catalog andre zweig, die L. am Schwert?
Formen des Sigma, Epsilon
und Omega). Der König zu
Pferd r. die R. erhebend.
      Rollin's Catalog Nr. 8296.

Æ. ΒΑΣΙ....ΟΥ ΑΡΣΑΚΟΥ   maharajarajasa .... a...
    Ebenso. Männliche Figur, l., eine
          kleine Figur haltend.

Æ. ΒΑ⌐ΙΛΕΥΟΝΤΟ⌐ ΒΑ⌐Ι Vollständige Umschrift, wie
ΛΕШΝ ΔΙΚΑΙΟΥ ΑΡ⌐Α die erste Münze. Gepräge
ΚΟΥ Ebenso. zerstört.

Von Cunningham zuerst bekannt gemacht. — Leider habe ich nie ein Exemplar dieser Münzen im Original oder Abdruck erlangen können, auch in London fehlt dieser König.

Gewicht

Æ. RRRR.

Arsaces Deus.

Æ. 3. ◻ BACIΛEWC ΘEOY .. CAKOY Pferd r. Davor Monogr. Bogen im Futteral, quer, gekreuzt. Pfeile. Von der gross dargestellten auf syrischen u. baktrischen Münzen häufigen Verzierung umgeben. Es scheint keine arianische Umschrift gestanden zu haben.

Taf. V, 2. Unicum in Berlin Guthrie). Guthrie dachte an die Saka-Skythen (CAKOY), der arsacidische Typus und die Stellung der Inschrift macht aber, wie die Betrachtung der Abbildung lehren wird, die Ergänzung zu APCAKOY sicher. Ebenso prägt Maues (s. die Abbildung Taf. V, 1); die Typen ähnlich als Rückseiten bei Arsaces VI. Mithradat I. vorkommend. Ein dem Monogramm unserer Münze ganz ähnliches auf Drachmen desselben Arsaces VI. (Berlin, Prokesch).

Yndopheres,

Yndopherres, Gyndipher., Gondopharus u. ähnliche Formen. — Ein König aus parthischem Geschlecht, aus dem 1. Jahrhundert n. Chr.

Die Geschichte des Yndopheres verdient eingehend betrachtet zu werden; was hier gesagt wird, dient zugleich als Ergänzung des betreffenden Abschnittes in meiner historischen Uebersicht.

Yndopheres ist ein seltenes Beispiel davon, dass aus allmählich sich mehrenden, scheinbar minutiösen Beobachtungen und Entdeckungen von Münzen, Inschriften und Schriftstellernotizen sich endlich eine auf officielle Documente sicher gegründete Geschichte zusammensetzt, die in eine kulturhistorisch wichtige Epoche eines weit entlegenen Landes deutlichen Einblick gewährt.

Zuerst hatte man nichts als eine Menge Münzen dieses Königs, die ihr Styl in ziemlich späte Zeit, bald nach den letzten Azes-Münzen, verwies. Dann kamen die Münzen des »Brudersohns des Gyndipher es, Abdagases« hinzu. Abdagases ist bei Tacitus ein parthischer Dynast: also wurde des Yndopheres parthische Abkunft wahrscheinlich. Diese sowie das unmittelbare Angränzen seiner Länder an das Arsacidenreich wird sicher bewiesen durch die von mir entdeckte genau im Typus und Styl der Arsaciden geprägte rein griechische Drachme des Berliner Museums. — Die Regierungsdauer des Yndopheres lehrt uns die arianische Inschrift von Takht-i Babi bei Peschawer, datirt vom 26. Regierungsjahr des Königs, zugleich ein Beweis, dass der König in den Indusländern geherrscht hat. Der arsacidischen Drachme des Yndopheres schliessen sich ähnliche Stücke eines Sanabarus an, deren roher Styl sie wohl als später erscheinen lässt; die Köpfe dieser Drachmen des Sanabarus sind sehr verwandt denen des Arsaciden Volagases I. mit der Tiara, welche die Jahre 389 und 390 der seleucidischen Aera, 77 und 78 n. Chr. tragen [1]. Also wird Sanabarus um 80 n. Chr. geprägt haben, und Yndopheres um 80 n. Chr. gestorben sein.

Die pikanteste, historisch damit völlig stimmende Nachricht über Yndopheres, Gondopharus u. s. w. haben aber die englischen Gelehrten in einer Quelle aufgefunden, an deren Benutzung zu Studien der antiken Geschichte

---

1) Nach Prokesch' Bestimmung. — Prokesch' Arsacides Taf. V, 45. S. 64.

wohl schwerlich schon gedacht worden ist. Es ist zu verwundern, dass man von dieser so höchst interessanten Entdeckung wie es scheint, so gut wie gar nicht Notiz genommen Lassen, z. B. übergeht sie ganz).

Die im 13. Jahrhundert von dem Genuesischen Bischof Jacobus a Voragine veranstaltete Legendensammlung, die sogenannte legenda aurea oder historia lombardica erzählt von der indischen Mission des Apostel Thomas (Cap. V, p. 33 ed. Graesse 1646): »Thomas apostolus cum esset apud Caesaream apparuit ei Dominus dicens: rex Indiae Gundoferus misit praepositum Abbanem quaerere hominem architectoria arte eruditum.« — Thomas folgt dem Rufe des Herrn, geht als Baumeister nach Indien und baut dem König einen Palast. Er soll, weil er des Königs Schätze unter die Armen vertheilt, getödtet werden, der König wird aber durch seinen vom Tode auferstandenen Bruder Gad umgestimmt und demüthigt sich vor dem Apostel. Der Apostel predigt das Evangelium und begiebt sich dann »in superiorem Indiam«. Man hat die ganze Anwesenheit des Apostel Thomas in Indien bezweifelt — mir liegen solche Fragen fern —; aber diese von dem mittelalterlichen Legendensammler gewiss im wesentlichen gläubig und getreulich aus alten ihm vorliegenden Quellen wiedergegebenen Thatsachen, weniger die Ereignisse als die diplomatisch genaue Namensnennung desjenigen Königs, der, wie uns die Münzen doch sicher zu lehren scheinen, während der Zeit der Apostel, also im 1. Jahrhundert n. Chr. bis in die zweite Hälfte hinein, lange Jahre (Inschrift von Takht-i Bahi) regierte[1]), beweisen

---

[1]) Edw. Thomas, dem wir die Notiz über die Legende verdanken (Prinsep, Essays II, 214), setzt den König früher an; ich habe aber gezeigt, warum er in's 1. Jahrh. n. Chr. gehören muss.

doch mindestens höchst wahrscheinlich einen merkwürdigen Zusammenhang dieses indischen Königs mit den ersten Verbreitern des Christenthums. Wie sollte den ersten Legendenschreibern der aller Cultur entrückte, weit entfernte indische König sonst so genau dem Namen nach geläufig sein?

Weitere Schlüsse sind bei jenen von der Sage durchwebten, vielleicht fast ganz sagenhaften Dingen unstatthaft; dass aber Denkmäler und Legendennachricht in Zeit und Namensschreibung so völlig übereinstimmen, muss gerade der, welcher die Geschichte jener Länder kritisch zu betrachten und von unnützen, aus dem Nichts herausgeformten Conjecturen zu säubern sucht, mit Nachdruck hervorheben.

		Gewicht
Æ. 4. Bärtiges Brustbild mit Diadem in reicher Tracht, den Arsaciden ähnlich, 1.	BACIΛEWC BACIΛεWN MEΓC (sic YNΔΟΦEPHC AYTOxPATO Sitzender König, ähnlich dem Typus der Arsaciden, doch in der erhobenen R. eine Art kurzes Scepter Elephantentreibstachel?), hinter ihm die (flügellose?) Nike, ihn kränzend.	3.75

Drachme von ziemlich gutem Silber, vom Gewicht der arsacidischen Drachmen. Unicum des Berliner Museums. aus den Unbestimmten der Guthrie'schen Sammlung. Den Titel Autokrator führt zuerst Tryphon von Syrien, dann

aber auch ein Arsacide auf seinen Drachmen, nach Gewicht
Prokesch der VIII. Artaban II., nach Gardner der X. Sinatroices.

Æ. 4—5. ◻ Der König zu Pferd Symbol: ⅄, einmal darin
l., von der vor ihm stehen-   ein kleines Kreuz¹). Ein
den Nike einen Kranz em-   oder zwei arianische Mono-
pfangend.   gramme.

Berlin. Wilson Ariana Taf. VI, 2 und Taf. XXI, 16.

Die Umschrift der Vorderseite des einen Wilson'-
schen Exemplars ist völlig zerstört.

Die zweite Wilson'sche Münze hat auf der Vorderseite
deutlich oben ΦΑΓΟΥ, also das Ende des Namens. Das
ΜΕΓΑΛΟΥ ist auf der Abbildung (rechts), wie ΜΓΔΟΥ,
dann ΓΟΗ zu sehen. Das ΓΟΗ (γου, nicht γοv) kann
aber nicht zu dem .. φάρου gehören, da zwei oder mindestens eine Zeile dazwischen liegt. Prinsep-Thomas lesen
(II, 215, 4) ΒΑCΙΛΕΟ ... ΦΑΡΟΥ (?.

Das Berliner Exemplar zeigt nur undeutliche Umschrift-
spuren auf der Hauptseite.

Die Rückseite des ersten Wilson'schen Exemplars
liest er 𐨀𐨯𐨨𐨿 ... 𐨪 .. 𐨨𐨱𐨪 maharaja (rajarajasa) mi-
ramatasa; die Abbildung stimmt damit nicht ganz.

Die Rückseite des zweiten besseren Exemplars bei
Wilson hat: ... 𐨒𐨂𐨤𐨿𐨭 Gudapharasa, deutlich. Das vor-
hergehende Wort ist undeutlich (Wilson: jayadharasa,
Prinsep-Thomas: ja....sa: vorher 𐨀𐨤𐨿𐨪𐨟𐨁, apratihatasa, deutlich; vorher geht nach Wilson's Text und Abbildung sicher 𐨢𐨨𐨁𐨐, dhamikasa. Prinsep-Thomas lesen
nur: maha... dhaga... sa.

---

1) Ich brauche wohl kaum vor phantastischen Deutungen dieses Symbols, das einen Kranz und ein alterthümliches Kreuz T enthält, sowie der öfter erscheinenden andern kreuzartigen Symbole auf Münzen dieses Königs zu warnen.

Gewicht

Sicher scheint also: dhamikasa apratihatasa gudapharasa. Das Berliner Exemplar hat unten sicher den Namen
.. 𐨒𐨡𐨫, gudapha.. Rechts beginnt die Umschrift, man
sieht ziemlich deutlich: 𐨪𐨗 𐨪 𐨪𐨗𐨪𐨗𐨯, maharajasa
rajarajasa.

Die runden Billon- und Kupfermünzen des Yudopheres
mit Reiter und vielfach wechselnder Orthographie des
Namens und oft schlechter verderbter Umschrift beider
Seiten sind offenbar gleich vielen ähnlichen des Azes,
heruntergekommene Tetradrachmen.

Bill. 6. BACIΛEШN BA 𐨯𐨡..... 𐨪𐨗𐨯 𐨪𐨗𐨪𐨗𐨯
CIΛEШN ΓOИΔOΦΛ   mahamjarajaraja mahatasa
ΓOY Der König zu Pferd, ... gudapharasa fast ganz
bärtig, Kranz in der R. R. deutlich. Stehende Figur v.
das Symbol ¥   vorn, halbbekleidet, mit Diadem, die L. auf den Drei-
  zack stützend, die R. ausstreckend (Poseidon?). L.
  und r. Monogr.
Wilson. Ariana Taf. V, 16.

Bill. 6½. ...ШC BACIΛ...OY Von der Umschrift ist 𐨯𐨦𐨯
..OΦIPPOY, also wohl   gudapharasa, deutlich; aus-
βασιλέως βασιλέων μεγάλου serdem, als Ende der Titu-
u. s. w. Der König zu Pferd latur: 𐨪𐨗𐨯 𐨪... was
l., Kranz in der R., hinter ich nicht zu lesen wage. —
ihm eine schwebende ihn Poseidon (?) wie vorher, doch
bekränzende kleine Nike. — den Dreizack in der Rech-
Der König ist hier und auf ten. Im Felde undeutliche
andern dieser Reihe auch auf Monogramme.
den kleinen Darstellungen
deutlich bärtig und mit dem
Brustbild übereinstimmend.
L. das Symbol.
Berlin Fox). Vgl. zum Typus den Sakakönig Heraos.

		Gewicht
Æ. 5. BACIΛEWC BACIΛEWN MEΓAΛOY YNΔOΦEP POY (so nach Prinsep-Thomas). Gepräge wie vorher, ohne Nike, r. das Symbol.	maharaja rajadiraja tradata.. gudapharasa, so nach Prinsep-Thomas. Auf Wilson's Abbildung nur d. Name und maharaja raja.. deutlich. Pallas stehend v. vorn etwas rechts, die R. ausstreckend, im l. Arm Schild und Lanze, schräg. Monogramme.	

Wilson, Taf V, 17 und eine englische Privatsammlung.

Æ. 6. Aehnliche Aufschrift, doch C als Sigma, und E: etwas verstümmelt im Titel.	Nicht vollständige Umschrift. Männliche bärtige Figur (der König?) halbbekleidet (was auf einen Gott deutet), r. mit Diadem und Scepter im l. Arm, die R. ausstreckend. Monogramm u. Buchstaben.	

Wilson, Taf. V, 18.

Folgende mir vorliegende, im Catalog von Rollin und Feuardent Nr. 6293 nicht vollständig beschriebene Münze ist als rein griechische und wegen des ganz abweichenden Geprägcs der Vorderseite merkwürdig.

| Bill. 6. ...CIΛEW ...A in zwei senkrechten Linien zu den Seiten einer thronenden bärtigen Figur l., mit erhobener Rechten. Es scheint sicher der König selbst, man kann sogar, wie auch auf einigen der Reitermünzen, das Porträt des bärtigen Yndopheres erkennen. | VИΔΟΦƎΠOV ИIШƎ... POV, also wohl μεγάλου, βασιλέων Ὑνδοφέρου. Nike mit Kranz in d. ausgestreckten R. r.; l. ⊣ und r. Φ |

Unicum im Besitz der Hrn. Rollin und Feuardent. Leider ist die Verderseite nicht vollkommen erhalten.

Æ. 4—7. **BACIΛEΩC CΩTH** 𐨤𐨯𐨿 𐨯𐨁𐨟𐨯 𐨯𐨐 Gewicht
PDC VNΔOΦEPPOY So auf allen Berliner Exem-
Bärtiges Brustbild mit Dia- plaren, auch auf den Abbil-
dem u. Ohrringen, in reicher dungen bei Wilson und Prin-
Tracht, r. sep; d. i. also nach Cun-
ningham's Alphabettafel:
dradatasa (für tradatasa,
σωτῆρος) maharajasa guda-
pha.asa oder gadapha.asa.
Das g oft so: 𐨒 oder 𐨒.
Nike mit Kranz u. Palme r.
Häufig. Zuweilen **E** und **W**. Prinsep-Thomas lesen
»tradatasa« statt »dradatasa«. Eine gesicherte Erklärung
des vorletzten Buchstabens kann ich nicht geben; di kann
es kaum sein; ein r ist es bestimmt nicht.

Æ. Kopf, ähnlich dem Pacores maharajasa rajadirajasa ma-
und Orthagnes (s. unten) l. hatasa gudaphara.. Nike
Umschrift schlecht erhalten. m. Kranz. Arianischer Buchstabe und Monogramm.
Prinsep-Thomas Nr. 5. Dies scheint aber identisch mit
dem sogenannten Orthagnes, s. unten.

Æ. klein. **BACI... BAC...Y** rajadirajasa mahatasa guda-
Bärtiger Kopf r. pharasa. Blitzschleudernde
Pallas, wie bei Menander
u. s. w. r.; Monogramme.
Prinsep-Thomas Nr. 7. Merkwürdig, weil diese Münze
den Anschluss des Yndopheres an die griechischen Könige und den Ranjubul beweist; s. oben eine ähnliche,
undeutliche bei Ranjubul.

Die Münze bei Mionnet S. VIII, 505 mit **W+ANHΣ**
und unbärtigem Kopf, Rückseite Herakles, ist eine verwilderte gewöhnliche des Kadphizes, wie die von Mionnet
facsimilirte Umschrift der Rückseite beweist, und kein
Yndopheres.
R. Unicum. Bill. **RR**. *Æ*. **C**.

Die Münzen des sogenannten »Sub-Abdagases Sasan« (Prinsep-Thomas p. 216) sind wohl nichts weiter als eine Varietät des Yndopheres. Mir liegen mehrere Originale vor: es sind Kupfer- oder wohl richtiger Billonmünzen (heruntergekommene Tetradrachmen).

Æ. 5. Völlig verwilderte Umschrift: z. B. VCƧ)))V u. s. w. Der bärtige König zu Pferd r.; im ausgestreckten R. Kranz. Vor ihm das Symbol 丫 und arianischer Buchstabe. — Halbbekleidete Figur mit Diadem r., die R. ausstreckend, im l. Arm Scepter (Zeus? wohl nicht der König); l. das Symbol ꖌ, Monogramme und Buchstaben im Felde.

Die Umschrift ist nach Prinsep-Thomas: maharajasa mahatasa tradatasa ... godapharasa sasasa. Das ausgelassene Wort liest Cunningham (s. Prinsep-Thomas II, 216): deva-hadasa, »gottherzig«. Auf einer Reihe mir vorliegender Originale ist folgendes deutlich:

𐨤𐨿𐨤 im Abschnitt; 𐨤𐨁𐨯𐨿 𐨤𐨯𐨿𐨟𐨿 𐨪𐨿𐨤 .... 𐨯𐨿𐨨 also: »mahara ... (trada)tasa . vahadasa gadapharasa (oder go- oder gudapharasa) sasasa«. Die Lesung deva-hadasa ist also sehr wahrscheinlich, wenn auch der erste Buchstabe nicht recht wie ein d aussieht. Freilich sind die Formen etwas flüchtig, also ganz sicher ist die Lesung devahadasa nicht; völlig gesichert ist der Name des Yndopheres: »gadaphara« (oder go-, gu-) und »sasasa« im Abschnitt. An Abdagases ist absolut gar nicht zu denken, keine Spur von Andeutung seines Namens steht auf den Münzen. Auch das »Sasan« ist willkürlich; ein Name mag das »Sasasa« gewiss sein, aber an den Stifter der Sassaniden ist wohl schwerlich zu denken.

Æ. 5.   Ebenso.   Umschrift nach Cunningham: maharajasa saccha dha mapidasa sasasa. Zeus nikephoros stehend l. Monogrr.

Von dieser Varietät habe ich nie ein deutliches Exemplar gesehen. Die von Prinsep-Thomas dazu citirte Abbildung: Wilson Ariana, Taf. V, 19 (ebenda Nr. 20 ist nicht diese, sondern die vorher beschriebene Varietät) und die mir vorliegenden Originale zeigen nur Spuren von Aufschrift der Rückseite.

Sicher ist jedenfalls, dass dieser »Godopara Sasa« mit »Abdagases« gar nichts zu thun hat.

Æ. RR.

Sanabarus,

meiner Ansicht nach vielleicht identisch mit dem indischen König Ἀκάϑαρος oder Μάμβαρος des Periplus mar. Erythr. — Späte Arsacidenzeit, etwa um 60 n. Chr. Zeitgenosse oder Nachfolger des Yndopheres. Seine Drachmen zwar von gutem, vielleicht besserem Silber als die des Yndopheres, aber der Fabrik nach eher später.

R. 3. Bärtiges Brustbild mit Tiara BACIΛEνC MEΓAC CA 3.13
l. ähnlich der zuerst bei dem NABAPD um den thronen-
Arsaciden des Jahres ΘΠT den König r., mit Tiara, den
(389 = 77 n. Chr.) erschei- Bogen haltend, wie die arsa-
nenden; dahinter Ա Π = Ⲕc cidischen Münzen. Um den
wie man meint. Thron herum: TךT ⁻ ךT
r. Ⲁ
Berlin (Prokesch) Taf. V. 7.

R. 3. Ebenso, doch nur σανα,ϳα, ohne ρο. Um den Thron 3,17
herum: ⁻T ךT
Berlin Prokesch Taf. V, 8.

R. 3.   · Ebenso, doch über dem Thron TIT   3,1
London.

S. Thomas, Early armenian coins, Num. Chron. N. S. XI.

Die Buchstaben um den Thron hielt man bisher für das seleucidische Jahr ΓΙΤ (also Γ rückläufig. Τ) 313, und setzte demgemäss den Sanabarus weit früher an als ich (Thomas l. c., danach Gardner, Parthian coinage p. 46). Die Berliner Exemplare beweisen aber das hinfällige dieser angeblichen Jahreszahl. Die Τ und ⊣ u. s. w. - Striche erscheinen in grösserer Zahl, eher wie eine Art Verzierung um den Thron.

Der Kopf und seine Tiara scheinen mir ganz offenbar nach späten Arsaciden copirt. Zuerst erscheint diese Tiara, wie bemerkt, im Jahre 77 n. Chr. auf Arsacidenmünzen, das Jahr 77 n. Chr. ist also der früheste Termin für Sanabarus.

Æ. 5. Brustbild wie vorher, etwas ..ϹΑΝΑΒΑΡΟΥ... Nike
andere Tiara. Verderbte Um- mit Kranz r.
schrift, etwa βασιλεὺς μέγας

London. S. Thomas l. c. und Prinsep-Thomas p. 215 Anm.

Æ. Æ. RRRR.

Abdagases,

Abada.. und ähnlich verderbt in der griechischen Umschrift. — Brudersohn des Yndopheres; wohl gewiss nicht identisch mit dem parthischen Parteiführer Abdagases (Tac. Ann. VI, 36, letzte Zeit des Tiberius: igitur Sinnaces ... patrem Abdagasem ad defectionem trahit). Ob die Verwandtschaftsbezeichnung auf Abdagases' Münzen ihn als Satrapen oder als Nachfolger des Yndopheres bezeichnet, ist nicht zu entscheiden.

Æ. ...ΙΛΕШϹ ϹШΤΗΡΟϹ tradatasa maharajasa abda-
A.. Brustbild r. dem Pa- gasasa Nike r.
cores (s. unten) ähnlich.

Prinsep-Thomas p. 215 Nr. 1 aus einer Privatsammlung.

Æ. oder Bill. 6. ΒΑΣΙ ΛΕΥΟΝΤΟΣ ΒΑΣΙΛΕ ΩΝ Υ ΑΒΔΑΓΑΣΟΥ meist sehr verderbt, deshalb ist es auch unsicher, ob das Υ wirklich etwas wie υἱός bedeutet; zuweilen αδαλγασου u. s. w. Der König, bärtig wie Yndopheres, zu Pferd r. oder l., in der ausgestreckten R. Kranz oder nur die Hand erhebend. Vor dem Pferd das Symbol Υ, im Feld Monogramme.

פחדסרו פורעו פלהוה וּדְסִיף Gewicht

ga'go. gu)daphara bhradaputrasa maharajasa abdagasasa (oder avdagasasa). Das »maharajasa« ist auf keinem der mir vorliegenden Exemplare dieser Varietät erkennbar. Die Inschrift bedeutet: des Yndopheres Brudersohnes, des Königs Abdagases. — Stehende Figur, halbbekleidet, mit Diadem, r., bisweilen Speer od. Scepter im l. Arm, die R. erhebend.

Berlin, Rollin und Feuardent, Prinsep-Thomas II, Taf. 43, 16 u. s. w.

Æ. 5. Verwilderte Umschrift: ...ΕΝΟΥ ΒΑΙΝΕΨΝΥ... Der König zu Pferd l., die R. erhebend. Vor dem Pferde das Symbol und P

Umschrift beginnt links oben: ילהסהוע .... פורעו also abweichend von den übrigen: maharaja ... pharabbradaputrasa, ganz deutlich. Figur wie vorher. Monogramme.

Dies schöne Exemplar der Berliner Sammlung (Guthrie) ist offenbar dasselbe, welches Wilson, Ariana Taf. VI, 1 abgebildet hat.

Varietäten ähnlicher Münzen s. Prinsep-Thomas l. c. Nr. 4 und 4a.

Æ. Aehnlich, doch Figur l., kleine Nike haltend.
Prinsep-Thomas Nr. 5.

Die folgenden Münzen tragen die Verwandtschaftsbezeichnung auch auf der griechischen Seite:

Bill. und Æ. 6. **ΒΑCΙΛΕΥ ΑΒΑ ΔΑ ΓΥΝΔΙΦΕΡΟ ΑΔΕΛ ΦΙΔΕШC** nach drei Exemplaren bei Prinsep-Thomas. Das abgebildete Berliner hat deutlich .. *ιλευ ἀβαδα γυνδιφ*.. Der König zu Pferd wie vorher r., vor ihm das Symbol.

Umschrift wie die zuerst beschriebene Münze, doch nicht immer deutlich; bisweilen noch tradatasa und dhramiasa hinter dem maharajasa, also $\sigma\omega\tau\tilde{\eta}\varrho o\varsigma$ und $\delta\iota\kappa\alpha\acute{\iota}o\upsilon$. Das abgebildete Berliner Exemplar hat deutlich: gadaphara bhradaputrasa und »ava« oder »ab« vom Namen. In der Mitte sieht man nur ... ... Figur wie die zuerst beschriebene Münze. Monogramme.

Gewicht

Taf. V, Nr. 9.

Æ. Varietät mit [ΙΟΙΦΕΡΟ ΑΔΕΛΦΙ] und »tradatasa« vor dem Namen.

Prinsep-Thomas Nr. 2 und 3.

Diese im Wiederabdruck des Prinsep-Thomas'schen Verzeichnisses, im XIX. Bande des Numism. Chronicle, eigenthümlicherweise nicht wiederholten Münzen geben uns die merkwürdige Verwandtschaftsbezeichnung nicht nur arianisch, sondern auch griechisch, mit dem apokryphen Genitiv $\dot{\alpha}\delta\epsilon\lambda\varphi\iota\delta\acute{\epsilon}\omega\varsigma$ statt $\dot{\alpha}\delta\epsilon\lambda\varphi\iota\delta o\tilde{\upsilon}$, von $\dot{\alpha}\delta\epsilon\lambda\varphi\iota\delta o\tilde{\upsilon}\varsigma$, der Bruderssohn: $\beta\alpha\sigma\iota\lambda\epsilon\acute{\upsilon}[o\nu\tau o\varsigma]$ $\ A\beta\alpha\delta\acute{\alpha}(\sigma o\upsilon, \gamma o\upsilon]$ $\Gamma\upsilon\nu\delta\iota\varphi\acute{\epsilon}\varrho o(\upsilon)$ $\dot{\alpha}\delta\epsilon\lambda\varphi\iota\delta\acute{\epsilon}\omega\varsigma$. Das Berliner Exemplar ist schön und deutlich, leider fehlt aber grade das interessante Wort; das **ΓΥΝΔΙΦ** ist völlig sicher, also muss dahinter der Verwandtschaftsgrad gestanden haben.

Æ. und Billon **RR**, mit der griechischen Verwandtschaftsbezeichnung **RRRR**.

Sub-Abdagases-Sasan s. Yndopheres, am Ende.

Zeionises.

Æ. oder Bill. (?) 7½. Verwilderte griechische Umschrift. Der König zu Pferd r. in der ausgestreckten R. Kranz, am Sattel Bogen. R. das Symbol ᘯ ♀

Umschrift s. unten. Stehender Herakles, auf die Keule gestützt, von vorn, von Nike (l.) und einer anderen Figur bekränzt. So ist wohl die Darstellung aufzufassen. Eine Königskrönung ist es schwerlich. L. Monogramm.

Wahrscheinlich heruntergekommene Tetradrachme, doch auf den beiden Abbildungen Prinsep, Essays II, Taf. 2S, 5 und Wilson, Ariana Taf. VIII, 17 als Kupfer bezeichnet. — Von der arianischen Umschrift liest Prinsep unten im Abschnitt: »Jihaniasa«. Dies wäre regulär:

𐨤𐨁𐨱𐨣𐨯;

es steht: 𐨤𐨪𐨩𐨡𐨁𐨱𐨣

Rechts, als Beginn der Umschrift kann man deutlich das U, m von maharaja oder manigula (s. unten sehen. Also wäre der Name eher: »yadihanisasa«. Das h so geformt erscheint genau wie auf der viereckigen Münze desselben Königs.

R. 3. ONNIIΛIY YIOY ᄃA TPAΠ ZEIWNIᄃOY Der König zu Pferd wie vorher. Monogramm.

manigula chhatrapasa putrasa chhatrapasa jihaniasa. Der König stehend, von Demeter einen Kranz empfangend (?).

Drachme aus einer Privatsammlung, nach Cunningham und Prinsep II, 210.

Æ. 6½. YI.ΛIY YIY ᄃA TPAΠ; auf dem Londoner Exemplar nur: Λ..YIY ᄃATPAΠ deutlich. Zebustier r.; oben das Symbol der zuerst beschriebenen Münze, r. arianisches s.

..gula putrasa chhatrapasa jihanayasa; auf dem Londoner Exempl. nur deutlich: 𐨤𐨂𐨟𐨪𐨯 𐨕𐨱𐨠𐨿.., also: »..gula putrasa chhatrapasa«, in schönen grossen Buchstaben. Der mähnenlose Löwe r.; oben und r. arianische Monogramme.

London; nur ein Exemplar, mir im Abdruck vorliegend, nicht zwei, wie bei Prinsep steht: Prinsep's vollständigere Lesung also nach einem andern Exemplar gemacht.

Æ. 3—5. ◻ .... ΣΙΟΑΑΙ ...ⅭЄΙШΗΙ nach der Abbildung Prinseps (s. Prinsep l. c. II), nach seinem Text: ΛΗΙΖΙΟΑΔΙ .. ΖΕΙШΝΙⅭ Elephant r.

Zebu l., zwei arianische Monogramme. Nach Prinsep's Text nur: mani... ji haneasa: die Abbildung giebt aber viel mehr: 𐨨𐨞𐨁𐨒𐨂 .. 𐨱𐨸𐨩 𐨤𐨠𐨪𐨱𐨗𐨆𐨯 also deutlich: manigula patrasa chhatrapa sa). haniasa. Das h ist wie oben bei der ersten Münze, etwas ungewöhnlich geformt.

Die folgende Münze findet hier ihren Platz nur weil Prinsep-Thomas sie ans Ende des Zeionises setzen: sie gehört wohl aber einem andern noch nicht entzifferten Dynasten der Azes-Reihe an.

Æ. 4. ◻ Der König zu Pferd, r. Monogr.   Mähnenloser Löwe r. — Monogr.

Taf. VI, 5. Prinsep-Thomas lesen nach Zusammenstellung von 6 Exemplaren:

ΓΑΤΟΥ ΤΟΥ ΧΑΡΑΝШⅭ chatrapasa bhrata daphasa
A.ΕΙⅭΑ   Akasa Putrasa.

Das Berliner Exemplar (Guthrie) ist, wie die genaue Vergleichung beweist, dasselbe Exemplar, welches Wilson, Ariana Taf. VIII, 2 abgebildet hat: es kommt aus der Guthrie'schen Sammlung. Die Umschriften des Berliner Exemplars sind sicher anders als die obige Lesung: man sieht etwa:

AYAΓY.AYAMLEOΓATI, links unten beginneud, u.
𐨤𐨿𐨨 . 𐨪 .. 𐨯𐨞 . 𐨥𐨟𐨪, also etwa
(chha)trapasa ... spa .. patrasa?

Man denkt sofort an Spalagadama, den Sohn des Spalahara:

𐨯𐨿𐨤𐨫𐨱𐨆𐨪𐨤𐨟𐨿𐨪
spalahorapatrāsa oder ähnlich.

Ob in der Umschrift der Vorderseite etwas wie ... πάτορος, Nennung des Vaternamens enthalten ist, bleibt unsicher.

Die Schrift und das Gepräge sind nicht barbarisch.

Æ. mit sicherem Namen des Zeionises: RRRR.

Æ. mit unerklärter Aufschrift: sieben Exemplare bekannt.

Unbestimmter König,

Titel: maharajasa mahatasa kushanasa kuyala...

Die folgenden bisher noch nie gelesenen Münzen führt man gewöhnlich unter Azes an (s. Wilson, Ariana p. 328 und Taf. VII, 11; Grotefend p. 34 Nr. 129—131). Alle mir vorliegenden Exemplare sind nicht vollkommen, die griechische Seite stets verwildert. Ein sehr deutliches Exemplar — leider der Name des Fürsten in der arianischen Umschrift im Abschnitt undeutlich — welches Herr Prof. Dr. Bühler dem Berliner Museum geschenkt hat, und ein anderes derselben Sammlung geben den Titel fast vollständig und deutlich. Es scheinen zwei verschiedene Varietäten oder vielleicht zwei ganz verschiedene Umschriften dieser Münze zu existiren; vielleicht haben wir es also nicht mit einem sondern mit zwei neuen, bisher noch nicht entzifferten Königen zu thun.

Æ. 5½—6. Verwilderte griechische Umschrift, etwa ... ΓΑ ΛΟΥ ΟΜΟΥ.., auf einem andern Exemplar: ... ΜΟΑΟ ΜV.. Zebustier r.: r. arianisches Monogramm, oben das Symbol ⛒, welches ähnlich in der Azes-Reihe, dann bei Kadphises II. u. a. Taf. VI, 9, 10 häufig ist.

... 𐨢𐨯𐨤𐨁𐨟𐨯 𐨑𐨂𐨩𐨂 𐨤𐨂𐨟.. völlig deutlich; das ist also: (maha)rajasa mahatasa khashanasa kuyala¹. Im Abschnitt, undeutlich, der Name. Kameel r.: r. Monogramm, oben bisweilen arianischer Buchstabe.   Gewicht

Man denkt bei der Inschrift sofort an das fast gleiche:

𐨐𐨂𐨩𐨂... 𐨑𐨂𐨮𐨞

kujula...kushana des Kadphizes u. des ΣΥ-Hermaeus und

𐨑𐨯𐨞𐨯... 𐨐𐨂𐨩𐨫

khashanasa kuyala bei Kadaphes s. unten..

Es sind sicher dieselben Titel. Die vorliegenden Münzen schliessen sich eng an die Azes-Reihe an, wären also als Uebergang dieser Reihe in die des Kadphizes, Kadaphes, Kadphises (II.) u. s. w. sehr wichtig; das auf den vorliegenden Münzen erscheinende Symbol findet sich ebenfalls sowohl bei Azes als bei Kadphises II.'.

Æ. 6. Gepräge wie vorher, auch das Symbol, griechische Umschrift ganz wild. Die arianische Umschrift einmal: ..𐨟𐨯𐨬𐨁𐨱𐨯 und im Abschnitt 𐨤𐨞𐨪, das andere mal 𐨬𐨐𐨫𐨂𐨤𐨟𐨯, also: kaphasa.. als Titel und ..tiyasa oder ähnlich als Name; also auch hier ganz an das **kaphsasa** (bei Kadaphes, sein Name) anklingend.

Leider ist es nicht möglich genaueres zu geben: sicher ist, dass diese Münzen einem oder zwei neuen, noch unbekannten Königen angehören, aber weder dem Azes noch dem Zeionises.

Æ. RRR.

---

1) So ist wohl die Lesung sicher; danach ist das oben in der historischen Uebersicht gesagte zu berichtigen.

Pacores.

Gewicht

Æ. 5¹₂—6¹₂. BACIΛEYC BA
CIΛEWN MEΓAC ΠAKO
PHC Bärtiges Brustbild mit
Diadem, langem Haar und
reicher Tracht l. ähnlich den
Arsaciden, sogar schon etwas
an die frühesten Sassaniden
erinnernd.

maharajasa rajadirajasa mahatasa pakurasa in ver-
schnörkelten Buchstaben,
שטרצל רצידרו עטרצ
ᛡ᛫ᚺᚻᛡ maharajasa rajadirajasa mahâtasa pakurasa, fast
jeder Buchstabe mit einem
Häkchen unten versehen.
Die Umschrift beginnt links
oben. Nike mit Kranz r.
Monogramme.

Pacores ist, wie schon der Name beweist, aus parthischem Geschlecht. Die Aufschrift der Vorderseite ist auf den Exemplaren, welche ich kenne (die Münze ist nicht sehr selten), immer so, nie βασιλεὺς βασιλέων Παχώρις. — Die arianische Aufschrift ist schwer zu lesen, aber ganz sicher. Prinsep-Thomas lesen rajadhirajasa. Auf mir vorliegenden ist di sicher.

Æ. R.

Orthagnes (?)

mit Yndopheres' Namen auf der Rückseite; vielleicht überhaupt nur eine Varietät der Münzen des Yndopheres, mit fehlerhafter Schreibung des griechischen Namens. Von viel besserer Arbeit als die Münzen des Yndopheres.

Æ. 6. BACIΛEYC BACIΛEWN
MEΓAC OPΘAΓNHC,
doch als »legend corrupt« bezeichnet. Das Berliner Ex.
hat ganz deutliche Buchstaben, leider nur βασιλεὺς β...
erhalten, vom Namen etwa
AΓN . C zu sehen. — Brustbild, dem Pacores ähnlich,
doch bessere Arbeit, l. Dahinter Stern.

Unvollständige Umschrift:
(maharajasa?) mahatasa gudapharasa.... Das Berliner
Exemplar hat deutlich
.. ᛡᛘᛡ ᛡᚻᛣᛡᛯ also: gu-
dapharasa (oder ... esa)
gapha... Nike r. mit Kranz
und Palme: l. und r. arianischer Buchstabe.

London, Berlin. Taf. V, 10.

Æ. RRRR.

Heraus, Eraus,
König der Saka-Scythen.

.R. S. Brustbild des Königs r. TYIANNOYNTOΣ HIAOY 11,9⁵
mit Schnurrbart, Diadem; ΣAKA KOIIANOY (τυ-
ähnlich den Arsaciden. ραννοῦντος ἡράου σάκα κοιράνου, das P wie auf schlech-
ten Arsacidenmünzen wie ein
Jota). Der König zu Pferd r.,
Bogen am Sattel, von der
hinter ihm schwebenden
Nike bekränzt.

Tetradrachmon vom Gewicht der späten Arsacidenmünzen (heruntergekommenes attisches; Taf. VI, 12. — Dieses merkwürdige Unicum des British Museum's hat Gardner im Num. Chron. N. S. XIV, 1874, p. 161 f. erläutert und bekannt gemacht. Der Typus der Rückseite ist bestimmt nicht auf Hippostratus zurückzuführen; ein ganz gleiches Gepräge des von Nike bekränzten Reiters hat eine Münze des Yndopheres (s. denselben) im Berliner Museum. Eine Zeitbestimmung dieser Münze des Saka-Königs ist schwer; die Schrift und der Kunststyl sowie das Gewicht beweisen seine späte Zeit, wohl frühestens um 100 n. Chr.

Diese Münze bildet offenbar den Anfang einer ganzen Reihe roher Silbertetradrachmen mit z. Th. orientalischer Schrift; auch die robesten Nachahmungen von Euthydemus' Tetradrachmen sind verwandt; ein Theil dieser Stücke ist von Thomas im X. Bande des Num. Chron. p. 139 ff. »Indo-parthian coins« aus Petersburger Sammlungen besprochen worden; Köhler hat zuerst einige derselben bekannt gemacht. Diese mir in galvanischen Copien vorliegenden Stücke zeigen sämmtlich einen rohen, meist schnurrbärtigen Kopf, bisweilen behelmt und phantastisch geschmückt, auf der Rückseite einen Reiter und völlig verderbte griechische Umschrift, in welcher man

Spuren von βασιλέως sehen könnte, oder rein orientalische Schrift, über deren Deutung man den Artikel von Thomas nachlesen mag. Ein Kupferstück hat ein Caduceus-ähnliches Symbol auf der Rückseite, ähnlich vielen andern Münzen mit den Arsaciden-ähnlichen Köpfen und dem Symbol des Yndopheres.

Æ. Unicum.
Æ. Æ. von verwandtem Character RRR.

Soter magnus.
Dieser König verschweigt seinen jedenfalls ungriechischen Eigennamen.

a) Griechisch und arianisch.

Æ. 5—6 und 2½. BACIΛEYC (auch BACIΛEY) BACIΛEYWN (sic) CWTHP ΜΕΓΑC, auf keinem Exemplar ganz deutlich. Der König zu Pferd r. in der erhobenen R. Kranz; r. das Symbol, welches ähnlich bei Kadphises und dessen Nachfolgern beständig vorkommt[1].

maharajasa rajadirajasa mahatasa tradatasa, nic recht deutlich. Auf einem mir vorliegenden Exemplar steht: ℘..... ⋎⋎ᛈ٦טּ, also fehlerhaft: maharasaja ⋎=1 j.....sa. Stehende bärtige Figur r. mit Diadem (Zeus?), die R. etwas erhebend, in der L. Scepter: vor ihm ein runder Gegenstand mit einer lilienartigen Verzierung oben. Man nennt es einen brennenden Altar; l. Monogr.

Selten. Wilson, Ariana Taf. IX, 20—22. Rollin u. Feuardent.

Æ. Aehnlich, unvollständige Umschriften. Rückseite: stehende Figur l., Speer oder Stab in der L., in der R. Blitz (?).

Prinsep-Thomas Nr. 4, englische Privatsammlung.

---

1) Auch in einer indischen Grotteninschrift. S. K. O. Müller in den Götting. gel. Anz. 1839 p. 324.

b) **Rein griechisch.**

Æ. 2—6. Die unendlich häufige rein griechische Münzsorte des Königs zeigt folgende Varietäten:

1, Æ. 6. Brustbild mit Helm, dem Eukratides nachgebildet, 1., in der erhobenen Hand Speer oder ein einer Lanzenspitze ähnliches Geräth; dahinter das Symbol. Vor dem Kopf arianischer Buchstabe. *Rf.* Der König zu Pferd r. in der erhobenen R. den (kreuzförmigen Elephantentreibstachel oder dergl. R. das Symbol. Diese Varietät ist selten.

2, Æ. 2—6. Ebenso. aber ohne Helm, nur Diadem, mit Strahlenkranz, die Lanze bisweilen mit Bändern. *Rf.* wie Nr. 1.

Die Umschrift der Rückseite ist zuweilen:

BACIΛEYC BACIΛEWN CWTHP M oder MEΓA
und rundes Є

Diese Aufschriften sind selten (Berliner Sammlung).

Die gewöhnliche Umschrift ist:

BACIΛEY BACIΛEYWN sic. CWTHP MEΓAC

oft etwas verstümmelt, auf den kleinen Münzen nach vorliegenden Originalen wegen des kleinen Raumes abgekürzt, z. B. βασιλευ βασιλεων σωτηρ. ohne μεγας u. s. w. Es hat keinen wissenschaftlichen Werth alle diese zufälligen Weglassungen und häufig vorkommenden Fehler, wie z. B. βασιλεις βασιλευ εν u. s. w. genau zu beschreiben.

Die Æ. 5 mit βασιλευ u. s. w. ist übermässig häufig.

Æ. C.

Yrcodes

oder Hyrcodes.

Dieser offenbar sehr späte König unterscheidet sich von allen andern dieser Reihe; seine Münzen kommen aber häufig in den Fundgegenden der übrigen indo-baktrischen vor. Der Kopf hat einen etwas arsacidischen Character. Diese Silberstücke des Yrcodes scheinen die Vorläufer und Muster für die Münzen der Sah-Dynastie der Sinha-Könige zu sein.

.R. 3. ΥΡΚШΔΟΥ, bisweilen fehlerhaft. Bärtiges Brustbild mit Diadem r.   ΡΑΗΘΡΟΥ ΜΑΚΑΡΟ und ähnlich, bisweilen aber auch ganz anders: ΟΥΚΥΟΛΗΟ u. s. w. Stehende bekleidete Figur v. vorn, in d. R. Speer.

Drachme von sehr variirendem Gewicht: 2,72. 2,37. 1,87 u. s. w. oft von ganz schlechtem Silber; das Gewicht hat also wenig Werth.

Eine Normalform der Inschrift der Rückseite ist schwer festzustellen. Man hat vor kurzem Münzen des Ooerki mit deutlichem Ares auf der Rückseite entdeckt, welche die Inschrift ΡΑΟ ΡΗΘΡΟ (ich kann aber das Θ nicht sehen sondern nur Ο) trägt; dies hat man mit dem $\varrho\alpha\iota\vartheta\varrho o\ \mu\alpha\chi\alpha\varrho o$ des Yrcodes zusammengestellt (s. Thomas, Journ. As. Soc. Brit. 1877, II. p. 214). An das homerische $\mu\alpha\chi\alpha\varrho$, selig, als Beiname des Gottes, zu denken wäre zwar nach Analogie des homerischen $\chi o i \varrho \alpha \nu o \varsigma$, beim Saka-König Heraus, nicht unmöglich, doch ist es wahrscheinlicher, dass der Göttername aus der einheimischen Sprache genommen ist.

.R. 2—2½. Ebenso. Das ΥΡΚШΔΟΥ auch auf der Rückseite. Vorderteil eines Pferdes r.

Eine ähnliche Münze von gutem Silber mit unlesbaren Aufschriftspuren, trägt auf der Vorderseite den nachgebildeten Kopf des Helioklcs (Rollin und Feuardent, s. oben bei Helioklcs, Nachahmungen). — Diese Münzen des Yrcodes meist von ganz schlechtem Silber. Gewichte:

1,63. 1,27. 0.79 u. s. w. Es giebt ganz rohe und wilde Nachahmungen dieser Stücke.

Beide Münzsorten des Yrcodes sind jetzt häufig.

Æ. C.

Kadphizes (»Kadphises I.«).

Nachfolger des Hermaeus.

Æ. 5—6. Genau die Typen der Münzen mit der Aufschrift ΣΥ ΕΡΜΑΙΟΥ, s. oben bei Hermaeus.

Brustbild r.   Stehender Herakles.

Die Umschrift der griechischen Vorderseite ist verderbt. Das Prinsep-Thomas'sche Verzeichniss giebt sie:

ΚΟΡϹΗΛΟ ΚΟΖΟΥΛΟ ΚΑΔΦΙΖΟΥ

Nach vielen mir vorliegenden Originalen und Abbildungen ist es aber nicht möglich, eine definitive Entscheidung über die normale Form dieser Umschrift zu geben. Ich setze einige Hauptvarianten hierher:

ΚΟΓϹ . . ΚΑΔΦΙΖΟΥ

. . ΟΥΛ . ΚΑΔΦΙΖΟΥ ΖΟΓΟΥ (Berlin)

ΚΟΖΟΥΛΟ ΚΑΔΦΙΖΟΥ ΚΟΓΕΗΧ

. ΟϹΟΥΛΟ Κ . . .

ΚΟϹΟΥΛΟ ΚΑΔΦΙΖΟΥ ΧΟΡϹΗ.

Oft ist alles ganz verwildert; einmal steht deutlich ..ΟΗΜΟ.. (Berlin), wobei man sofort an das **ΟΟΗΜΟ ΚΑΔΦΙϹΗϹ** der Münzen des sogenannten Kadphises II. denkt. — Ich weiss daher nicht, ob man ausser dem meist wiederkehrenden *κοσουλο* oder *κοζουλο καδφιζου* irgend eine Normalform der Umschrift geben darf.

Die ungleich correctere **arianische** Umschrift der Rückseite ist dieselbe wie auf den mit συ ερμαιου bezeichneten Stücken, zuweilen ganz vollständig und deutlich: kuyula (bisweilen eher kuyala) kasasa kushana (oder eher kashuua yavugasa (das v aber ebensogut r) dhramatidasa oder dhamatidasu oder phi statt di:

𐨡𐨯𐨟𐨂𐨩𐨤𐨿𐨩𐨗𐨫𐨂𐨯𐨿𐨟𐨱 𐨤𐨤𐨱𐨛𐨩𐨱

So nach mehreren Exemplaren; ein Stück ist fast völlig deutlich. Es kommen mehrfach kleine Abweichungen vor, die aber wohl nicht urkundlichen Werth haben, sondern als fehlerhafte, lüderliche Umschriften zu betrachten sind. Ueber die Deutung der Inschrift s. oben bei Hermaeus.

Æ. C. Sehr gewöhnlich, aber fast nie vollständig.

Kadaphēs,

verwandt mit Kadphizes und dem oben nach Zeioniscs beschriebenen König, wenigstens sind die Titel aller drei ähnlich lautend.

Æ. 4. **KOZOΛA KAΔAΦEC XOPANCY ZAOOY**; Ζαὄου wird gelesen, ich kann aber das Θ auf keinem der mir vorliegenden vielen Exx. erkennen, nur O. Kopf mit kranzähnlichem Diadem r., dem Augustus in späteren Lebensjahren ähnlich, von nicht schlechter Arbeit. — Das Sigma hat immer die beiden verschiedenen Formen.

Sitzende Figur, bekleidet, auf einem leichten Sessel, die R. ausstreckend. v. vorn, etwas r. gewendet. Das Symbol Υ (s. oben ähnlich bei Yudopheres) und arianisches Monogramm. — Symbol und Monogr. fehlen zuweilen.

Nicht sehr selten. Die arianische Umschrift der Rückseite ist, mit Vergleichung von Cunningham's Alphabettafel ,aber nicht etwa aus dieser ergänzt, aus fünf Exemplaren zusammengestellt:

𐨐𐨯𐨱𐨣𐨯 𐨩𐨃𐨣𐨯 𐨐𐨂𐨩𐨂𐨫 𐨐𐨤𐨯𐨯 𐨯𐨕𐨱 𐨢𐨣𐨤𐨁𐨡𐨯

d. i. nach Prinsep-Thomas: khashanasa yaunsa kuyula (kuyanla?, kaphsasa sachha dhanipbidasa. Wenn »kuyula« richtig ist, wäre der zehnte Buchstabe regulär so: 𐨫.

y mit u-Strich. Das »phs« in kaphsasa ist ein schönes deutliches Monogramm aus ph und s; das chh hat eine etwas abweichende Form, regulär ist es so: Ϋ

Die Bedeutung ist dunkel, das kaphsasa wird dem καδαφις entsprechen.

Æ. R.

Kadphises

gewöhnlich Kadphises II. genannt, der »Kadphizes« mit Hermaeustypen wäre dann der erste. — Mit Kadphises beginnt die letzte, sich von allen früheren Münzen wesentlich unterscheidende Reihe der griechisch redenden indobaktrischen Könige:

Kadphises
Kanerku
Ooerki und Ooer,
Bazodeo.

Die letzteren drei, die aus Inschriften bekannten Turushka-Könige, müssen bis nahe an die Sassanidenzeit heranreichen.

1) Goldmünzen.

Die griechische Umschrift ist fast stets ΒΑCΙΛΕΥC (auf den Doppelstateren Ε) ΟΟΗΜΟ ΚΑΔΦΙCΗC. Die lange arianische der Rückseite hat unbedingt Dowson im wesentlichen ganz richtig gelesen (s. Lassen, Ind. Alterthumsk.[2] II, 808 Anm., doch sind dort einige Wörter der Umschrift ausgelassen): mâhârajasa râjâdhirâjasa sarvaloga iṣvarasa mahiṣvarasa hima kapiṣasa tâdârasa oder tradatasa), d. h.: des grossen Königs, des Königs der Könige, des Herrschers der ganzen Welt, Kadphises[1]), (vom Stamme der) Hima, des Retters.

---

1) Thomas, Journ. As. Soc. (Brit.) IX (2. Hälfte) p. 211 denkt an die von Solinus und Plinius erwähnte indische Stadt Caphisa, Capissa. Der Stamm ist gewiss derselbe, aber Καδφίσης ist doch sicher Nominativ, Königsname.

Ich gebe die Umschrift aus Vergleichung mehrerer Originale. Gold und Kupfer:

Gewicht

ורדוחחדטצרגצולראצטיזיללדרצרלררטו
t d tr s p pl k m bl s r sv bl m s r sv l g lo rv s s j r dl j r s j r h m
? t

also ganz wie Dowson, nur der letzte Titel nicht ganz vollständig und nicht recht sicher; es schien mir bisweilen לדר, sa ga ra, zu lauten; andre Münzen haben den Titel so: רצ also dradara'sa für tradatasa; vgl. eine ähnliche Form oben bei Yndopheres. Kleine Münzen haben eine kürzere Umschrift. — Die Gepräge sind folgende.

A'. 7. Der bärtige König, thronend, l., mit Fussbank, hoher Mütze, Diadem, Stiefeln, im r. Arm Zweig; r. das Symbol der ganzen Turushkareihe ☥, das so und ähnlich auf allen ihren Münzen erscheint auch in einer Grotteninschrift von Carli findet sich das Monogramm¹.

Die lange arianische Umschrift. Stehende Figur von vorn Siwa genannt, mit Dreizack, l. blickend, Gewand; auf den dahinter r. stehenden Zebustier gelehnt: r. das Symbol ☥

15,*7

Attischer Doppelstater. London, Wilson Ariana Taf. X, 5 und XXI, 17.

A'. Doppelstater? Aehnlich, doch der König mit gekreuzten Beinen, Keule in der Hand, Flammen an den Schultern. Über der Mütze Dreizack.
Prinsep II, p. 213. Unicum, Privatsammlung.

		Gewicht
N. 4. Die gewöhnliche griechische Umschrift. Brustbild mit Mütze u. s. w. l., in der erhobenen R. Keule, in der L. einen kleinen Gegenstand (?). Unter dem Brustbild buchstabenähnliche Verzierungen (Flammen?). R. oben das Symbol.	Die lange arianische Aufschrift. Stehende männliche Figur, für Siwa gehalten, die R. auf d. Dreizack stützend, unbärtig, leichtes Gewand um die Hüfte, um den l. Arm Löwenfell (?). — Also vielleicht ein Pantheon aus Herakles und Poseidon, kein Siwa. Am Speer des Dreizacks eine Art Haken oder Beil. Man hat solche Beile in Indien gefunden (s. Lassen, nach einem Aufsatz Wilson's, in dem betr. Abschnitt über Kadphises). L. und r. die beiden Symbole.	7,93

Attischer Stater, Berlin, s. auch Wilson, Ariana Taf. X, 7, 8, 10, 11. Es giebt eine ganz rohe Fälschung.

N. 4. Ebenso, doch scheint unter dem Brustbild noch CIΛEW, 7,91 also βασιλέων zu stehen.

Stater. Berlin, scheint eine noch unbekannte Varietät.

N. 4. Aehnliche Stater ohne die Schrift unten. Flammen an den Schultern des Brustbilds.

N. 4. Dieselbe Umschrift. Der König in einem Zweigespann im Schritt rechts, mit Mütze u. s. w., im r. Arm Keule. Vor ihm klein der Wagenlenker. Ohne das Symbol.	Rückseite wie vorher.

Stater, sehr selten. Es giebt eine ganz rohe, vergrösserte Fälschung.

N. 4. Brustbild r., Umschrift wie vorher.	Umschrift nicht ganz erhalten. Die Figur auf den Stier gestützt wie auf den Doppelstateren.

Stater, Wilson p. 355. Nr. 6.

N. 2. Dieselbe Umschrift. Kopf des Königs mit Diadem (und Mütze?) aus einer Art Fenster herausschend r. 𐨀𐨊𐨐𐨤𐨁𐨭𐨯 maharajarajadirajasa kapi-sasa. Dreizack mit Beil, Griff u. Haken; l. und r. die beiden Symbole. Orient 1,‥

Viertelstater. Berlin u. a. Samml.

2 Silbermünzen
des Kadphises giebt es nicht; vgl. die Bemerkung über eine versilberte Kupfermünze, von Wilson irrig als Silber bezeichnet, bei Prinsep, Ess. ind. ant. p. 214.

3. Kupfermünzen.

Æ. 3. BACIΛEYC BACIΛEωN CωTHP MEΓAC OOHMO (zuweilen das H wie K, daher irrig OOKMO gelesen) KAΔΦICHC, auch im Namen oft, wie bei diesem und d. folgenden Königen häufig, das H wie K gestaltet. Der König mit hoher Mütze, Stiefeln u. s. w. l. stehend, die Hand über einen kleinen Altar haltend; r. Keule, darrüber das einem Schlüssel ähnliche Symbol, l. Dreizack mit Beil ⚔

Die lange arianische Umschrift. Figur an den Stier gelehnt wie auf den Doppelstateren. L. oben das zweite Symbol mit dem Kreis unten.

Æ. 4. Ebenso, bisweilen, des Raumes wegen, am Ende der arianischen Umschrift ein Buchstabe weniger.

Die grossen Kupfermünzen oft schlecht und roh, oft jedoch sauber geschnitten. Die etwas seltneren kleinen meist noch besser gearbeitet.

N. R. *Æ*. C.

Die Turushka-Könige (Brüder?)

Gewicht

Das Historische s. oben in der Uebersicht. Die Prägung dieser Könige scheint keine sehr grosse Zeit zu umfassen und muss nicht allzulange vor dem Beginn der Sassaniden mit Bazodeo geendet haben, wenigstens ist er der letzte, welcher uns seinen griechisch und correct geschriebenen Namen aufbewahrt hat. — Die Prägungen gehören also frühestens ins erste nachchristliche Jahrhundert und enden vielleicht spätestens um 200 n. Chr.

Kanerku
indisch Kanishka genannt, auf den indisch redenden Münzen Kanerki.

Es ist von Wichtigkeit die zwei Sorten von Münzen: 1) rein griechisch, 2) mit indischer Sprache in griechischen Buchstaben, streng zu scheiden. Wilson (Ariana) beschreibt sehr genau, hat sie auch bei den Metallen ganz richtig getrennt, Lassen giebt sie aber nach Wilson sehr durcheinander. — Ich trenne also beide Sorten; die frühesten sind die auch besser gearbeiteten rein griechischen; eine einzige merkwürdige Goldmünze, mit dem indischen Titel ραο ναυο u. s. w. auf der Vorderseite und HAIOC auf der Rückseite, bisher meines Wissens noch nicht beschrieben, bildet den Uebergang.

Der wichtigste Typus dieses Königs ist der Buddha, von mir in der Lesung rectificirt und über die bestehenden Zweifel erhoben; s. d. Beschreibung unten.

1) Griechisch.

N. 4. **BACIΛEYC BACIΛEWN KANHPKOY** Der König, ähnlich dem Kadphises, mit vollem Bart u. s. w. l. stehend über dem Altar opfernd, die L. auf die Lanze stützend. **HΛIOC** Stehender Helios l. mit langem Gewand u. Mantel, Strahlennimbus, Diadem, die R. erhebend, die L. am Schwertgriff. L. das schlüsselförmige (von nun an bleibende) Symbol, dessen Formen auf späteren Münzen oft kleine unbedeutende Abweichungen zeigen.

Gewicht 6,12 abgerieben

Attischer Stater, selten. Berlin u. a. S. Abgebildet bei Wilson, Ariana Taf. XI, 16.

Æ. 6.   Ebenso, zuweilen Bogen am Rücken.

Æ. 6.   Dieselbe Vorderseite.   **NANAIA** Stehende weibliche Figur r. mit Nimbus, Halbmond auf dem Kopf, in der R. ein kurzes Scepter(?), das oben einen Hirsch- oder Rehkopf trägt(?). Rechts das Symbol.

Die »Nanaia«, auf den indischen Münzen Nana genannt, ist sicher Artemis-Selene als Pendant zu Helios. Der Halbmond ist zuweilen ganz deutlich; einen Hirsch- oder Rehkopf glaube ich sicher auf den Goldmünzen des Ooerki (s. unten) zu sehen: diese Kupfermünzen haben ihn nicht deutlich erkennbar. — Ich würde glauben, dass man das Wort »Nanaia«, das also auf rein griechischen Münzen neben **HΛIOC** vorkommt, nicht aus dem Indischen erklären, sondern für ein rein griechisches halten muss (s. dagegen Lassen, II, 837). **NANA** ist ein Beiname der Artemis auf einer Inschrift aus dem Piraeus. Das Wort kehrt allerdings wieder in den graecisirten indischen Stadt-, Fluss- und Inselnamen:

Ναναγούνας, Νανίγαια, Νανιγηρίς, das *Νάνα* kann aber sehr wohl (wie HPAKIΛO, s. unten, im Indischen direct aus dem Griechischen herübergenommen sein. Dass »Nana« die »weniger richtige« Form von Nanaia ist, wie Lassen sagt, ist sicher irrig: die Münzen des Königs mit griechischer Sprache und Schrift haben »Nanaia«, die mit indischer Sprache in griechischen Lettern haben »Nana«, also ist »Nanaia« einfach die hellenische, »Nana« aber die bei den Indern damals gebräuchliche (wenn auch vielleicht aus dem Griechischen herübergenommene) Form; sie verhalten sich also wie »Helios« und »Mioro« zu einander. —

Andere rein griechische Münzen des Kanerku scheint es nicht zu geben.

2) **Griechische und indische Sprache. in griechischen Lettern.**

N. 2½. **PAONANOPAO** *Κανηρκι* **KOPANO** Brustbild l. mit Tiara, Speer. über Wolken oder Verzierungen.

HΛIOC Stehender Helios wie oben. L. das Symbol. 2,0

Gewicht

Viertelstater, scheint noch unbekannt. Rollin u. Feuardent. Dies ist die einzige zweisprachige Münze des Königs.

3) **Indische Sprache mit griechischen Lettern.**

Ich ordne die grosse Menge dieser Münzen ebenso wie bei den späteren Königen alphabetisch nach der Rückseite. Die Bedeutung der dargestellten indischen Götter ist in fast allen Punkten völlig schwankend und wird ganz verschieden erklärt; ich beschränke mich bei diesem mir fern liegenden Gebiet auf Andeutungen; nur wo wir ganz Sicheres wissen und wo hellenische Mythologie und einheimische verbunden erscheinen, bin ich ausführlicher;

die Forschung über die indischen Götter der Münzen, welche bisher nur zu höchst unsichern Resultaten gelangt ist, bleibt den Indologen überlassen (s. besonders Lassen, Ind. Alterthumsk. II., Thomas im Journ. As. Soc. Brit.) IX, II. 1877 und von früheren Arbeiten Otfr. Müller's vortreffliche Aufsätze in den Gött. gel. Anz. 1835, 1838 und 1839). — Die Beschreibung der oft überladenen und ihrer Bedeutung nach unbekannten Attribute kann unmöglich mit allen Details gegeben werden. — Die Gewichte der Goldmünzen einzeln anzugeben hat bei diesen langen Reihen keinen Werth. Es ist das gewöhnliche Gewicht des attischen Staters und Viertelstaters, nach mir vorliegenden guten Exemplaren der Stater (N. 4):

Gewicht

	Kanerki	7,97
	Ooerki	8,06
	Bazodeo	8,12
der Viertelstater (N. 2½)	Kanerki	2,0
	Ooerki	2,1

Ich habe lange Reihen gewogen und nie irgend wichtige Abweichungen gefunden ausser bei abgeriebenen Stücken, deren Gewicht werthlos ist.

Athro.

N. 4. **PAONANO PAO KA NHPKI KOPANO** Der stehende König am Altar wie auf der griechischen Goldmünze, l., ein hakenförmiges Instrument in der R. **AΘPO** Stehende bärtige Figur l. mit Diadem, bekleidet, mit Schwert; in d. ausgestreckten R. Kranz oder Diadem. Daneben das Symbol.

Stater. Wilson p. 366.

N. 2½. Ebenso, Viertelstater.

N. 2½. Ebenso, doch auf der *Hf.* nur das Brustbild wie oben bei dem Viertelstater mit Helios.

Wilson p. 367.

Æ. 7.   Wie der Stater, doch nur **PAO KANHPKI**.   Gewicht

Die Beischrift dieser Münzen, Athro, steht auf Ooerki's Münzen neben einem völlig deutlichen Hephaestos.

Ardochro.

N. 4.   Die lange Umschrift.   **APΔOXPO**, nic αρδοχρη.
Opfernder König wie vorher.   Weibliche langbekleidete Figur r. stehend mit Diadem u. Nimbus, vor sich mit beiden Händen Füllhorn, rechts das Symbol.
Berlin, Wilson u. s. w.

Arooaspo.

N. 4.   Ebenso.   **APOOACΠO**, also wohl αροοασπο, nicht δροοασπο zu lesen. Stehende bärtige bekleidete Figur mit Diadem r. in der erhobenen R. Kranz, mit der L. ein Pferd am Zügel haltend, r., vor dessen Mitte die Figur steht; l. das Symbol.
Berlin u. a. S.

Budo, Buddha.

Der König Kanerku (Kanishka) war Buddhist, wie uns die einheimischen Schriftsteller von ihm berichten. Die ältesten Darstellungen Buddha's sind uns in den Münzen des Kanerku erhalten.

Diese Münzen Kanerki's mit Darstellungen und Aufschriften des Buddha hat Cunningham entdeckt und 1845 im Journ. As. Soc. (Bengal) p. 430 und Taf. 2 bekannt gemacht. Dabei war aber eine gar nicht in die Reihe der Buddha-Darstellungen gehörige Goldmünze mit abgebildet, und die Kupfermünzen, mangelhaft erhalten und mit z. Th. etwas verderbter Inschrift, waren noch nicht richtig gelesen. In Wilson's Ariana ist ebenfalls eine Sorte dieser Kupfermünzen in zwei Exemplaren schön abgebildet, doch die Bedeutung der z. Th. rückläufigen Inschrift und Buddha's Name noch nicht erkannt. Eine andere Münze der Art ist in Prinsep's Essays I, p. 135 und Taf. VII vortrefflich abgebildet, aber wiederum die rückläufige Inschrift nicht richtig gelesen. Cunningham's noch irrige Lesungen und die von ihm überhaupt irrig der ganzen Buddha-Reihe zugewiesene Goldmünze führten zu zwar gelehrten, aber, da die Inschrift z. Th. missverstanden war, völlig irrigen Erklärungen der Inschrift (s. Lassen, Ind. Alterthumsk. [2] II, 845 Anmerk.). Die scheinbare Unsicherheit aller bisherigen Lesungen dieser Buddhamünzen führte endlich in neuester Zeit sogar zu Zweifeln an der Existenz des Namens Buddha auf diesen Münzen (Thomas im Journ. As. Soc. (Brit.) 1877 IX. 2. Theil p. 231), wenn auch die Figur des Buddha feststand. Erst ein vortreffliches Stück des Berliner Museum's (Prokesch: vom Besitzer nicht erkannt) gab mir Gelegenheit die Richtigkeit von Cunningham's Entdeckung nachzuweisen und sie zu vervollständigen: ich konnte zunächst den Haupttheil der Inschrift, Buddha's Namen, unzweifelhaft feststellen, und mit Vergleichung dieser Münze wurde es sofort leicht, auch die wichtigsten Theile der Inschriften der von Wilson, Prinsep und Cunningham mitgetheilten Münzen festzustellen: das Geheimniss lag einfach darin, dass man nicht erkannte, die Inschriften seien grossentheils rückläufig zu lesen: die rechtläufig geschriebene Berliner Münze löste das Räthsel.

Ich gebe hier, vom Sichern ausgehend, den Beweis meiner Behauptung und beginne mit dem kostbaren Berliner Stück:

Æ. 6½. ϱαο xαNHPKI Der ....◁ϘΓΟ ΒΟΤΔΟ, der Gewicht
opfernde König l. letzte Theil d. Inschrift unter
einander gestellt. Thronender Buddha in seiner gewöhnlichen Form, von vorn, mit untergeschlagenen Beinen, Nimbus, Ohrringen (oder langen Ohrläppchen, einer besondern Eigenthümlichkeit Buddha's; beides kommt vor, lange Ohrläppchen und grosse Ohrringe), die Arme in der gewöhnlichen Stellung der Buddha-Idole.

Taf. VI, 1, daneben ein Buddha-Idol. Die Münze ist von einer für die ganze Reihe des Kanerku recht sauberen Zeichnung und Ausführung der Rückseite.

Hier ist also der Name ΒΟΥΔΟ völlig deutlich; das übrige nicht, s. weiter unten. — Alle männlichen Götternamen dieser Münzen enden auf O, also ist ΒΟΥΔΟ die unzweifelhafte Namensform des Buddha. Und dies ist sie auch auf allen andern Buddha-Münzen des Kanerku; ich gebe die Inschriften sämmtlicher:

1) Sitzend, wie die Berl. Münze ΣΛΟ ΒΟΛΔ...
   Cunningham l. c. Taf. II, 6.

2) Sitzend, (die Berl. Münze) ...ϘΓΟ ΒΟΥΔΟ

3) Stehend, ebenfalls mit langen Ohrläppchen od. Ringen ΑΚΑΜΛ ΠΑΥΟΒ
   Wilson, Ariana XIII, 2.

4) Ebenso, kleiner ... LCIKAMA OΔ...
   Wilson, Ariana XIII, 1.

5) Ebenso (wohl dies. Münze) ΚCΙΚΑΝΑ ΟΔΥΟΒΟΥ
   Prinsep l. c. Taf. VII.

An der Lesung ist also gar kein Zweifel: es ist überall ^(Gewicht)
BOYΔO, bald recht-, bald rückläufig, bald, wie auf Nr. 1, ist nur ein Buchstabe (das Y) verkehrt gestellt: Λ. Als man die Berliner Münze noch nicht kannte, versuchte man natürlich rechtläufig zu lesen, und dies ist durchaus zu entschuldigen, da der andere Theil der Inschrift, das .αxαμα oder ähnlich, wirklich rechtläufig steht; dass recht- und rückläufige Inschriften auf Münzen dieser Königsreihe neben einander vorkommen, ist bekannt: OKPO wechselt mit OꟼꓫO, auch bei letzterer Inschrift der *Rf.* steht der Königstitel regulär rechtläufig, also auf einer Münze recht- und rückläufig; Buchstabenumstellungen lüderlicher Art sind häufig: KOPVNO statt KO PANO u. s. w.

Es fallen also die Lesungen:

OBOΛA CAM (was man OM BOΔA CAMANA vervollständigt hat),
OAΔO BOA CAMA A   und
OΔYO BOY CAKA NA   fort.

Denn statt:

O BOΛA ist zu lesen O BOΛΔ = ο βουδ; statt

OAΔOBOA CAMA A ⎰ist zu lesen, wie deutlich auf den
OΔYO BOY CAKANA ⎱Münzen steht: OΔYOB OY CAKANA also βουδο rückläufig u. s. w.

Endlich ist die von Cunningham abgebildete Goldmünze:

A'. 4. Ooerki's (nicht Kanerki's) Brustbild mit gewohntem reichem Schmuck l., verwilderte Aufschrift.

Stehende Figur mit erhobener R. Strahlennimbus, l.: l. das Symbol. Beischrift verzerrt: ΟꞀꓷOA

welche Aufschrift Cunningham OΔI BOΔ las, völlig aus der Reihe zu streichen. Thomas sagt (Journ. As. Soc.

Gewicht

(Brit.) IX, 2. Theil p. 231) mit Recht, die Figur gliche genau der auf Ooerki's Münzen mit der Beischrift **APA ΕΙΧPO** erscheinenden, auch ist die Münze Cunningham's barbarisirt, auch auf der Vorderseite ganz verwildert, also ist an Buddha nicht zu denken, weder an sein Bild noch an seinen Namen. Ob die Inschrift etwa Spuren eines rückläufigen barbarisirten $\alpha\varrho\alpha\varepsilon\iota\chi\varrho o$ zeigt oder was sie sonst bedeuten soll, ist schwer zu sagen.

Der Nachweis, dass diese Münze nicht hierhergehört und dass auf den anderen Münzen die angeblich vor Buddha's Namen stehenden Buchstaben bisher sämmtlich irrig statuirt waren, weil man die Münzen von der falschen Seite las und das Ende des Namens für Buchstaben vor dem Namen hielt, war wichtig; denn aus den angeblichen Lesungen:

OAΔO BOΔ
OΔYO BOY
OΔI BOΔ

hat man, vom scheinbaren Gleichklang verführt, den so schön zu passen scheinenden Âdi-Buddha gemacht. Âdi-Buddha's, als des höchsten Gottes, Vorstellung ist (Lassen, Ind. Alterthk. II, p. 454) den ältesten buddhistischen Schriften fremd; erst im 10. Jahrhundert n. Chr. ist nach bisherigen Ermittelungen die Vorstellung eines Âdi-Buddha bekannt; diese Münzen des Kanerki boten also nach bisheriger Ansicht plötzlich eine viel ältere Nennung des Âdi-Buddha, aus einem der ersten nachchristlichen Jahrhunderte, und schienen also zu den wichtigsten Denkmälern des Buddhismus zu gehören. Das sind sie auch gewiss: ich glaube aber nicht nur dem epigraphischer Untersuchungen kundigen Leser, sondern jedem Unbefangenen gezeigt zu haben, dass die Phantasie vom Âdi-Buddha, **OΔI·BOΔ**, **OΔYO B**ov u. s. w.

in nichts zerfällt: irrig hat man theils eine gar nicht zugehörige barbarische Münze herbeigezogen, theils das, was einfach βουδο heisst irrig verkehrt οδυοβ gelesen, ohne auf das stets richtig rückläufig stehende β Rücksicht zu nehmen, und daraus irrig den Àdi-Buddha herausconstruirt.

Es steht also nichts vom Àdi-Buddha auf den wenigen bekannten Kanerki-Münzen mit Buddha's Bild, nur BOYΔO, der Name Buddha's, und ein oder mehrere noch nicht völlig erklärte Beinamen, Buchstaben vor und hinter dem Namen, zu denen ich nun übergehe.

Man wollte das hinter dem Namen stehende Wort: CAMANA, Sanskrit Šramana, lesen; es steht aber nie CAMANA sondern eher CAKAMA oder CAKANA, das K ist völlig sicher. Lassen schlägt vor dies σακαμουνι, Sanskrit: Šâkjamuni. d.i. Lehrer aus der Familie Šâkja, Buddha's gewöhnlicher Beiname in alter Zeit. zu ergänzen. Diese Erklärung ist sehr ansprechend, der Name kann ja etwas variirt gelautet haben.

Was die vor dem Namen stehenden Buchstaben anlangt, so ist zu wenig erhalten um sicher zu gehen. Prinsep's Münze hat rückläufig YO vor βουδο, denn da das βουδο rückläufig steht, wird wohl auch das OY das davor in derselben Linie steht nicht als ου, sondern rückläufig als υο aufzufassen sein. Bei der Berliner Münze dachte ich zuerst an PAO BOYΔO, König Buddha, was ja sehr gut möglich wäre; ραο steht auch bei andern Götternamen dieser Münzreihe. Vergleichung mit andern Münzen machte es mir aber wahrscheinlicher, dass das Q eher ein schlechtgeformtes A ist, das sich häufig so: A findet und noch schlechter, so steht z.B. statt NANA: N6N6. Der zweite deutlich erkennbare Buchstabe der Berliner Münze ist so: Γ, also wohl ein Gamma. Nun

hätten wir als mögliche Lesung .ΑΓΟ ΒΟΥΔΟ... Gewicht
Häufig ist auf Ooerki's Münzen die Gottheit ΜΑΝΑΟ
ΒΑΓΟ; sollte der Beiname des Buddha eine ähnliche
Endung haben?

Ich habe hier nur die Pflicht das Feld zu säubern
und die wirkliche Umschrift festzustellen, und glaube dies
gethan und zugleich die hochwichtige älteste Buddha-
Figur und Umschrift auf Kanerki's Münzen für immer
über jeden Zweifel erhoben zu haben [1]).

Ich wiederhole nun im Zusammenhang die Beschreibung sämmtlicher Buddha-Münzen des Kanerku mit rich-
tigen Lesungen:

Æ. 7. ραο ΧαΝΗΡΚΙ Der ste- .. ⊲ΩΓΟ ΒΟΥΔΟ Thro-
hende König l.   nender Buddha v. vorn. Das
           Symbol scheint zu fehlen.
           Berlin.

Æ. 7. PAO KAN$_{\iota}$ρχι Ebenso .. ΣΛΟ ΒΟΛΔ .. (βουδ)
           Ebenso; l. das Symbol, etwas
           verzerrt.
Cunningham, Journ. As. Soc. (Beng.) XIV (1845) Taf. II, 6.

Æ. 7. PAO Kαν$_{\iota}$ρΚι Ebenso ΔΟΥΟΒ. ΑΚΑΜΛ Buddha
           genau wie vorher, mit den-
           selben Insignien, derselben
           Armhaltung u. s. w., aber
           stehend, von vorn; l. das
           Symbol.

---

1) Die Rückseite der Berliner Münze ist von guter Arbeit, auch die bei
Wilson und Prinsep abgebildeten sind recht gut, und die Meinung Thomas'
(Journ. As. Soc. IX, II. p. 231), diese Münzen seien verwildert, »of very
imperfect execution whose legends are absolutely chaotic in the forms and
arrangement of the greek letters« und von Nachfolgern Kanerki's geprägt:
»...by later occupants of the localities in which the earlier coins were
struck« ist bestimmt irrig. Die Münzen gehören zu den besten des Kanerku, die Formen der Inschrift stimmen genau mit andern desselben
Königs, z. B. das Delta ist genau ebenso auf den Kupfermünzen mit dem
Gotte ΟΑΔΟ gestaltet.

Wilson. Ariana Taf. XIII. 2. Weniger vollständig Cunningham l. c. Nr. 7. *Gewicht*

Æ. 5¹₂. Ebenso, etwas vollständigere Umschrift. ΟΑΥΟΒ ΟΥ .. ⱢⳞΙΚΑΝΑ Ebenso.
Prinsep, Essay's I. Taf. VII. Wilson, Ariana l. c. Nr. 1, weniger gut.

Alle diese Münzen mit Buddhadarstellungen sind von der äussersten Seltenheit.

Bei der Beschreibung der folgenden Reihe Kanerki's und seiner Nachfolger gebe ich, soweit nicht besondere Abweichungen statt finden, keine detaillirte Beschreibung der sich gleich bleibenden Hauptseiten. Die Umschrift Kanerkis in Gold ist stets ραο ναvο ραο κανηρκι κοραvο, in Kupfer ραο κανηρκι. Das Gepräge in den Stateren und im Kupfer stets der stehende opfernde König. im A'. oft in der R. einen kleinen Haken haltend, die Viertelstateren haben stets das Brustbild mit Speer in der L. — Das bekannte Symbol auf allen Münzen.

Mao.

A'. 4. *Rf.* **MAO** Stehende Mondgottheit l. mit Mondsichel am Rücken: l. ausgestreckte Hand: Blätter(?), r. Peitsche(?).

Æ. 7. **MAO** Die Mondgottheit anders als vorher, die R. ausstreckend, die L. am Schwert. Mondsichel und Gewandung wie vorher.

A'. 4. **MAO** Aehnlich, im l. Arm Scepter.

Mioro und ähnlich.

A'. 4. **MIIPO** Stehender Sonnengott, wie Helios oben.
Fund von Peschawer. Journ. As. Soc. (Brit.) IX, p. 224.

Æ. 7. MIIPO oder
MIOPO
MIYPO (Berlin) } Ebenso.
MYIPO (Berlin)
MEIPO Peschawerfund ¹).

Gewicht

Niemals MIΘPO, wie man oft angegeben findet, weil dies so schön zu Mithras passen würde!

Nana.

N. 4. NANA Stehende Artemis-Selene r., genau wie oben Nanaia.
Berlin.

Æ. 7. Ebenso, das A zuweilen missgestaltet wie ᛜ, auch 6.

N. 4. NANA PAO (offenbar »die Königin Nana«). Ebenso. Peschawer-Fund, Wilson u. s. w. Die Lesung *ναναια ραο*, wie Lassen schreibt, scheint ein Irrthum.

Oado.

Æ. 7. OAΔO Laufende bärtige Figur l. Strahlenkrone oder fliegende Haare, mit beiden Händen ein aufgeblähtes Gewand über dem Kopf.

Sehr häufig. Oado ist der Windgott nach allgemeiner Erklärung (vâta im Sanskrit Wind), womit die Darstellung stimmt.

Okro.

N. 4. OKPO Stehende unbärtige Figur l. halbbekleidet, mit vier Armen, darin: kleines Scepter(?), ein kleines Gefäss [aus welchem Flüssigkeit tropft], einen Arm an der Hüfte, einen emporhebend. Rechts ein kleines aufspringendes Reh oder Gazelle, Ziege?
S. unten Ooerki.

---

1) Nur nach Thomas l. c. S. unten dieselbe Beischrift bei einer Artemis, bei Ooerki.

N. 2¹/₂. **OKPO** Aehnlich, aber weniger deutliche, z. Th. andere Attribute, ohne das Reh.   Gewicht

Æ. 7. **OKPO** Aehnlich, in den Armen Kranz, kleines Gefäss, ein Arm auf den Speer gestützt, einer herabhängend.

Æ. 5. Ebenso.

Æ. 4. **OKPO** Stehende, zweiarmige Figur, die R. auf den Speer stützend.

Okro soll ein Beiname des Siwa sein. Die vierarmige Figur ist sicher ein Pantheon.

Dass ein aus rein griechischen Göttern zusammengesetztes Pantheon bei Ooerki erscheint mit der Beischrift οκρα, werde ich unten bei Ooerki zeigen.

[Onir?]

Bei Wilson ist eine kleine mangelhaft erhaltene Goldmünze mit **ONIP** und einer dem Mioro ähnlichen Figur l. abgebildet und beschrieben. — Taf. XII, 11.

Orlagno.

N. 4. **OPΛAΓNO** Stehende bärtige, bekleidete Figur r. behelmt, auf dem Helm ein Vogel. Die R. auf die Lanze stützend, die L. am Schwert.

In Berlin ein gutes Exemplar. Die Lesung ορδαγνο ist bestimmt irrig. Der Gott ist offenbar ein Kriegsgott. S. die gute Abb. bei Wilson, Taf. XII, 3.

Pharro.

N. 4. **ΦAPPO** Stehende bekleidete Figur r. mit Nimbus u. s. w., die L. auf den Speer stützend.

N. *Æ*. C.

Ooerki,

in den indischen Steinschriften Huvishka. Von diesem König giebt es nur Gold- und wenige Silbermünzen.

Höchst merkwürdig ist auf den Rückseiten die Vermischung hellenischer und indischer Mythologie und die oft ganz leichte, oft aber völlig verändernde Umwandlung hellenischer Götternamen, so **HPAKIΛO** = Herakles. **AΘPO** = Hephaestos; diese merkwürdigen Münzen wurden erst durch den grossen Fund von Peschawer bekannt, welcher viele hundert Münzen des Kanerki, besonders des Ooerki und Bazodeo enthielt Journ. As. Soc. (Brit.) IX. II. 1877.

Die Umschrift der *IIf.* dieses Königs ist **PAO NANO PAO OOHPKI KOPANO** oft in den schlechtesten Buchstaben, auch zuweilen fehlerhaft.

Das Gepräge: ein überladenes Brustbild mit Tiara, Nimbus, spinnrockenähnlichem Scepter, Haken (Elephantenstachel, oft Speer u. s. w. linkshin, stets mit Schnurrbart oder gar nicht sichtbarem Bart, im Gegensatz zu dem stets langbärtigen Kanerki. — Sehr selten erscheint auf Stateren der thronende König in ganzer Figur. Dieser Typus wird in der Beschreibung hervorgehoben: wo die Hauptseite nicht angegeben ist, trägt sie das Brustbild. Eine den Raum wegnehmende für wissenschaftliche Zwecke unnütze und sehr schwere Detaillirung der barbarischen überladenen Attribute kann ich nicht geben. Eine Abbildung mag genügen (Taf. VI, 3). Diese Form des Brustbildes, wie sie unsere Abbildung giebt, ist die ältere; die offenbar spätere, noch barbarischere (s. darüber Thomas in der Beschreibung des Peschawer-Fundes) zeigt die Attribute gehäufter und die Tiara grösser und verzierter, meist einer Bischofsmütze gleichend.

Die Gewichte der Stateren gehen wie bemerkt worden bis 8,06 Grm.; die der Viertelstateren bis 2,1.

In der folgenden Beschreibung bedeutet P. den ^{Gewicht}
Peschawerfund, dessen Beschreibung und Abbildung im
citirten IX. Bd. des Journ. As. Soc. (Brit.) 1877 nachzusehen ist.

Athro.
N. 4. **AΘPO** Stehender Hephaestos r., von schöner Zeichnung, bärtig, r. Hammer geschultert, l. Zange, Flammen an den Schultern. L. das auf allen Münzen Ooerki's und der Turushka's erscheinende Symbol.
P.

Araeichro.
N. 4. **APAEIXPO** Dem Sonnengott gleichende Figur l. mit Strahlen-Nimbus, die R. ausstreckend, die L. an der Hüfte.

P. — Mit Recht bemerkt Thomas, dass die oben besprochene angeblich Buddha's Beischrift zeigende Goldmünze (Journ. As. Soc. Beng. 1845) dieselbe Figur zeige; es ist eine wohl nur barbarisirte Münze desselben Gepräges.

Ardochro.
N. 4. **APΔOXPO** Stehende weibliche Figur r., grosses Füllhorn mit beiden Händen.
Häufig, zuweilen die Schrift von unten nach oben.

N. 2½.   Ebenso.
Berlin u. a. Samml. — Viertelstater.

Bizago s. Skando.

Zero s. Meiro.

Helios, Mao und eine dritte Gottheit.
N. 4. **HAΓO HΛAO MNOB IZAH**; im Abschnitt **VANAOX**
Es scheint also zu stehen: $\eta\lambda\iota o$ $\mu\lambda\alpha o$ $\nu\nu o\beta\iota\zeta\eta$ — $\chi o\alpha\nu\alpha\nu$ rückläufig, oder $\eta\lambda\iota o$ $\mu\alpha\alpha o\nu\nu o\beta\iota\zeta\eta$ (oder μ). Drei Figuren in einem sorgfältig verzierten Tempel. Helios in der Mitte

ist sicher, die Figur links mit Peitsche wird der Mondgott sein. — Auch hier haben wir wieder ein Beispiel nur in der Endung indisirter griechischer Götternamen: ηλιο für ἴλιος. Ob der Mondgott hier wie sonst μαο (fehlerhaft geschrieben , oder wie auf andern Münzen Ooerki's μαναοβαγο oder ähnlich heisst, oder ob an das μιζαγο anderer Münzen zu denken ist, bleibt dahingestellt. Die Arbeit ist sauber und nicht barbarisch.

Unedirtes Unicum in Berlin Guthrie) Taf. VI, 3.

Herakilo.

Sitzender König mit untergeschlagenen Beinen, mit Keule, Scepter, Flammen an den Schultern u. s. w.

Rf. HPAKIΛO Stehender Herakles l. von vortrefflicher Zeichnung.

P. — Nach der Autotypie im Journ. As. Soc. unsere Taf. VI. 4. Dies merkwürdige Stück zeigt den griechischen Götternamen nur in der Endung indisirt.

Komano s. Skando.

Maaseno oder Maageno.

A'. 4. MAAΓHNO Stehende Figur von vorn, mit Nimbus, die R. auf den Speer stützend.

P. — Thomas liest μαασηνο, das σ sieht aber wie Gamma aus.

Manaobago.

A'. 4. MANAOBAΓO Thronende Mondgottheit, Mondsichel an den Schultern, r. — Vier Arme, darin: Zweig, Kranz, Zweig mit Früchten (?), den vierten an der Hüfte; die Füsse auf einer Fussbank.

P. und Berlin Gutbrie): Wilson Taf. XIV, 9. Thomas Nr. 17.

Mao.

A'. 4. **MAO** Mondgott l. mit Mondsichel an den Schultern, r. Kranz, die L. auf den Speer stützend.
P.

A'. 4. Ebenso, doch längere Kleidung, die R. erhoben ohne Kranz, die L. in die Seite gestemmt.
Wilson Ariana Taf. XIV, 6.

A'. 4. Dieselbe Inschrift. Mao stehend r., mit Kranz, Schwert, den Scepter im l. Arm, Mondsichel.
P.

Mao und Miiro.

A'. 4. **MAO MIIPO** Beide Götter stehend.
P.

Meiro.

A'. 4. *Hf.* Der König sitzend, wie bei Herakilo. *Rf.* X\PO Stehende langbekleidete Artemis r., die R. am Köcher, am Rücken, in der L. grossen Bogen.
P. — Thomas Abb. Nr. 7. Thomas erklärt die Artemis für Nachahmung des bekannten Denars [und Goldmedaillons] des Augustus (letzteres das berühmte Unicum in Neapel), mit der schreitenden archaisirenden Artemis, ich glaube aber dass die Artemis des Ooerki damit nichts zu thun hat. — Die Beischrift liest Thomas **ZЄPO** und denkt dabei an Ceres, was mir völlig undenkbar scheint: es steht deutlich $\mu\epsilon\iota\rho o$, μ und ϵ im Monogramm. Die Beischrift $\mu\epsilon\iota\rho o$ erscheint nach Thomas auch beim Sonnengott (s. oben $\mu\iota o\rho o$ u. s. w.).

Mithra, Mithro steht nie.

Mioro und ähnlich.

A'. 4. **MIOPO** Stehender Sonnengott l. mit Strahlennimbus u. s. w., die R. auf den Speer stützend, die L. an der Hüfte.
P.

N. 4. **MIIPO** Ebenso, bald links- bald rechtshin, mit Kranz. Gewicht
Schwert, ohne Speer.
Häufig. P. — Berlin u. s. w.

N. 4.   **MIPPO** Ebenso, l. die R. ausstreckend.
Berlin.

N. 2½.   **M-IPO** Ebenso, mit Speer.
Wilson, Ariana Taf. XIV. 10.

N. 4.   **MOPO**.
P.

Nana.

N. 4. **NANO** (sic) Stehende Nana Artemis-Selene, mit Mondsichel an der Stirn, Nimbus und dem Scepter, das in einen Hirsch- oder Rehkopf endet (ähnlich einem Steckenpferd gestaltet . r.
P. — Die Form des N sehr nachlässig.

N. 4.   **NANA** Ebenso.
Wilson Taf. XIV. 1.

N. 2½   Ebenso.
Berlin, Viertelstater.

Nana und Okro.

N. 2½. **NANA OKPO** Die Götter stehend, einander zugekehrt, Okro hat vier Arme.
Berlin, Viertelstater.

R. 3. Brustbild mit Tiara und   **NANA OKPO** Die beiden 2,05
Scepter l., rohe Umschrift,   einander zugekehrt stehen- 2,03
die gewöhnlichen Namen u.   den Götter, von roher Arbeit.
Titel.
Berlin u. a. Sammt. — Halbe Drachmen.

Oaninda.

N. 4. **OANINΔA** Schreitende Nike l. in der ausgestreckten R. Kranz, im l. Arm Scepter: von ziemlich guter Zeichnung.

Gewicht
P. — Dieses vorzügliche Exemplar des Peschawerfundes beweist, dass das unvollkommene von Cunningham im Journ. As. Beng. 1845 abgebildete nicht CAMI oder OANI MAO hat, sondern οανινδα; Cunningham's und die Münze des Peschawerfundes sind identisch.

Okra und Okro.

N. 4. OKPA Dreiköpfige Gottheit mit vier Armen, darin, erhoben: Blitz, Dreizack: gesenkt: Keule und undeutlichen kleinen Gegenstand.

P. — Thomas' Tafel Nr. 14. Okro und Okra ist nach Meinung der Gelehrten Beiname des Siwa. — Diese »Okra« ist aber jedenfalls noch stark hellenisch gefärbt, es ist ein offenbares Pantheon aus Zeus (Blitz), Poseidon (Dreizack), Herakles (die gesenkte Keule); das vierte Attribut undeutlich.

N. 4. OKPO Linkshin stehende Figur, Verzierung auf dem Kopfe, mit vier Armen; darin: kleinen Stab, kleines Gefäss, aus welchem sie Tropfen ausschüttet oder giesst, einen Arm hebend, den vierten in der Hüfte. L. anspringend ein kleines Reh oder ähnliches Thier; die Gottheit hat Flügel (oder Feuer?) an den Schultern und Jagdstiefeln wie Artemis.

Berlin. Auch hier ist die Figur ein Pantheon. S. oben bei Kanerki.

N. 4. OKPO Gottheit mit drei Köpfen und vier Armen: darin, erhoben: Rad; Dreizack, gestützt; gesenkt: Bock, ausgestreckt: kleines Gefäss (?). — Die Figur ist unbekleidet (priapisch).

P. — Vgl. Thomas p. 214; der dreigestaltige Siwa; hier ist fast alles griechische aus der Darstellung verschwunden.

Raoreoro oder Raorethro.

Gewicht

Α'. 4. **PAOPHOPO** Stehender unbärtiger Ares r. mit Helm, Panzer, kurzem Rock, die R. auf die Lanze stützend, die L. auf den Schild gelehnt, der vor ihm am Boden steht.

P. — Thomas liest $ραορ;θρο$, die Autotypie lässt das Ο nicht erkennen; mit Recht stellt Thomas diese Beischrift des deutlichen Ares-Bildes mit dem $ραι,θρο$ oder ähnlich des Yrcodes zusammen.

Riaë oder Ride.

Α'. 4. **PIDH** Stehende Pallas, genau wie der Ares vorher, nur mit langem Kleid.

P. — Eine Zusammenstellung des $ριαη$ mit Rhea ist wohl mehr als gewagt, auch hängt diese indische Pallasdarstellung gewiss nicht mit Domitian's Münzen zusammen; ebenso gut kann sie ja den Münzen der kappadocischen oder syrischen Könige entnommen sein. Die Lesung bleibt unsicher: $ριρη$ ist unwahrscheinlich, $ριδη$ würde ich dem $ριαι$ vorziehen, da das **Α** sonst immer deutlich so ist: **Α**.

Sarapo.

Α'. 4. **CAPANO** Stehende bärtige Figur l., bekleidet, die R. etwas erhebend, im l. Arm Scepter.

P. — Thomas erkennt wohl mit Sicherheit hierin den Scrapis (Sarapis). Auch der Modius ist erkennbar.

Skando, Komaro, Bizago.

Α'. 4. **CKANΔO KOMAPO BIZAΓO** so angeordnet dass
   $σκανδοχο$ und
   $αρο$

untereinander stehen, dann folgt oben $μ$, rechts $βιζαγο$. Die Lesung wird gesichert durch die Viertelstateren, welche die ganze Umschrift im Kreise haben: $σκανδο κομαρο βιζαγο$. Zwei einander zugekehrte unbärtige Figuren mit Speeren und Schwertern, Nimbus u. s. w. stehend.

P. — Berlin. Die Κόμαροι sind ein Stamm der Saken oder Baktrier; Κομάρ heisst das Cap Comorin; also das Wort findet sich mehrfach in Indien.

A'. 2½. Ebenso.
Berlin, Wilson (dort nicht vollständig). — Viertelstater.

Pharro.

N. 4. ΦAPPO Stehende unbärtige Figur r. mit kurzem Rock, Jagdstiefeln, Nimbus, Speer mit Bändern oben (Thyrsus?), auf der l. Hand ein Berg (wie die Landesgottheit von Kappadocien den Argaeus hält?) oder Feuer?
P.

A'. 2½. Aehnlich, ohne Bänder am Speer und ohne Berg.
Berlin. Viertelstater.

A'. 4. Dieselbe Umschrift. Die Figur hält einen dem Simpulum ähnlichen Gegenstand.
P. — Thomas p. 215.

A'. 4. Dieselbe Umschrift. Bärtige Figur l. in der R. einen kleinen Beutel (?), die L. auf den Speer gestützt.
Berlin.

A'. 4. ΦAPPP sic, mit Schnörkeln) Stehende phantastisch geschmückte Figur r. mit Mantel, Flügeln, in der ausgestreckten R. Blume(?), die L. am Schwertgriff; sie trägt Tiara (?) mit Diadem.
Berlin (Guthrie).

Oroë.

N. 4. ШPOH Stehende bärtige Figur l. mit Nimbus, langem Gewand, die L. auf den Speer gestützt, die R. wie zeigend.
P. — Weniger gut bei Wilson.

N. C. Æ. RR.

Gewicht

Ooer.

Vom Könige Ooer giebt es nur Kupfermünzen. Da von allen andern Königen dieser Reihe: Kadphises, Kanerku, Bazodeo Gold und Kupfer vorhanden ist, vom Ooerki aber nur Gold und vom Ooer wiederum nur Kupfer, liegt natürlich die Vermuthung nahe, beide seien identisch. Lesungen welche den Ooerki dem Ooer nähern, sind aber sämmtlich irrig, und so lange nicht Beweise der Identität da sind, müssen wir den allerdings auch in den Inschriften der Turushka-Könige gänzlich fehlenden Ooer als vom Ooerki verschieden betrachten; auch sein Titel ist ein anderer:

PAO NANO PAO OOHP KENOPANO

lautet die constante Umschrift des Ooer; bisweilen in schlechtesten Formen, auch etwas verstümmelt, öfter **OHP** statt **OOHP**. Alle andern Lesungen (darunter besonders zu erwähnen das angebliche $οοηρκι$ $κορανο$ statt $οοηρ$ $κενορανο$) sind irrig. — Die Rückseite zeigt stets das gewöhnliche Symbol.

Athro.

Æ. 6—7. Thronender König von vorn, die L. -erhebend; das Kissen wie zwei emporringelnde Schlangen gestaltet. Umschrift wie angegeben, es bleibt auf allen Münzen dieselbe.

AΘPO in schlechten Buchstaben. Stehende bärtige Figur, in der ausgestreckten R. Kranz, die L. am Schwertgriff.

Berlin. Vgl. Wilson, bei Kanerki Taf. XII, 16.

Æ. 7. Der König auf einem Lager, das r. Bein oben, das andre unten.

Ebenso.

Berlin.

Gewicht

Ardochro.

Æ. 6. Der König auf dem Elephanten r.   **ΑΡΔΟΧΡΟ**, auch barbarisch αροοχρ: stehende Göttin mit grossem Füllhorn r.

Berlin, Wilson u. s. w.

Æ. 6. Aehulich. ganz barbarisch, die Figur hält einen Kranz, Beischrift **ΛΟΗ**: da die $IIf.$ in der Inschrift verwildert ist, hat auch dies λοι keinen Werth.

Wilson, Ariana p. 373, Nr. 20.

Mao.

Æ. 7. Der König thronend v. vorn, wie oben

Æ. 7. Der König auf dem Elephanten r.

Æ. 7. Der König auf einem Lager. das r. Bein oben, das andre unten.

MAO Die Mondgottheit stehend l. mit erhobenem r. Arm.

Berlin, Wilson u. s. w.

Mioro u. s. w.

Æ. 7. Der König auf dem Lager, wie auf der vorigen Münze

Æ. 7. Thronender König von vorn u. s. w.

ΜΙΟΡΟ Stehender Helios wie gewöhnlich, l.

Æ. 7. Der König auf dem Elephanten r.   **ΜΙΙΡΟ** Ebenso, ganz verwilderte Schrift.

Berlin, Wilson.

Nana.

Æ. 7. Thronender König von vorn u. s. w.   **ΑΝΔΝ** sic) Stehende Nana rechts.

Wilson. Taf. XIII, 7.

Gewicht

Okro.

Æ. 6—7. Der König auf dem Lager.   OKPO Stehende Gottheit v. vorn mit vier Armen, darin wie gewöhnlich das kleine cylinderförmige Gefäss, Speer, Kranz u. undeutlicher Gegenstand.
Berlin; weniger deutlich bei Wilson.

Oslo?

Æ. 6. Der König auf dem Elephanten r.   ШHVO (sic) Stehende Figur l. mit Kranz in der erhobenen Rechten.
Wilson, Taf. XIV (Nr. 17).

Æ. C.

Bazodeo,

der letzte König mit lesbarer griechischer Schrift, Vasudeva der Inschriften. Früher schon bekannt aber irrig gelesen, wurden Münzen dieses Königs durch den grossen Peschawer-Fund häufiger. — Seine Gewichte gehen bis 8,12 beim Stater.

N. 4. PAO NANO PAO BA ZOΔHO KOPANO Opfernder, stehender König mit Schnurrbart, in gewöhnlicher Tracht. l.   OҮЖO (sic) Stehender, dreiköpfiger Okro v. vorn, halbbekleidet, in d. ausgestreckten R. Kranz, in der L. Dreizack. Das Symbol erscheint auf allen Münzen des Königs.
Peschawer-Fund.   Thomas' Tafel Nr. 24.

N. 4. Ebenso.   OKPO, auch OҶЖO. Okro wie auf der vorigen Münze, doch nur ein Gesicht, hinter ihm l. stehend der Zebustier.

P. — Berlin. Ein besonders schönes Exemplar aus dem Peschawer-Fund hat Prof. Dr. Bühler dem Berl. Museum geschenkt. — Taf. VI. Nr. 5.

Æ. 2½.   Ebenso, das οχρο recht- und rückläufig.
Berlin und Wilson Taf. XIV, 15. — Undeutliche Umschrift der *IIf.* aber wohl sicher Bazodeo.

Æ. 4. Ebenso ohne κοραρο.   Ebenso, rechtläufig.
Rollin u. Feuardent, noch unedirte Varietät, Taf. VI, 6.

Æ. 4. Ebenso mit κοραρο.   Ebenso, doch deutlich drei
                                 Gesichter.
            P. — Thomas' Tafel Nr. 26.

Æ. 6—6½. Ebenso, selten deut- Ebenso, nur ein Gesicht wie
    lich, oft verwildert.   es scheint. Schrift nie
                                  deutlich.

Bisher unbekannt. Berlin. Einmal ist völlig deutlich ραο ναρο .. o βζοδιο (sic), einmal: ... αζοδιο. — Wilson Taf. XI, die obersten Reihen sind offenbar ebenfalls unleserliche Bazodeo-Münzen.

Æ. 6. Ebenso, sehr deutlich: Ebenso, doch hält Okro r.
    ραο ... αοβαζοδι.   eine Keule.
            Berlin, Taf. VI, 7.

N. R. *Æ*. deutlich RRR.

Unbestimmt, sich an Bazodeo anschliessend,
vielleicht ihm noch gebürend, mit verwilderter Schrift.

Æ. 4. ...PKO KOPANO.. König   APΔOXPO Thronende Göt-
    wie vorher.   tin von vorn mit Füllhorn im
                                  l. Arm, Kranz in der R. —
                                  Symbol.
            Wilson Taf. XIV, 19, 20.

Æ. 4—5. Ebenso, meist ganz verwildert, αροοχρο u. s. w. Meist ganz unleserlich.   Gewicht
Wilson, Berlin.
Diese Münzen dienen späteren rein-indischen zum Muster.

Balan
ist kein König, sondern ein verlesener Bazodeo.

Baraoro u. s. w.,
worin man Vararanes erkennen wollte, ist kein König, sondern verwilderte Umschrift.

Diesen letzten Turushka-Münzen schliesst sich die grosse Reihe der verwilderten, meist grossen Goldmünzen mit barbarisirten missverstandenen griechischen Buchstaben an, deren Typus stets der der Okro-Münzen des Bazodeo (mit Zebu) ist. Die spätesten zeigen den König in sassanidischer Tracht, dem Sapor I. ähnlich. S. Wilson, Taf. XIV, Nr. 12, 13, 16, 17. Sehr viele Exemplare in Berlin.

Zum Schluss noch drei interessante unbestimmbare Münzen des Berliner Museums:

Æ. 2. Stehende männliche Figur r., die L. auf die Lanze gestützt, die R. an der Hüfte. Ueber dem r. Arm Gewand. Links das Symbol wie auf Soter megas' Münzen, rechts ein arianisches ri (oder di u. s. w.). Weibliche Figur mit Füllhorn r. (Ardochro) Schrift unlesbar. Links das zweite, bei den spätesten Baktriern häufige Symbol mit dem Kreis unten.

Berlin (Guthrie), von ziemlich guter Arbeit; zwei Rückseiten?

		Gewicht
Æ. 2½.	Stehender Herakles r. mit Keule. — Arianische. deutliche aber nicht lesbare Inschrift.	Zeus aëtophoros thronend l. Arianische Schrift, wie dijani. Gewiss nicht auf den König Dionysius deutend, sondern eher Name d. Zeus. Die Lesung ergäbe fast genau eine Transscription von $\varDelta\iota\acute{\iota}\varsigma$ oder dergl.	0.31

Rohe Arbeit. aber sehr deutlich; die Götter ganz unverkennbar. Berlin (Prokesch). Taf. VI. 11.

Æ. 3 Indischer Löwe r. Darüber Herakles stehend von vorn,
dick undeutliche Umschrift und Keule im l. Arm. sich kränzend ?). L. steht unter einander: ⁇

Berlin (Guthrie). Mit der vorigen verwandt?

Die Abbildungen.

Einen vollständigen Atlas zu geben, war nicht möglich; ich glaube die auf unsern Tafeln gegebenen Proben einiger besonders wichtigen, charakteristischen sowie einiger noch unedirten Stücke werden genügen, einen Ueberblick über die Prägung der Baktrier zu geben. Gern hätte ich Lichtdruck-Tafeln gegeben, da aber ein grosser Theil dieser Münzen nur einen schwachen Schein von Relief hat, der im Gypsabdruck völlig schwindet, habe ich die andre Methode vorgezogen. Ich glaube dass der Künstler das Charakteristische recht gut wiedergegeben hat. Die Abbildungen sind nach folgenden Vorlagen gezeichnet:

O. Original.   A. Abdruck.

Taf. I.
1. Alexander d. Gr. O. Berlin.
2. Sophytes. A. des Cunningham'schen Exemplars.
3. Antiochus II. O. Berlin.
4. Diodotus. O. Berlin (Feuard.).
5. Diodotus. O. Rollin u. Feuard.
6. Euthydem. A. Petersburg.
7. Euthydem. A. London.
8. Demetrius. A. Petersburg.
9. Demetrius nach dem Num. Chr.
10. Euthydem II. O. Berlin.

Taf. II.
1. Agathokles. O. Berlin.
2. Agathokles. O. Berlin und Num. Chron.
3. Agathokles nach Num. Chron.
4. Pantaleon nach Num. Chron.
5. Pantaleon. O. Berlin und Num. Chron.
6. Antimachus (Diodot) nach Num. Chron.
7. Agathokles (Diodot) nach Num. Chron.
8. Agathokles Euthydem) nach Num. Chron.
9. Agathokles (Antiochus) nach Num. Chron.

Taf. III.
1. Antimachus. A. London.
2. Eukratides. A. London.
2a. Arsaces III. O. Berlin.
3. Eukratides. O. Berlin.
4. Eukratides. O. Berlin und Num. Chron.
5. Heliokles und Laodice. A. Petersburg.
6. Heliokles. A. London.

Taf. IV.
1. Plato. A. London.
2. Heliokles. Num. Chron.
3. Diomedes. O. Berlin.
4. Apollodot. O. Berlin.
5. Strato. O. Berlin.
6. Lysias. O. Berlin.
7. S. Telephus. O. Berlin.

Taf. V.
1. Maues. O. Rollin u. Feuard.
2. Arsaces. O. Berlin.
3. Ranjubul. A. London.
4. Azes. O. Berlin.
5. Spalyris. O. Berlin.
6. Spalirisus. O. Rollin u. Feuard.
7. S. Sanabarus. O. Berlin.
9. Abdagases. O. Berlin.
10. Orthagnes. O. Berlin.

Taf. VI.
1. Kanerku Buddha. O. Berlin.
2. Ein Buddhaidol
3. Ooerki. O. Berlin.
4. Ooerki. J. Asiat. Soc.
5. Bazodeo. O. Berlin.
6. Bazodeo. O. Rollin u. Feuard.
7. Bazodeo. O. Berlin.
8. Unbestimmt s. Zeionises. O. Berlin.
9. Unbestimmt (s. hinter Zeio-
10. nises. O. Berlin.
11. Unbestimmt (s. ganz am Ende). O. Berlin.
12. Heraos. Num. Chron.

Taf. VII.
Schrifttafel nach Cunningham's letzter Zusammenstellung, des bequemeren Gebrauchs wegen alphabetisch geordnet.

Sachregister.

A.

Abbildungen, Verzeichniss ders. 212
Abdagases, parth. Name 51. 167
Abfall Baktriens von Syrien 3
Açoka 46
Âdi-Buddha, beruht auf irriger Lesung 193
Agathokles's Verhältniss zu Strato 129
Agathokles, Geschichtliches 13
Ahnenbilder auf Münzen 18
Ἀκάθαρος = Sanabarus (?, 52. 166
Alexander d. Gr. prägt in Baktrien 4
Antialcides, Zeitgen. d. Eukratides 20
Antiochus II., ältester K. von Baktrien 3. 4. 18. 19
Antiochus Nicator, wahrscheinlich II., nicht III. 19
Apollodot, Zeitgen. d. Eucratides 21
Arsaces III , Parther, Zeitgen. des Eucratides 9
Arsaces, baktrische Könige 51
Arsacidische Typen (siehe Namenregister): Arsaces, Maues, Sanabarus, Yndopheres.
Aspabatis od. Aspapatis, identisch mit Aspavarma, Strateg des Azes 147
Azes, Sohn d. Maues (?, 49. 146.

B.

Baktrische Aera bei Heliocles ?) 22
Balano, irrige Lesung statt Bazadeo 58. 211
Barnoro, irrige Lesung barbarisirter Umschrift 65. 211

Barbarische Umschriften 68. 99. 105. 112
Brüder der Könige 50. 154. 156
Buddha auf Münzen 58. 189
Buddhistische gräcisirende Sculpturen von Peschawer 64.

D.

Daten, die sichern der baktrischgriechischen Herrschaft 29
Demetrius, Geschichtliches 6
Diodotus, Geschichtliches 4
Dionysius, nicht Oberkönig der Sinha-Könige 68
Dynastie, keine herrschende in Baktrien 45.

E.

Epiphanes, Titel, seine richtige indische Uebersetzung 127
Erinnerungsmünzen an die ersten baktrischen Könige 14
Eucratides, Geschichtliches 8
Euthydemia, Stadt am Hydaspes 6
Euthydemus, Geschichtliches 4
Euthydem II., Demetrius' Sohn 6.

F.

Falsche baktrische Münzen 84
Form der Münzen 75.

G.

Gefährten Alexanders d. Gr. mit den Namen, welche baktrische Könige tragen 42

Geographische Ausdehnung der griechisch-indischen Herrschaft 10. 33. 41. 57.
Gewichte der Münzen 75
Gewichte der baktrischen Kupfermünzen werthlos 81
Gewichte der barbarischen Nachahmungen werthlos 95
Gondophares s. Yndopheres.
Griechische Götternamen mit indisirter Endung 62. 201. 205
Gundoferus König v. Indien, vom Apostel Thomas bekehrt 159
Gyndipher.. u. s. w. s. Yndopheres.

H.
Heliocles, Sohn des Eucratides 22
Hochzeitsmünze des Heliocles und der Laodice 27.

I.
Indische Götter, fast sämmtlich unerklärt 52. 157
Indisirte Schreibung griechischer Götternamen 62. 201. 205.

K.
Kadphises, Stifter der sog. Turushkareihe 60
Karisi, angeblicher Stadtname auf M. des Eukratides 102
καίσαριος für König 53
Künstlerischer Charakter der baktr. Münzen 83.

L.
Laodice, syrische Prinzessin ?. 27
Literatur der baktr. Numismatik 55
Löwe von Guzerat 93.

M.
Μάρδηρος = Sanabarus ? .
Mithras, auf irriger Lesung beruhend 197. 202
Mondgöttin, redendes Wappen des Maues 157

Monogramme, über verfehlte Versuche sie zu deuten 37
Münzfuss, attischer, und Reduction desselben 25. 76.

N.
Namen der Gefährten Alexanders d. Gr. identisch mit baktr. Königsnamen 42
Nanaia, Nana = Artemis-Selene 156.

P.
Pantaleon, Geschichtliches 14. 92
Pantheon griechischer Gottheiten 52
Peschawer, Goldfund von 59. 159
Plato, Zeitgenosse des Eukratides 11.

R.
Redende Wappen, oft wichtig zur Chronologie 82. S. auch Namenregister Diodot, Pantaleon, Apollodot, Artemidor, Hippostratus, Maues.

S.
Sah-Dynastie, nicht dem Alterthum angehörend 67
Saka-König 53. 175
Sapor I., von den Indo-Baktriern copirt 63
Sasa, unerklärte Aufschrift bei Yndopheres 165
Sassanidischer Einfluss 63
Satrapentitel, s. Namenregister Ranjubul und Zeionises
Schrift, baktrische 12. 75
Schrift, Pâli- 13. 75
Schrift, barbarische, irrig für griechisch gehalten 68
Sculpturen, buddhistisch-graecisirende 64
Seesieg des Antimachus, willkürlich auf d Kaspische Meer bezogen 96
Seleuciden-Aera bei Plato 11
Seleuciden-Aera nicht bei Heliocles 23

Seleuciden-Aera nicht bei Sanabarus 53. 166
Seltenheitsgrade 86
Sinha-Könige, nicht dem Alterthum angehörend 67
Sophytes, indischer Fürst unter Alexander d. Gr. und Seleucus 4. 87
Stadtname auf einer Münze 21
Strategenprägung unter Azes 147
Strato, Zeitgenosse des Heliocles 28
Syrische Prinzessin an einen baktrischen Prinzen verheirathet ?, 27.

T.

Takht-i Bahi, Inschrift in, 51. 159
Thomas, der Apostel, beim indischen König Gundoferus 159
Timarchus von Babylonien, copirt den Eukratides 103
Turuahka-Könige 57. 155.

U.

Ueberprägungen 21. 28. 100. S. auch (Namenregister) Eucratides, Timarchus, Apollodot, Strato, Azes.

Ungriechische Könige in Baktrien 45
Unsicherheit aller historischen und geographischen Hypothesen über die baktrischen Könige 34,

V.

Vararanes, irrige Lesung barbar. Umschriften 211
Verwandtschaftsbezeichnung auf Münzen 49. 50. S. auch (Namenregister) Strato II., Azes, Spalirisus, Spalyris, Abdagases.

W.

Wägungen baktrischer Münzen 75
Wägungen baktrischer Kupfermünzen unnütz 51
Windgott, indischer 107. 197.

Y.

Yndopheres, Geschichte 157.

Namenregister der prägenden Könige.

	Seite		Seite
Abdagases	167	Diomedes	114
Agathocles	128	Dionysius	115
Agathocles	93	Epander	115
Alexander d. Gr.	87	Eraus s. Heraus.	
Amyntas	106	Eucratides	96
Antialcides	107	Euthydemus	88
„ und Lysias	122	Euthydemus II.	92
Antimachus Deus	95	Gondophares u.s w. s. Yndopheres.	
„ nicephorus	109	Heraus	175
Antiochus II. v. Syrien als baktrischer König	87. 93	Hermaeus	116
		Hippostratus	119
Apollodotus	110	Hyrcodes s. Yrcodes.	
Apollophanes	112	Kadaphes	180
Archebius	113	Kadphises (II.	181
Arsaces justus	156	Kadphizes I.	179
„ Deus	157	Kalliope	119
Artemidorus	114	Kanerku	185
Aspabatis \ identisch; Strateg		Laodice	103
Aspavarma / des Azes	147	Lysias	121
Azes	140	„ und Antialcides	122
„ und Azilises	151	Maues	136
„ „ Spalirisus	155	Menander	122
„ „ Vonones	152	Nicias	125
Azilises	150	Ooer	207
„ und Azes	151	Ooerki	198
Bazodeo	209	Orthagnes	174
Cadaphes	180	Pacores	174
Cadphises (II.)	181	Pantaleon	92
Cadphizes (I.)	179	Philoxenus	126
Calliope	119	Plato	102
Canercu	185	Ranjubul	134
Demetrius	90	Razy .. s. Ranjubul	
Diodotus	68. 94. 95	Retter, der grosse,	176

	Seite		Seite
Sanabarus	166	Telephus	131
Sophytes	67	Theophilus	131
Soter megas	176	Timarchus v. Babylonien	103
Spalagadama = Spalyris	156	Unbestimmt . . . 171. 172.	211
,, und Vonones	153	Vonones und Azes	152
Spalahara und Vonones	153	,, ,, Spalahara	153
Spalirisus	154	,, ,, Spalagadama	153
,, und Azes	155	Yndopheres	157
Spalyris	156	Yreodes	177
Strato I.	127	Zeionises	170
Strato II.	130	Zoilus	132

NACHTRAG.

Yndopheres.

Am Schlusse der »Historischen Uebersicht« meiner »Nachfolger Alexanders des Grossen in Baktrien und Indien« sagte ich (p. 69): »Wenn ich es ... versucht habe, eine ... Uebersicht der baktrischen und indo-griechischen Herrschaft zu geben, nicht für Indologen und Specialforscher bestimmt ... so gut ich es als blosser Münzgelehrter und als Laie in den indischen Sprachstudien konnte, so muss ich ausdrücklich um die Nachsicht derer bitten, welchen die indischen Sprach- und Geschichtsstudien nahe stehen. Ich weiss wohl, wie Vieles mir entgangen sein mag« u. s. w.

Vielleicht als Antwort auf diese Bitte brachte das »Rheinische Museum« N. F. Band 34, 1879[1]) folgendes anonyme:

„Erotema philologicum."

»Ist es zu viel verlangt von dem Numismatiker, wenn man ihn bittet neben »den Handbüchern, aus denen er seine historischen Notizen« zusammenträgt (vgl. A. von Sallet: die Nachfolger Alexanders des Grossen in Baktrien und Indien. Berlin, Weidmann 1879 S. 54), auch gelegentlich einmal das Rheinische Museum nachzuschlagen? »»Bei der grossen Menge von Novitäten, welche der Verfasser bieten konnte, und bei der von der bisherigen völlig verschiedenen Methode, welche er bei dem Versuche, das Skelett einer Geschichte jener mächtigen

---

1) Rheinisches Museum für Philologie. Herausgeg. von Otto Ribbeck und Franz Bücheler. Verantwortlicher Redacteur Hermann Rau in Bonn. Bd. XXXIV, Heft 2, 340.

Griechenreiche des Ostens zusammenzusetzen angewendet hat« s. Vorw. S. III), scheint derselbe eine Berücksichtigung dieser Zeitschr. für überflüssig gehalten zu haben.

»S. 155 lässt er Yndopheres um 50 n. Chr. sterben und bemerkt dazu: »»Die pikanteste, historisch damit völlig stimmende Nachricht über Yndopheres, Gondopharus u. s. w. haben aber die englischen Gelehrten in einer Quelle aufgefunden, an deren Benutzung zu Studien der antiken Geschichte wohl schwerlich schon gedacht worden ist (!!). Es ist zu verwundern, dass man von dieser so höchst interessanten Entdeckung, wie es scheint, so gut wie gar nicht Notiz genommen. (Lassen z. B. übergeht sie ganz.)«« Zu verwundern ist höchstens, dass man über Gondopharus des längeren sich verbreitet, aber »»wie es scheint««, vom Rhein. Mus. N. F. XIX 1864 S. 161 ff. »»so gut wie gar nicht Notiz genommen.«« Und doch sind an dieser Stelle meisterhaft und vielfach endgültig aus dem ganzen Cyclus der apocryphen Apostelgeschichten die historisch werthvollsten Nachrichten herausgeschält und gerade »»Yndopheres«« ist gleich im Eingang ausführlich behandelt. Da der höfliche grammatikalische Wink S. 162 Anm. 3 auch in dem neuen Opus keine Beachtung gefunden, mag er hier noch einmal stehen:

»»Die Numismatiker haben sich verschworen, den König Yndopherres zu nennen; es ist nicht überflüssig zu bemerken, dass dies gegen ein bekanntes griechisches Lautgesetz verstösst.««

»Endlich ist es wenig kritisch, wenn man nach englischem Vorgang für die Thomaslegende nur die legenda aurea benutzt; die ins dritte Jahrhundert zurückgehenden acta S. Thomae apostoli sind doch durch Thilo und Tischendorf leidlich zugänglich geworden.

»»Die diplomatisch genaue Namensnennung«« des während der Zeit der Apostel regierenden Königs beweist dem Verf. »»doch mindestens höchst wahrscheinlich einen merkwürdigen Zusammenhang dieses indischen Königs mit den ersten Verbreitern des Christenthums.«« Vorsicht ist die Mutter der Tapferkeit. Die Ausführungen Rh. Mus. l. c. S. 162—172 hätten diesen wackligen »»mindestens höchst wahrscheinlich«« einige nicht unverdächtige Stützen verliehen. — Soviel für diesmal.

x y z.«

Diesem anonymen »Erotema« in ähnlichen Ausdrücken zu erwidern, verbietet mir meine Erziehung [1]). Ich halte mich nur an das Sachliche; nur das will ich bemerken, dass der Vorwurf doch wohl weniger mich, als den berühmten Indologen Lassen treffen dürfte, der als gelehrter Specialist und Indologe und als

---

[1]) Ich könnte sonst z. B. einige merkwürdige Beiträge zu dem »Erotema« geben: wie denn Gelehrte andrer Disciplinen (Philologen, Historiker u. s. w.) unsere numismatischen Bücher kennen und »nachschlagen«?

Professor in Bonn doch wohl eher als ich verpflichtet gewesen wäre, bei seinen Abschnitten über Yndopheres oder Gondophares in der indischen Alterthumskunde von 1874 das Rheinische Museum von 1864 zu Rathe zu ziehen. Lassen hat aber weder den Aufsatz des Rhein. Museums, noch die den »Gundofcrus« erwähnende legenda aurea gekannt[1]), also noch weniger als ich. Ich glaube nicht, dass das Nichtkennen eines oder zweier Aufsätze irgend Jemandes wissenschaftlichen Werth herabsetzt, weder Lassens noch den meinigen; dass aber der anonyme Verfasser des »Erotema« seine Vorwürfe mir, dem »Numismatiker«, und nicht dem Indologen Lassen macht, charakterisirt wohl am besten den Werth und die Absicht des Angriffs.

Der bei der Behandlung des »Yndopheres«, Gondophares u. s. w. von Lassen und mir nicht gekannte Aufsatz ist: v. Gutschmid, Die Königsnamen in den apokryphen Apostelgeschichten. (Rhein. Mus. N. F. XIX, 1864.) — Gutschmid weist in dieser hochinteressanten Arbeit nach, dass nicht die von Cunningham und später von Thomas erwähnte legenda aurea des 13. Jahrh. die älteste Quelle für die Verbindung des indischen Königs »Yndopheres«, Gondophares u. s. w. mit dem Apostel Thomas sei, sondern dass es eine viel ältere gäbe. Die »ihrem Kern nach ins 3. Jahrhundert« n. Chr. zurückgehenden $\pi\epsilon\varrho(o\delta o\iota$ $\tau o\tilde{v}$ $\dot{\alpha}\gamma(o\upsilon$ $\dot{\alpha}\pi o\sigma\tau\acute{o}\lambda o\upsilon$ $\Theta\omega\mu\tilde{\alpha}$ (Thilo, Acta S. Thomae 1823) erzählen ganz ähnlich wie die späte legenda aurea: Abbanes, der Kaufmann des indischen Königs Gundaphoros kommt nach Jerusalem um einen Baumeister zu suchen. Thomas wird von Christus dem Abbanes als Baumeister übergeben (als Sklave), damit er in Indien das Evangelium predige. Er geht nun nach

---

[1]) Ob Lassen anderswo auf Gutschmids Aufsatz Rücksicht genommen, weiss ich nicht. Aber al vocem »Yndopherres« (II, p. 409 f.) und da wo er vom Apostel Thomas in Indien spricht (II, p. 1119), hat er es nicht gethan. »Die ältesten Zeugnisse dafür, dass Thomas nach Indien gegangen, sind die des Gregorios von Nazianz aus dem 4. und die des Hieronymus aus dem 5. Jahrhundert.«

»Andrapolis«, dann zum Könige Gundaphoros, den er sammt seinem Bruder Gad bekehrt.

Von höchstem Interesse ist die weitere Untersuchung Gutschmids. Die uns geläufigen Namen der heiligen drei Könige sind:

Melchior d. i. König des Lichts,
Balthasar ,, der chaldäische Name Daniels,
Kaspar (Gaspard) war unerklärt.

Die »Excerpta barbari«, eine der ältesten Quellen, nennen aber den dritten König »Gathaspar«, zwei beim syrischen Lexikographen Bar Bahlûl erhaltene Verzeichnisse der Weisen aus dem Morgenlande (deren Zahl einmal bis auf 13 wächst) nennen einen derselben Gûdophorhûn und Vaahthaph bar Gûdophor, also steht es fest, dass der mythische König »Kaspar« auch der Erinnerung an den Inderkönig Gondophares, Gundoferus, Yndopheres, seine Existenz verdankt.

Aus diesen Ueberlieferungen schliesst nun Gutschmid auf die wirkliche Verbindung des indischen Königs mit dem Abendland resp. dem römischen Reich, und bezeichnet die Entsendung des Abbanes nach einem Baumeister als eine »auf thatsächliche culturgeschichtliche Zustände Rücksicht nehmende«. Die Bekehrungsgeschichte selbst wird aber für apokryph, für eine »umgeschmolzene buddhistische Bekehrungsgeschichte« erklärt.

Die Zeit des »Gundoferus« war damit gegeben, das erste christliche Jahrhundert.

Den Schauplatz seiner Herrschaft vermuthet Gutschmid in und um Herat.

Seine parthische Abkunft, die man schon früher annahm, nimmt Gutschmid als gesichert an (so wird in der Ueberlieferung Thomas als Apostel der Parther und als solcher der Inder bezeichnet).

Der Name muss, wenn der Genitiv ΥΝΔΟΦΕΡΡΟΥ lautet, nicht Yndopherrês sondern Hyndopherrês sein.

Soweit das, was Gutschmid über Yndopheres oder Gondophares u. s. w. selbst sagt, weiter unten wollen wir seine Bemerkungen über Gundophares' Verwandte u. s. w. betrachten.

Der anonyme Verfasser des »Erotema philologicum« nennt diesen Aufsatz von Gutschmid »meisterhaft und vielfach endgültig«. Ob »meisterhaft«, verstehe ich nicht zu beurtheilen, ich kann nur sagen, dass es mir die lebhafteste Freude gewährte, aus Gutschmids gelehrter Arbeit zu lernen. »Endgültig« aber ist ein Wort, dass man bei Forschungen über indo-baktrische Geschichte so wenig als möglich anwenden sollte; hier, wo täglich Neues zu erwarten ist, wo uns die Erde oft nie geahnte staunenswerthe Dinge schenkt, die manche schöne Theorie umwerfen oder auch glänzend bestätigen, darf man immer nur sagen: »dies Resultat ist bis jetzt zufriedenstellend«, aber nicht endgültig.

So ist es denn auch mit Gutschmid's Arbeit, welche uns in ebenso gelehrter als anschaulicher Weise die Quellen nachweist, die in Uebereinstimmung mit den Monumenten besser noch als die legenda aurea, auf die hohe Wahrscheinlichkeit einer genauen Bekanntschaft des Abendlandes mit Gondophares und seinem Reich, vielleicht sogar einer Verbindung mit ihm hindeuten.

Die Zeit des Königs konnte ich aber mit Hülfe seitdem entdeckter Monumente weit sicherer und »endgültiger« fixiren. Zunächst lehrt uns die Inschrift von Takht-i Bahi bei Peschawer, dass der »grosse König Gadaphara« mindestens 26 Jahre regierte. Die von mir entdeckte und abgebildete rein griechische, nach parthischem Muster geprägte Drachme des Gondophares, verglichen mit den ganz ähnlichen des Sanabarus, dessen Tiara genau nach derjenigen des parthischen Königs v. J. 77 und 78 n. Chr. copirt ist, beweist, dass Gondophares, wohl als unmittelbarer Vorgänger des Sanabarus, also etwa um 60, 70, 80 n. Chr. herum, gelebt und geprägt haben muss.

Meine Fixirung des Gondophares, bis in die 2. Hälfte des
1. Jahrh. hinein, ist also unzweifelhaft und ergänzt wesentlich
Gutschmid's Arbeit.

Den Schauplatz der Herrschaft des Königs vermuthet Gutschmid in Herat. Auch hier geben uns die neu entdeckten
Monumente Gewissheit. Takht-i Bahi, dicht bei Peschawer,
heisst der Ort, in welchem die merkwürdige Steininschrift, in
arianischen Buchstaben, gefunden wurde: »des grossen Königs
G(ada)phara, im 26. Jahre; im Jahre 100 der Zeitrechnung«[1].
Also nicht Herat sondern Peschawer ist der oder ein Sitz
des Königs gewesen (vielleicht unmittelbar vor den Turushka's,
deren Goldstücke massenhaft in den buddhistischen Ruinen
von Peschawer gefunden wurden). Wie weit sich sonst seine
Herrschaft nach allen Himmelsrichtungen erstreckte, wissen wir
nicht.

Die parthische Abkunft des Königs wurde längst richtig
vermuthet und die von Gutschmid weiter beigebrachten Beweis-
gründe sind durchaus bestätigend. Die schlagende monumentale
Bestätigung sind aber die Münzen des Abdagases, Neffen des
Gondophares, denn Abdagases ist bei Tacitus Name eines parthischen Dynasten zu Tiberius Zeit; vor allem beweisend für die
parthische Abkunft oder doch den genauen, nahen Zusammenhang des Gondophares mit dem Partherreich ist aber die genannte von mir entdeckte rein arsacidische Drachme des Königs:
$\beta \alpha \sigma \iota \lambda \acute{\epsilon} \omega \varsigma \ \beta \alpha \sigma \iota \lambda \acute{\epsilon} \omega \nu \ \mu \acute{\epsilon} \gamma \varsigma$ (sic) $Y \nu \delta o \varphi \acute{\epsilon} \rho \eta \varsigma \ \alpha \grave{\upsilon} \tau o \varkappa \rho \acute{\alpha} \tau o$ (p. 160). Ich
glaube also, durch Hervorziehen dieses wichtigen ungemein
schwer zu lesenden Stückes aus einer grossen Masse schlecht
erhaltener und unkenntlicher Arsacidendrachmen habe ich der
Wissenschaft »ad vocem Yndopheres« das reichlich wieder ver-
gütet, was ich etwa durch meine Unkenntniss des 19. Bandes
des Rhein. Museums verbrochen habe, und ein würdig Denkender

---

[1] Wann diese »Zeitrechnung« beginnt, wissen wir leider nicht.

wird dem »Numismatiker«, der die Historiker mit unbekannten und nur für den Numismatiker erkennbaren Denkmälern beschenkt, die Keiner »nachschlagen« kann, wenn der »Numismatiker« nicht mehr ist, wohl eher Dank wissen, als ihm das »nicht Nachschlagen« eines neuen gedruckten Buches vorwerfen, das ein grosser Specialforscher und Indologe ebenfalls nicht nachgeschlagen hat, obgleich ihm die indische Geschichte doch wahrlich näher stehen musste als dem Numismatiker.

Also was ändert sich sachlich an meinem Abschnitt über »Yndopheres« nach Lesung des Aufsatzes von Gutschmid? Gar nichts. Nur als eine, meine Resultate bestätigende Ergänzung muss hinzugefügt werden: nicht die mittelalterliche legenda aurea allein giebt, wie ich gesagt »gläubig und getreulich aus alten Quellen die Thatsachen«, sondern eine »ihrem Kern nach ins 3. Jahrhundert« zurückgehende griechische Quelle erzählt bereits dieselbe Geschichte vom Apostel Thomas, der den König Gundaphoros bekehrt.

Und meine Worte vom »höchst wahrscheinlichen Zusammenhang dieses indischen Königs mit den ersten Verbreitern des Christenthums« bleiben nach wie vor richtig, höchstens mag sie die Lecture des Gutschmid'schen Aufsatzes etwas modificiren, also statt »mit den ersten Verbreitern des Christenthums« mag stehen »mit dem Abendland, vielleicht mit dem römischen Reich, mit Syrien«[1]).

Dass man den sich so verschieden schreibenden König überall Yndopherrês (nicht nur die »Numismatiker«, auch Lassen nennt ihn so), nicht wie es grammatisch richtig heissen müsste,

---

[1]) Die mir höhnend vorgeworfene »Vorsicht« in den angeführten Worten wird eigentlich von Gutschmid's Vorsicht noch übertroffen. Ich dachte an die Möglichkeit einer Verbindung des Gondophares mit dem Apostel Thomas, Gutschmid schwächt dies zu einer möglichen Verbindung des Königs mit dem römischen Reich ab. Wie ich gesagt, zu entscheiden ist bei diesen z. Th. sagenhaften Dingen nichts.

Hyndopherrês nennt, mag man entschuldigen. Diese Namen: Yrcodes, Yndopherres u. s. w. sollen ja nur vorsichtige Transscription der Majuskeln sein: ΥΡΚΩΔΟΥ, ΥΝΔΟΦΕΡΡΟΥ. Ob diese etwas barbarischen Herrscher sich um griechische Lautgesetze überhaupt gekümmert? Wer weiss es!

So viel über Gondophares, Yndo- oder Hyndopherres. Die andern Bemerkungen Gutschmids, soweit sie mit den Münzen zusammenhängen, will ich, da ich auch noch anderes zuzusetzen habe, nach den Königen ordnen.

Abdagases

Neffe des Yndopherres. Wichtig ist die von Gutschmid mitgetheilte Stelle aus dem apokryphen Evangelium Joannis de obitu Mariae. Der Apostel Thomas sagt dort über seine Mission beim König von Indien: *τοῦ υἱοῦ τῆς ἀδελφῆς τοῦ βασιλέως ὀνόματι Λαβδανοῦς ὑπ' ἐμοῦ μέλλοντος σφραγίζεσθαι ἐν τῷ παλατίῳ*. Sonst wird neben Gondophoros sein mit ihm bekehrter Bruder Gad genannt; mit Recht stellt Gutschmid nun den ΒΑCΙΛΕΥ ΑΒΑΔΑ ΓΥΝΔΙΦΕΡΟ ΑΔΕΛΦΙΔΕΩC[1]) mit dem *υἱὸς τῆς ἀδελφῆς τοῦ βασιλέως* zusammen. Gewiss ist dies dieselbe Person, und die Notiz beweist wiederum, wie wohl unterrichtet die ersten Legendenschreiber über Gondophares und seine Familie waren. Aus der früheren irrigen Lesung ΑΟΑΔΑ statt der durch das von mir abgebildete Berliner Exemplar feststehenden Lesung ΑΒΑΔΑ folgen aber irrige Vermuthungen Gutschmids, der *βασιλενα* als barbarischen Genitiv und den Namen *Ὀάδας* = Gvâd, Gad, dem angeblichen Bruder des Königs und vielleicht = Labdanes (Abdanes) vermuthet und dies angebliche Oadas mit dem Windgott ΟΑΔΟ des Kanerku zusammenstellt. Schon die von Gutschmid hier nicht benutzten ge-

---

1) Dies ist wohl ein Genitiv, nicht Nominativ statt *ἀδελφιδεός* = *ἀδελφιδοῦς*.

naueren Lesungen der Rückseiten dieser Neffen-Münzen (Prinsep. Essays II. 216 (1858) mit dem deutlichen Namen **Abdagasa**, arianisch, beweisen das Irrige dieser Conjecturen.

Der Neffe des Gondophares heisst, wie uns seine Münzen lehren, **Abdagases**, arianisch immer **abdagasa** oder **avdagasa**, griechisch bisweilen corrumpirt ᾽Αβαδά.., ᾽Αβαλγάσου u. s. w. — Sicher richtig und von grossem Werth ist aber Gutschmids Beibringung des υἱοῦ τῆς ἀδελφῆς τοῦ βασιλέως Ἀαβδανοῖς: dieser Neffe und sein Name sind gewiss identisch mit dem Abdagases, Abada..., Abalgases der Münzen.

Gadaphara Sasa.

Gutschmid vermuthet in diesem König vielleicht des Gondophares »Vater oder Mitregenten«. Alles ist völlig dunkel, ganz unsicher die in den Titeln von Cunningham ergänzte, nach Gutschmid auf Buddhismus deutende Umschrift »mâhârag̀asa (sic sac̀c̀a-dha mapidasa) Sasasa«, wie ich dies S. 165 und 166 bewiesen habe. Das von Prinsep-Thomas für diese Münze angeführte Exemplar in Wilsons Ariana hat eine ganz andre Umschrift, nämlich die gewöhnliche des Gadaphara Sasa: maharajasa tradatasa devahadasa gadapharasa sasasa, und da Cunninghams Lesung an der entscheidenden Stelle stark ergänzt ist, ja da diese buddhistischen Titel auf Gondophares' und seiner Dynastie Münzen völlig unerhört sind, bleibt der ganze Titel unsicher: ich selbst habe unter den vielen Münzen des räthselhaften »Gadaphara Sasa« nie eine mit den angeblichen buddhistischen Titeln entdeckt, also schwebt der ganze angebliche Buddhismus des Gondophares und seiner Familie in der Luft und ist durch nichts zu erweisen!

Die griechischen Aufschriften dieser Münzen des Gadaphara Sasa, also entweder des Gondophares oder eines seiner Unterkönige, wie ich glaube, sind stets völlig verwildert.

Orthanes.

Nach wiederholter genauer Betrachtung des Londoner Exemplars im genauen Abdruck scheint mir der Name nicht, wie man bisher annahm, Orthagnes, sondern Orthanes zu lauten. Auch kann ich die Ansicht der englischen Numismatiker, die griechische Legende sei verderbt, nicht theilen. Die mir bekannten drei Exemplare [1] eines in London, zwei jetzt in Berlin) haben ganz gute correcte Aufschrift, auf beiden Seiten. Das sicher aus diesen drei Exemplaren zu lesende ist:

Æ. 6. BACIΛЄYC BA   ..ㄱ ᛈᛈ einmal 𐎧) 𐎱ㄱᛉ𐎧 𐎱ㄱᛉᛣ....
       CIΛЄWN MЄΓAC   das gute Berliner Exemplar hat das
       OPΘANHC   r im Namen etwas abweichend, wie »re«, ebenso ᛉ, gu statt 𐎧, ga und andre kleine Abweichungen.

Vom Titel maharajasa aber sieht man auf allen drei Exemplaren nichts.

Gutschmids Zusammenstellung des »Orthagnes« mit dem Götternamen »Ordagno« ist nicht statthaft, denn Orthagnes heisst wie gesagt höchst wahrscheinlich »Orthanes« und statt des Kriegsgottsnamens »Ordagno« ist »Orlagno« zu lesen, wie ich S. 198 nach den Originalen gezeigt habe. — Bei dem letzten Worte der Umschrift: ㄱᛈᛈ oder ähnlich, also etwa gafar, gafad, könnte man sich an den Bruder des Gondophares, »Gad« nach den Legendenschreibern, erinnern; man thut aber besser auf solche vielleicht zufällige Gleichklänge nicht zu achten, denn unnütze Conjecturen verwirren nur und schädigen die Wissenschaft.

Ardochro,

Göttername auf den Turushkamünzen.

Die bis in die spätesten Zeiten auf den Turushkamünzen vorkommende Göttin Ardochro ist identisch mit Demeter. Es

---

[1] Andere Exemplare sind meines Wissens noch nicht bekannt.

ist genaue Wiederholung der sitzenden Demeter mit Füllhorn (d. h. nur der Typus der sitzenden Ardochro, und Achren auf den Münzen des Azes (S. 145). Auch die stehende Ardochro hält das Füllhorn und ist natürlich mit der sitzenden identisch. Dies ist nicht etwa eine unnütze Bemerkung, sondern die Idendität der stehenden und der sitzenden Ardochro musste schon deshalb hervorgehoben werden, weil es sonst bei diesen Münzen vorkommt, dass derselbe Name bei ganz verschiedenen Figuren erscheint, z. B. Athro auf Münzen des Königs Ooerki bei Hephaestos, auf andern Münzen der Turushka-Könige bei einem bärtigen Krieger mit Schwert und Kranz oder Diadem in der Hand.

Gutschmid bemerkt zu »Orthomasdes«, einem angeblichen König, welchen Cunningham's Liste (N. Chron. VIII zu S. 175) anführt, dieser Name sei gleichbedeutend mit Ardochro. Bis jetzt ist aber keine Münze des »Orthomasdes« zu Tage gekommen und der Name beruht höchst wahrscheinlich auf irriger Lesung einer unvollkommen erhaltenen Münze.

Kleinere Zusätze und Berichtigungen.

Seite 12 Zeile 4 v. o.: statt »letzteren« lies: »ersteren«.

Zum Namenregister S. 42 f.

Antimachus: Lysimachus' Bruder.
Apollodotus: ein Apollodorus (Verschreibung hier leicht möglich, Satrap von Babylonien, Strateg von Susiana.
Hippostratus: Feldherr des Antigonus in Medien.
Philoxenus: Statthalter Alexanders in Ionien und Susiana.

Calliope: Stadt in Parthien.

S. 91 die 5. Münze: der Herakleskopf mit Weinlaub bekränzt (Sammlung Six in Amsterdam.)

Zu Agathokles, Ahnenmünze mit Euthydems Bild, S. 94.

Das Berliner Museum besitzt seit kurzem ein herrliches Exemplar dieser Münze. Euthydem's Kopf erscheint wie auf seinen späten Münzen mit gefurchten Zügen, das Monogramm ist das in der früheren Zeit der baktrischen Herrschaft häufige 🝆. Gewicht: 16,56.

S. 108 Zeile 1 von oben statt NIKEΦOPOY lies NIKHΦOPOY

S. 134 statt Ranjubul oder Ranjabal lies Ranjubula u. s. w.

S. 152 zur 6. Münze: eine Münze der Sammlung Six in Amsterdam, von schöner Zeichnung, hat:

βασιλέως βασιλέων μεγάλου...	Umschrift undeutlich. Stehende
Stehende Figur Dioskur?),	Figur mit kurzem Kleid, auf-
mit Kranz, Palmzweig, Speer,	geblähtes Gewand über dem
Schild am l. Arm, r.	Kopf, r. in der ausgestreck-
	ten R. Kranz, mit kurzem
	Schwert (?), also wohl sicher
	die Mondgöttin.

Ob diese Münze dem Maues, oder dem Azilises gehört, ist nicht sicher.

S. 177 Zeile 15 von oben lies BACIΛEWN statt βασιλεων.

S. 188 Zeile 11 von oben: »das gewöhnliche Gewicht des attischen Staters«. Hinter gewöhnliche ist »etwas reduzirte« zuzusetzen.

S. 196 Zeile 15 von oben statt *Λ'* lies: *Λνετι*.

S. 205 PAOPHOPO oder PAOPHΘPO bedeutet wohl »der König Reoro oder Rethro«. Das PAO als Königstitel bei Göttern kommt auch sonst vor, z. B. bei Nana.

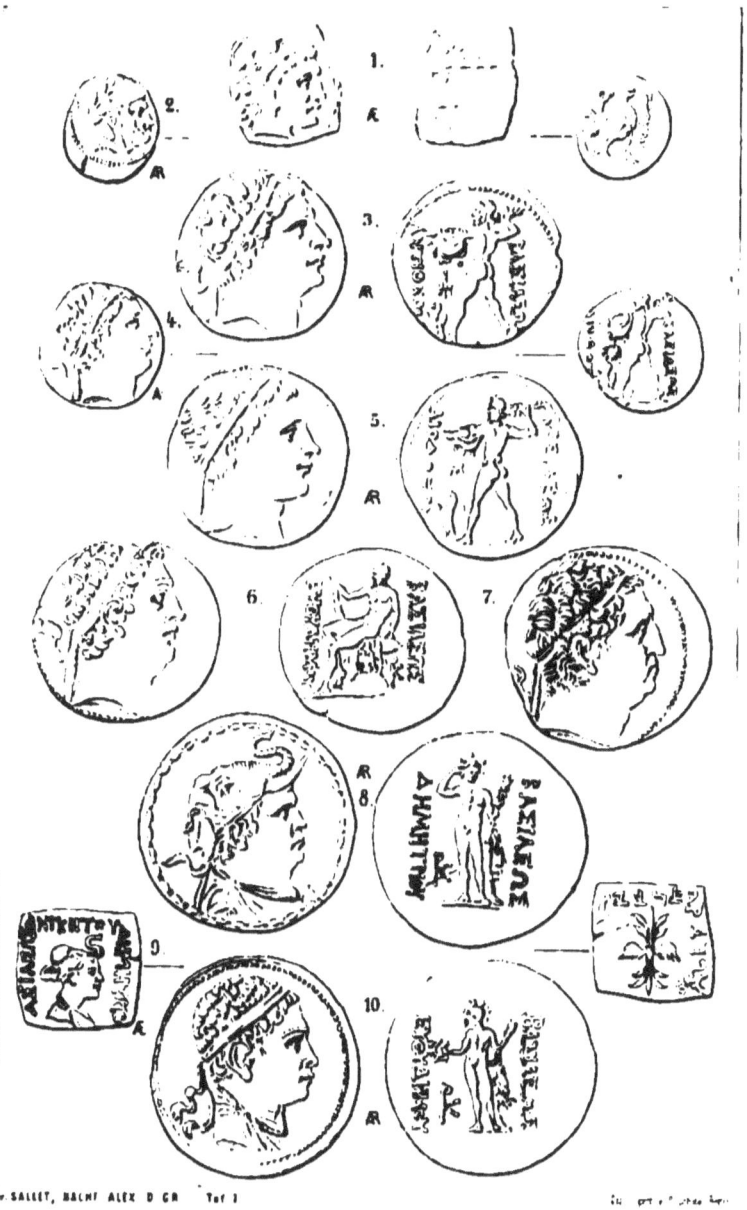

Berlin, Weidmannsche Buchhandlung.

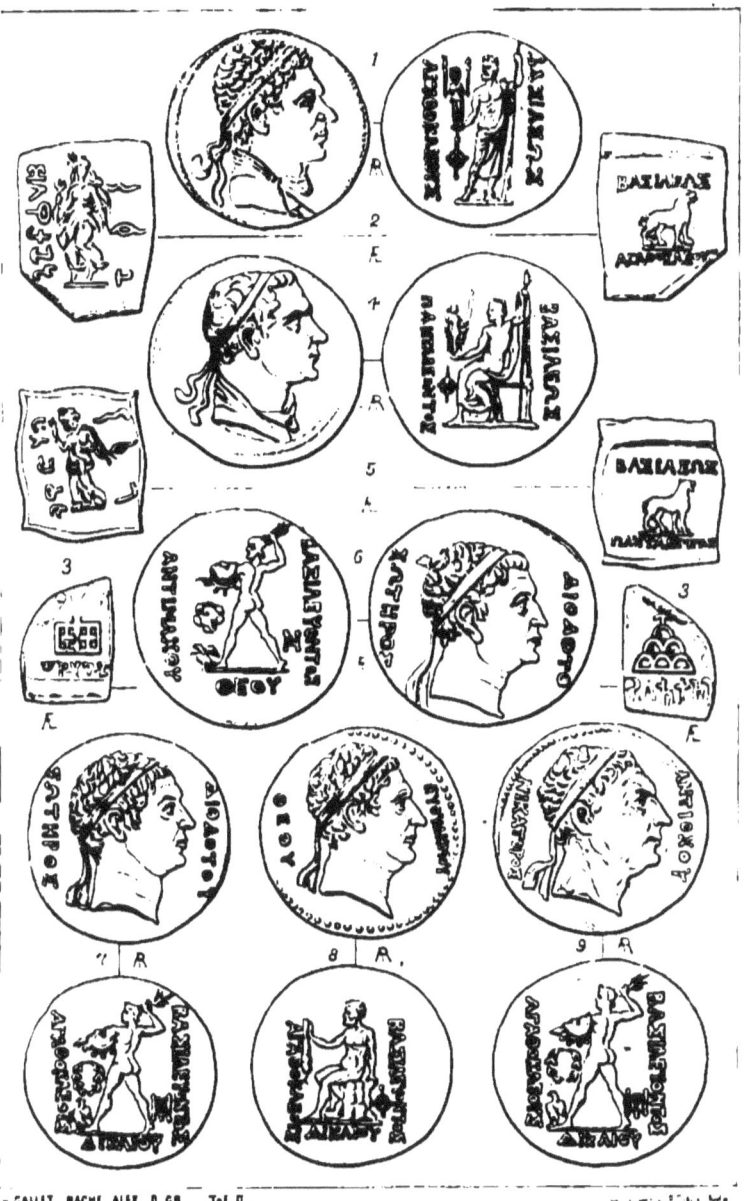

Berlin, Weidmannsche Buchhandlung

Berlin, Weidmannsche Buchhandlung

Berlin, Weidmannsche Buchhandlung.

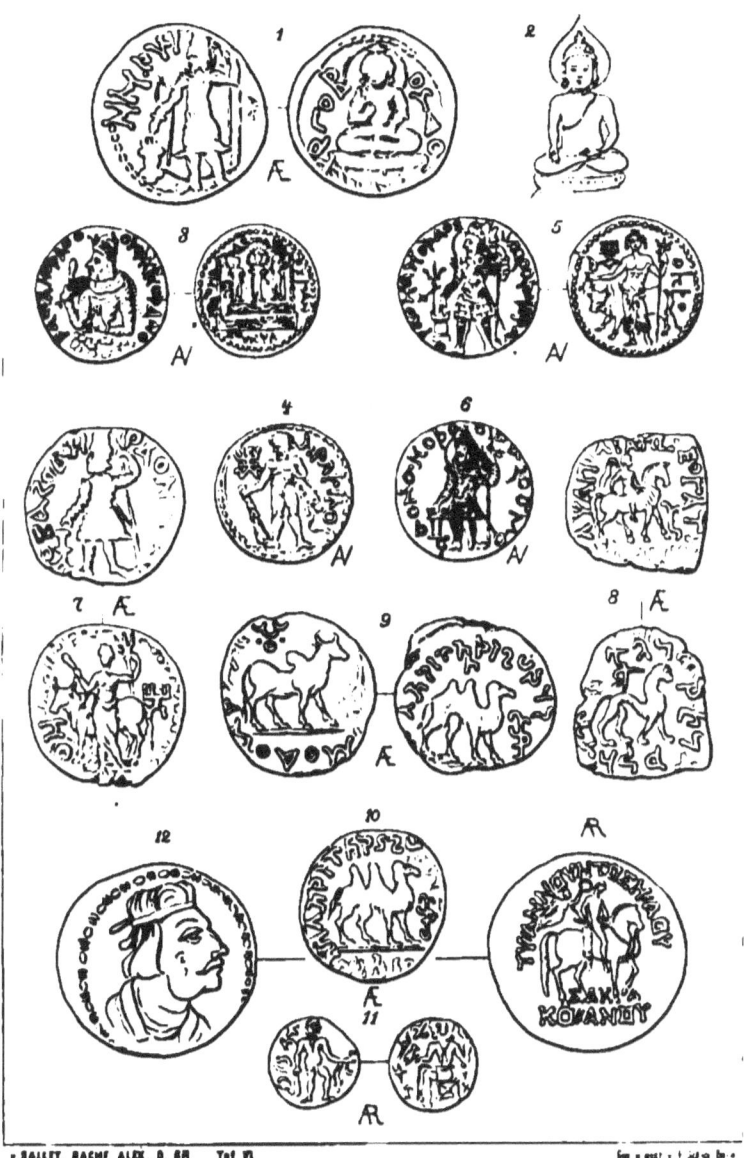

Berlin, Weidmannsche Buchhandlung

Alphabettafel nach Cunningham's letzter Zusammenstellung

Berlin, Weidmannsche Buchhandlung.

www.ingramcontent.com/pod-product-compliance
Lightning Source LLC
Chambersburg PA
CBHW031733230426
43669CB00007B/344